배순탁

음악평론가.
MBC 라디오 〈배철수의 음악캠프〉 작가.
K팝에서부터 록·팝 명반까지 장르의 경계를 넘고,
세대를 아우르는 글쓰기를 이어가며
방송·강연·칼럼을 통해 대중과 교감해왔다.
MBC 라디오 〈배순탁의 B side〉를 진행했고,
유튜브 〈무비건조〉에 출연하고 있으며,
한국대중음악상KMA 선정위원으로 활동 중이다.
〈시사인〉에 '배순탁의 音란서생'을 9년 가까이
연재했고, 〈경향신문〉에 칼럼을 쓴다.
《청춘을 달리다》《평양냉면: 처음이라 그래
며칠 뒤엔 괜찮아져》《레전드: 배철수의 음악캠프
20년 그리고 100장의 음반》(공저), 《영화평도 리콜이
되나요?》(공저) 등을 썼고, 《모던 팝 스토리》
《레코드 맨》《퍼스널 스테레오》를 우리말로 옮겼다.

《음악이 삶의 전부는 아닙니다만》은 음악이
삶의 '거의' 전부인 배순탁 작가가 음악 없이
살아갈 수 없는 우리와 그 음악이 스며든 세상의
이야기를 풀어낸 첫 음악 산문집이다.
록, 펑크, 재즈, 힙합 등 장르를 자유롭게 넘나들며
한 줄 가사에 깃든 뮤지션의 이야기와 시대의 숨결을
섬세하게 포착한다. 음악과 삶이 만나는 순간,
우리의 세계는 보다 따뜻해지고 넓어진다.

음악이 삶의 전부는 아닙니다만

음악이 삶의 전부는 아닙니다만
이것은 음악평론이 아니다

배순탁 지음

김영사

추천의 말

처음으로 책을 읽다 말고 추천사를 쓴다. 지금 이 요동치는
감정을 글로 남기고 싶어서다. 배순탁은 혹시 나를 겨냥해
이 책을 쓴 걸까? 물론 그럴 리 없다. 그의 앞에서 때로는
너무 일차원적이고 때로는 지나치게 감상적인 음악에 대한
궁금증을 꺼내본 적이 없으니까. 그럼에도 이 책은 신기할 만큼
내가 알고 싶었던 지점, 또 의문스러웠던 순간들을 정확하게
짚어낸다. 그는 글이나 물질로 존재하지 않아 늘 모호하고
미끄럽게 흩어지는 음악의 형체를 홀로그램처럼 드러내
보인다. 또 음악을 듣고 나서 극찬하고 싶어도 차마 스스로의
언어로는 설명할 수 없었던 모든 부분을 대신 해설해준다.
이 책은 전문적 시각과 음악사적 통찰을 담고 있으면서
단 한순간도 재미를 놓치지 않는다.
추천사를 이만 줄이고 허겁지겁 책으로 돌아가는 이유다.

김이나(작사가, 〈김이나의 별이 빛나는 밤에〉 진행자)

어릴 적부터 나는 누군가의 생각을 들여다보는 걸 참
좋아했다. 사람들의 생각을 따라가다 보면, 어느새 그들의
삶이 궁금해지곤 했다. 그래서 음악이 너무 좋았다. 3분 남짓한
음악 한 곡을 듣다 보면, 그 안에 일기처럼 담긴 뮤지션의
삶과 사소한 이야기가 너무 흥미로웠다. 어쩌면 음악 그
자체보다 음악을 만든 이들의 이야기가 궁금해 음악을 이토록
좋아하는지도 모르겠다. 음악과 그들의 생각을 빌려 친구들과
밤새 대화를 나누던 날들이 내 어린 시절의 하루하루였다. 이
책의 마지막 장을 덮고 나니, 어린 시절 음악 이야기를 밤새
들려주던 친구가 곁에 있는 기분이 든다. 참 그립고 보고
싶은 시절을, 지금의 자신에게 속삭이고 싶은 이에게 이 책을
추천한다.

코드쿤스트(프로듀서)

사실 배순탁 작가는 꼰대다. 거의 모든 영역에서 귀엽고 다정한 아저씨인 그는 음악에서만큼은 반드시 입바른 소리를 하는 사람이다. 리스너들의 오해와 편견, 악취미를 견디지 못하고, 그럴 때마다 기어코 한마디 해야 직성이 풀린다. 누구든 쉬이 봐주는 법이 없다. 이 책은 그런 그를 쏙 빼닮았다. 까칠하고 무뚝뚝해 보이다가도, 키우는 강아지 사진을 슬쩍 자랑하는 아저씨처럼 푸근한 글이다. 그의 전문적 취향이 듬뿍 담긴 수준 높은 플레이리스트이자 음악이라는 예술에 바치는 개인적인 찬가다. 음악이 삶의 전부는 아니겠지만, 삶의 '거의' 전부인 사람은 있다. 그 열정적이고 따뜻한 꼰대의 음악 예찬을 정말이지 순식간에 읽었다.
음악을 좋아하는 사람이라면 이 책을,
그리고 그 다정한 꼰대를 절대 싫어할 수 없을 것이다.

황석희(번역가, 《오역하는 말들》 저자)

음악이 사람을 바꾼다,
음악이 세상을 바꾼다

들어가며

여기, 언어 기능을 상실한 사람이 있다. 언어치료사가 회복을 돕는 과정은 필수다. 한데 치료사들이 가장 빈번하게 사용하는 도구가 있다. 바로 음악이다. 예를 한번 들어볼까. 만약 누군가 "안녕하세요?"라는 말을 하는 데 어려움을 겪는다면 치료사는 거기에 멜로디를 부여한다. 선율을 입힐 경우 그냥 "안녕하세요?"라고 발화하는 것보다 회복 속도가 압도적으로 빠르기 때문이다.

수많은 과학자가 음악이 단순한 감상용을 넘어 치료용으로 널리 쓰일 수 있다는 사실에 동의한다. 음악은 정말이지 탁월한 자극제다. 뇌에 강력한 신호를 보내서 육체를 움직이게 한다. 파킨슨병이 대표적인 케이스다. 신체를 보다 부드럽게 움직이는 데 음악은 뛰어난 효과를 발휘한다. "놀라워요. 평소엔 할 수 없는데 음악을 들으면 말로 설명할 수 없는 감정이 생기면서 움직일 수 있게 되거든요." 〈소리와 음악 사이〉라는 다큐멘터리에 나오는 한 할머니의 고백이다. 넷플릭스 프로그램 〈익스플레인: 세계를 해설하다〉 중 한 회차로 나온다.

그러나 맹신해서는 안 된다. 예를 들어 '클래식 음악을 들으면 아이를 더 스마트하게 키울 수 있다'라는 믿음은 잘못된 신화다. 전혀 근거 없는 주장이다. 내가 증명한다. 우리 아버지는 클래식광이었지만 안타깝게도 그 아들은 그렇게 스마트하지 않다. 아, 딱 하나는 분명하게 말할 수 있다. 어린 시절부터 음악을 많이 접한 아이의 언어 습득력이 그렇지 못한 경우보다 훨씬 낫다고 한다. 물론 장르는 상관이 없다.

그렇다면 인간 외의 영장류는 어떨까. 영장류도 음악에 반응한다. 실험에서 재즈와 클래식 중 선호하는 장르를 밝힌 영장류도 있었다. 그러나 두 가지 측면에서 영장류는 인간과 다르다. 먼저, 영장류에게는 인간과 비슷한 수준의 박자 감각이 없다. 음악에 맞춰 몸을 규칙적으로 움직이는 영장류는 존재하지 않지만 인간은 아기 시절에도 음악에 맞춰 몸을 흔든다. 가장 큰 차이는 단순한 반응이 아니다. 이 점이 중요한데, 놀랍게도 오직 인간만이 음악을 '감정적으로 깊이' 받아들인다. 앞에서 언급한 〈소리와 음악 사이〉를 보면 음악이 사람에게 강력한 효과를 발휘한다는 걸 알 수 있다. 음악을 감상할 때 우리의 뇌는 기쁨을 주는 영역을 활성화한다. 따라서 음악은 정신 건강과 긴밀하게 연결된 문화라고 할 수 있다.

내가 가장 자주 언급하는 음악 관련 실험은 다음과 같다. 과학자들이 한 가지 상황에 서로 다른 두 조건을 설정하고 사람들의 반응을 기록했다. 우선 동일한 상황은 누군가의 도움이 필요하다는 것. 다른 조건은 음악이 흐르는 경우와 음악이 흐르지 않은 경우였다.

반복 실험을 거친 결과 과학자들은 단언할 수 있었다. "음악이 흐를 때 인간은 타인에게 압도적으로 친절해진다." 이 실험을 처음 알게 되었을 때 나는 친한 PD가 농담처럼 했던 이야기를 떠올렸다. "음악을 많이 들어야 해. 그래야 사람이 선해져."

처음엔 그저 웃고 넘겼다. 그러나 이제는 그의 말을
믿는다.《다정한 것이 살아남는다》라는 책에서 과학자들은
여러 사례를 들면서 "인류의 진화를 이끈 건 약육강식이 아닌
타인에 대한 다정함이었다"라고 주장한 바 있다. 인류학자
마거릿 미드Margaret Mead는 "문명의 증거는 무엇인가?"라는
질문에 "부러졌다가 붙은 흔적이 있는 뼈"라고 답했다.
"그 뼈는 그 사람이 치유될 때까지 옆에서 지켜줬다는
증거"이고, "누군가 곤경에 처했을 때 돕는 것이야말로 문명의
시작"이라는 것이다. 음악 쪽을 살펴보면〈사람들과의 음악
활동이 신뢰와 협동에 미치는 영향〉♬이라는 논문도 존재한다.

과연 그렇다. 우리는 음악을 들어야 한다. 음악을
통해 나라는 장벽을 넘어 타인이라는 세계와 만나야 한다.
조금 과장하면 인류의 미래가 거기에 달려 있을지도 모르는
일이니까 말이다.

오랜 기간 음악 글을 썼다. 비록 설익었을지라도
내 생각을 어떻게든 설득력 있게 표현하기 위해 노력했다.
글쓰기란 비유하면 흩어져 있는 성운 상태의 아이디어에
질서를 부여하는 작업이다. 제법 성공한 적이 있긴 하지만
대개 나는 참혹하게 실패했다. 온갖 언어로 꾸며낸 궁여지책
같은 시절이었다. 애초에 자원을 길어 올릴 저장고가 부족했던
탓이 크다.

그럼에도 분명하게 말할 수 있는 게 하나 있다면 나 자신을 속이지는 않았다는 것이다. 호기심 버튼이 꾹 눌리는 경우가 아니라면 쓰지 않았다. "진정으로 비평적인 지성의 본질은 놀라는 능력에 있다."♫♫ 바르트의 이 말을 믿는다.

이미 다 알고 있다는 투의 환원적 태도가 디폴트인 사람에게는 미지의 영역을 만날 수 있는 기회가 주어지지 않는다. 나는 모르는 게 너무 많다. 그래서 즐겁고, 그래서 등골이 서늘해진다. 오직 자신의 무지를 인정하는 자만이 호기심을 발휘할 수 있다. 내 정신이 기지개 켤 수 있는 그 순간을 나는 오늘도 기다린다.

그런 글을 모아 이렇게 책을 낸다. 내가 생각하는 이상적인 작가는 별 게 아니다. 편집자의 노고에 판매량으로 보답할 수 있는 작가다. 부디 조금이라도 더 많은 독자에게 이 책이 가닿길 바란다.

♫ 'The role of joint music making in social bonding and cooperation'이라고 검색하면 다수의 논문을 읽을 수 있다.

♫♫ 롤랑 바르트의 대표적인 저서 《신화론 Mythologies》에 나온다.

차례

자기의 중심을 잃지 않으면서
변화하는 법 ②

시간을 거쳐 도달한 깊이를
느끼고 싶다면 ③

이름만 들어도 다 아는 예술가를 더 깊이 알고 싶다면 ④

당신의 세계를 확장시키는 충격

음악과 다른 예술이 만날 때 ⑥

흐름을 바꾼 역사 속 음악 이야기 ⑦

취향은 어떻게 습관이 되고, 삶을 바꿀까 ⑧

당신이 몰랐던 음악 이야기 ①

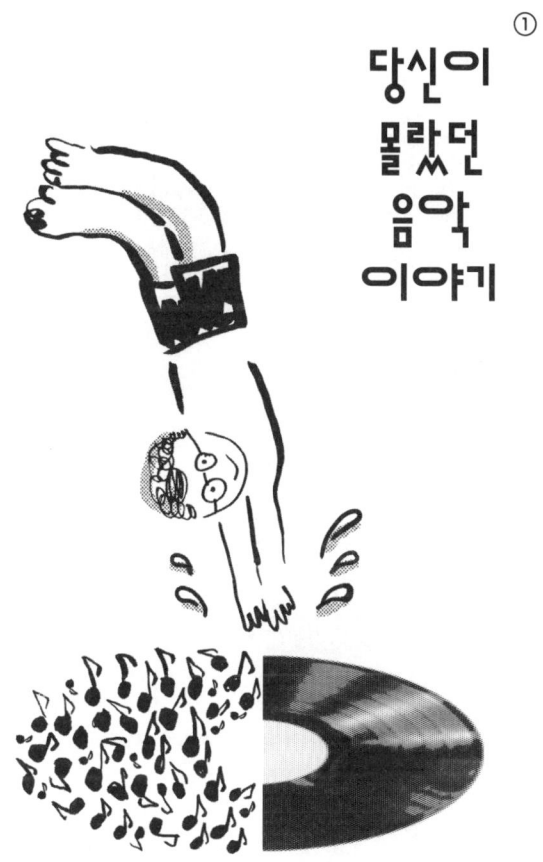

물질만능주의를 비판하는 곡은
어쩌다 낭만의 대명사가 되었을까

: **이글스** 〈Hotel California〉

모두가 음악을 듣는다. 음악을 사랑한다고 말한다. 실상은 그렇지 않다. 연구에 따르면 인구의 5퍼센트 정도는 음악에 별다른 감정을 느끼지 않는다고 한다.♬ 그런데도 한때 음악 감상은 그럴듯한 취미였다. 당신도 예외는 아닐 것이다. 어린 시절 '취미'란에 음악 감상이라고 기재해본 적 있을 것이다. 음악을 향한 당신의 애정을 의심하는 건 아니다. 그러나 다음 같은 이유 역시 없지는 않았을 것이다. '음악 감상'이라고 쓰면 왠지 근사해 보일 거라고 기대했을 것이다.

괜찮다. 부끄러워할 필요 없다. 취미란의 양대 산맥은 역시 '음악 감상'과 '독서' 아니겠나. 대중문화란 기본적으로 '허세'를 먹고 사는 생물이다. 이 혐의에서 자유로운 사람은 지구상에 많지 않다. 요컨대 우리는 귀로만 음악을 듣지 않는다. 속살을 들여다보면 거기에 어떤 욕망이 자리하고 있음을 알 수 있다.

예를 들어 재즈 팬이 재즈를 좋아하는 건 재즈가 음악적으로 더 탁월하다는 믿음 때문이기도 하다. 따라서 '모든 음악은 평등하다'고 주장하는 사람이 있다면 그럴듯하게 들리더라도 신뢰하지는 마시라. 알다시피 진실은 때로 가혹하다. 거의 무자비할 정도다.

물론 나도 알고 있다. 음악 자체는 평등할 수 있음을 모르지 않는다. 그러나 음악이 사람과 접촉하는 순간 평등은 더 이상 작동하지 않는다. 우리는 끊임없이 영향을 주고받는 가운데 음악을 듣는다. 그런 과정 속에서 취사선택한다.

♬　2014년 바르셀로나대학과 몬트리올 신경학 연구소가 공동으로 진행한 연구 결과다. '음악적 무쾌감증 Musical Anhedonia'이라고 부른다.

이 음악이 나를 더 세련되게 전시해줄 거라고 판단한다.
이 장르야말로 '찐'이라는 확신하에 타 장르를 끌어내리기도
한다. 이 음악을 모르면 흐름을 놓치거나 집단에 끼지 못할
거라는 위기감 역시 이유가 될 수 있다. 전형적인 '포모FOMO:
Fear Of Missing Out(소외 공포)'다. 한번 더 강조하고 싶다.
욕망 없는 음악 듣기란 없다. 멸균 상태의 음악 듣기란 애초에
불가능하다. 이것이 바로 진실이다.

　　　이제부터는 상상의 시간이다. 코로나는 어느덧 역사가
되고, 당신은 지금 회사 동료 여럿과 함께 음악 바에 앉아
있다. 3차에는 역시 음악을 들어야 한다는 상사의 명령에
가까운 제안 탓이다. 평소 당신은 음악을 꽤 좋아하는 편이다.
술도 들어갔겠다 음악이라도 신청해볼까 하는 찰나에 상사의
일성이 울려 퍼진다. "이런 게 음악이지. 요즘 음악은…."
그 순간 음악 바에서 울려 퍼지고 있을 목록을 뽑는다면
이글스Eagles의 〈Hotel California〉(1976)가 상위권을 차지할
거라는 데 내 커리어 전부를 걸 수도 있다(하지만 내 커리어는
그리 대단한 게 못 된다. 이거 참 다행이다).

　　　신이 난 상사가 기어코 한마디 더 보탠다. "들어봐.
음악에 낭만이 있잖아." 조금 전에 썼듯 상상 속 당신은 음악
마니아다. 《모던 팝 스토리》나 《레코드 맨》 같은 훌륭한
번역서도 읽은 덕에 음악 역사에 대해서도 제법 잘 알고 있는
편이다. 당신은 반론하고 싶지만 끝내 그러지 못한다. 취향이
생계보다 중요할 순 없는 까닭이다. 당신이 미처 하지 못했던

그 반론, 내가 대신하려 한다.

〈Hotel California〉가 낭만적으로 들리는 건 이해할
만한 부분이다. 우선 캘리포니아라는 지명이 그렇다. 미국
서부는 예로부터 기회의 땅이었다. 19세기 중반 '골드러시'
이래 보다 나은 미래를 꿈꿨던 사람들이 이곳으로 몰려들었다.
할리우드의 존재감도 빼놓을 수 없다. 거대 영화 스튜디오가
들어서기 시작한 1910년대 이후 캘리포니아는 대중의
머릿속에 낭만이라는 환상을 더욱 강렬하게 심어줬다.
낭만적으로 다가온 이유는 곡에서도 찾을 수 있다. 아무리
영어에 자신 없어도 노랫말 중 다음 구절은 들었을 것이다.
"Welcome to the Hotel California(어서 오세요. 호텔
캘리포니아로)."

실상은 좀 다르다. 아니, 많이 다르다. 이 곡에서
캘리포니아는 더 이상 약속의 땅이 아니다. 보컬을 담당한
드러머 돈 헨리Don Henley는 이 노래가 "순수의 상실과 영광의
퇴색에 관한 것"이며 여기서 "캘리포니아는 미국을 축약한
소우주"라고 밝힌 바 있다.♬ 즉 달콤했던 아메리칸드림의
낭만은 옅어지고, 어느새 물질만능주의가 판치는 1970년대
미국을 향해 비판의 날을 세운 셈이다. 곡에서 "머리는
무겁고 시야는 흐릿해진" 주인공은 "티파니로 치장하고
메르세데스 벤츠를 소유하고 있는" 여성의 안내를 받아 '호텔
캘리포니아'에 도착한다. 이를테면 이곳은 물질만능주의가
응축된 장소다. 가사를 보면 메르세데스 벤츠를 'Mercedes

♬ 다큐멘터리 〈History of the
Eagles〉에서 한 말이다.

Bends'라고 썼음을 알 수 있다. Bends는 잠수병 통증을 뜻하는 단어다. 즉 미국이 물질만능주의에 완전히 잠식되어버렸음을 은유한 것이다.

곡이 실린 동명 앨범 《Hotel California》의 다른 수록곡도 비슷한 주제 의식을 공유한다. 예를 들어 〈The Last Resort〉는 리조트에 관한 내용이 전혀 아니다. 제목 자체가 '최후의 수단'이라는 뜻으로 환경 파괴의 위험성을 경고하는 노래다. 결국 이글스는 〈Wasted Time〉에서 아메리칸드림을 일궈온 지난날이 그저 시간 낭비에 불과했다고 슬픈 목소리로 토로한다.

익숙한 노래의 뒷이야기를 '몰랐다'고 기죽을 필요 없다. 우리는 착각하면서 산다. 영미권에서는 가사를 다 이해하고 음악을 음미할 거라고 지레짐작한다. 반드시 그런 건 아니다. 대표적인 예를 들어보자. 미국을 비판하는 노래인 브루스 스프링스틴Bruce Springsteen의 〈Born in the U.S.A.〉(1984)는 미국 찬가로 둔갑해 대통령 선거에 쓰였다. 스팅Sting이 밴드 폴리스The Police 시절 작곡한 〈Every Breath You Take〉(1983)는 스토커의 시선에서 쓴 곡임에도 결혼식 입장곡으로 널리 사랑받았다. 보다 자세한 이야기는 다음 글에 계속된다.

사랑 노래가 아니라
소름 돋는 스토커의 노래입니다

: **폴리스** 〈Every Breath You Take〉

비혼주의를 고수하는 청년이 급증하고 있다는 소식, 더 이상 새삼스럽지 않다. 비혼주의만큼이나 과거에 비해 크게 늘어난 게 이혼율이다. 그럼에도 결혼을 결심하고 백년가약을 맺는 사람들이 있다. 그것도 여전히 많이 있다. 하긴, 결혼하는 동시에 이혼까지 고려하는 커플이 어디 있겠나. 모두가 저 사람과 함께라면 죽음이 우리를 갈라놓을 때까지 행복할 거라고 믿으면서 식장 문을 두드린다. 결혼식 입장곡을 배경 삼아 둘이 함께하는 세상을 향해 첫발을 내딛는다.

소셜 미디어를 통해 간혹 이런 메시지를 받는다. "결혼식 입장곡 추천 좀 부탁드립니다." 진짜다. 아무리 못해도 최소 100명 정도는 문의했다. 그들의 말투는 대개 정중했고, 조심스러웠다. 행여 실례가 되지 않을까 고심한 흔적이 문장 곳곳에서 드러났다. 따라서 나는 그들의 선의를 의심하지 않는다. 한데 이런 이유로 항상 동일한 대답을 줄 수밖에 없었다. "일생일대의 이벤트에 타인이 고른 노래를 튼다는 건 어불성설입니다. 고민해보고 직접 선곡해보세요."

시간이 허락하면 가끔 이런 조언을 덧붙인다. "팝을 트실 거라면 〈Every Breath You Take〉는 제외하시는 게 낫습니다. 결혼식 축하 노래라고 하기엔 가사가 정말 살벌하거든요." 앞에서 잠깐 언급한 것처럼 폴리스가 1983년 발표한 〈Every Breath You Take〉는 아름다운 사랑 노래가 아니다. 도리어 그 반대에 가깝다.

폴리스의 실질적인 리더였던 스팅Sting의 말을

먼저 들어본다. "사람들이 이 곡을 완전히 잘못 받아들이고 있어요. 〈Every Breath You Take〉는 참 고약한 노래예요. 사악하다고까지 할 수 있죠. 질투와 감시, 소유에 관한 곡이니까요." 뭐, 이쯤에서 의문을 제기할 사람이 있을 것이다. "만약 그렇다면 결혼과 더없이 잘 어울리는 곡 아니냐"면서 반농담조로 말할 것이다. 정중히 청하건대 그래서는 안 된다. 바야흐로 2020년대하고도 중반이라는 걸 마음에 새겨야 한다. 이런 개그는 20세기에나 먹혔다는 걸 명심하자.

아무래도 곡조 탓이 크다고 볼 수 있다. 언뜻 들으면 〈Every Breath You Take〉는 참 근사하다. 아재 개그와 달리 2020년대라는 좌표에서도 녹슬기는커녕 세련미를 뿜뿜 드러낸다. 가히 1980년대가 낳은 최고 수준의 뉴웨이브 싱글이다. 한데 이런 분석을 제시한 건 비단 나뿐만이 아니다. 해외 평론을 봐도 "역사상 가장 오해받은 노래 중 하나. 강박적인 스토커에 대한 곡이지만 러브 송으로 널리 받아들여졌다"라는 기록이 널려 있음을 알 수 있다. 이해를 돕기 위해 핵심 가사를 살펴본다.

"넌 내 소유라는 걸 모르겠어? / 네가 내딛는 발길음마다 내 가련한 마음이 얼마나 상처받는지 말이야 (…) 너의 모든 움직임과 네가 깨뜨리는 모든 맹세를 / 네가 짓는 모든 가짜 미소와 네가 주장하는 모든 권리를 / 나는 지켜볼 거야."

어떤가. 소름 끼치지 않나. 누가 봐도 이건 상대를 향한 정신이상자의 집착을 묘사하는 노랫말이다. 한 번 더 강조하건대 이 곡에 관해 함부로 아재 개그를 날리지 말아야 할 이유다.

달랑 30분 만에 썼다고 전해진다. 스팅에 따르면 한밤중 영감이 떠올라 순식간에 작곡을 끝냈다고 한다. 물론 우리는 그 말이 진실인지 아닌지 알 수 없다. 스팅이 세 시간을 30분으로 착각했을 가능성도 없지 않다. 그러나 곡의 흐름을 꼼꼼하게 감상해보면 결국 스팅의 말에 동의할 수밖에 없다. 이토록 자연스러우면서도 심플한 서사를 지닌 곡을 쥐어짜내듯 썼을 가능성은 아무래도 낮기 때문이다. 글쓰기도 똑같다. 마치 접신이라도 한 것처럼 한 번에 써지는 글이 대부분 좋다. 나의 경우, 그런 순간이 자주 찾아오지 않는다는 게 함정이긴 하지만.

이제 이 곡의 더 깊은 계단으로 내려가야 할 차례다. 당시 스팅은 결혼 생활 실패, 밴드 멤버 간의 갈등으로 환멸을 느끼고 있었다. 이런 아픔 속에서 산파한 결과물이 바로 〈Every Breath You Take〉다. 한데 곡을 다 완성하고 난 뒤 스팅은 조금 다른 인상을 받았다고 한다. "그때 나는 빅 브러더Big Brother의 대중 감시와 통제에 대해 생각하고 있었던 것 같아요."

해석해놓은 가사의 행간을 이쯤에서 다시 한번 곱씹어보기 바란다. 위대한 곡이 대개 이렇다. 다양한 층위의 서브 텍스트를 통해 더 넓은 해석의 여지를 열어준다. 〈Every Breath You Take〉로 한정하면 집착적인 개인의 서사를 억압적인 사회구조의 문제로 확장해 환기하는 것이다.

〈Every Breath You Take〉의 매력에 심취한 건 비단 대중만은 아니었다. 1997년 힙합 뮤지션 퍼프 대디 Puff Daddy가 이 곡의 주요 멜로디를 샘플링해 〈I'll Be Missing You〉를 발표했을 때의 풍경이 지금도 생생하게 기억난다. 이 곡이 실린 음반 타이틀이 괜히 《No Way Out》인 게 아니었다. 거리 곳곳마다 이 곡이 울려 퍼졌다. 제목 그대로 도망칠 구석 따위 아예 없는 것 같았다.

해외 신조어 사전에 보면 'Whammed!'라는 단어가 있다. 왬Wham!의 〈Last Christmas〉(1984)가 진짜 지겨워서 듣기도 싫은데 들을 수밖에 없는 상황에 몰렸을 때 쓰는 재미있는 표현이다. 1997년 당시 나는 음악 바에서 아르바이트를 했다. 거리에서 〈I'll Be Missing You〉를 듣고 직장에서 또 들었다. 하루에 아무리 못해도 다섯 번은 듣는 상황이 매일같이 이어졌다. 그랬다. 1997년은 가히 'Puff Daddied'의 해였다.

정작 폴리스 멤버 셋은 〈I'll Be Missing You〉를 요즘 말로 하면 '극혐'했다고 전해진다. '우리 곡을 백화점에서나 흘러나올 법한 음악 정도로 만들어버렸다'는 게 그 이유였다. 게다가 퍼프 대디♪는 사전 허락도 구하지 않고 〈Every Breath You Take〉를 샘플링해 문제를 야기했다. 결국 스팅이 고소했고, 로열티 전부를 가져가는 것으로 판결이 났다. 전 세계가 〈I'll Be Missing You〉에 푹 빠진 와중에도 그 세 명만큼은 'Puff Daddied'하지 않았던 것이다.

♪ 퍼프 대디는 입에 담기도 힘든 성범죄가 발각되면서 사실상 음악계에서 추방당했다.

조지 오웰의 《1984》, 그리고
카지노 도박장에서 영감을 얻어 탄생한 노래
: **앨런 파슨스 프로젝트** 〈Eye in the Sky〉

앨런 파슨스 프로젝트The Alan Parsons Project는 한국을 포함한 전 세계에서 사랑받는 밴드다. 프로그레시브 록과 세련된 팝을 오가면서 히트곡을 여럿 남겼다. 음반마다 콘셉트를 달리하는 방식을 통해 1970년대에 활짝 꽃핀 앨범 미학을 구체화한 밴드이기도 하다. 시대에 연결된 채 그 시대를 딱 반보 정도 절묘하게 앞섰던 음악, 이게 바로 앨런 파슨스 프로젝트의 성공 비결이었다.

작은 역설이 있다. 만약 당신이 앨런 파슨스 프로젝트의 목소리에 반해 음악을 즐겨 들었어도, 거기에 정작 앨런 파슨스의 목소리는 없다는 것이다. 앨런 파슨스 프로젝트의 정규 멤버는 총 두 명이었다. 앨런 파슨스, 에릭 울프슨 Eric Woolfson. 둘 중 앨런 파슨스는 밴드의 프로듀서이자 엔지니어였다. 작곡을 하는 동시에 기타도 쳤고, 키보드를 연주했다. 노래는 한 톨도 부르지 않았다.

몇몇 곡에서 노래를 부른 것은 에릭 울프슨이다. 우리는 〈Time〉(1980), 〈Don't Answer Me〉(1983), 무엇보다 〈Eye in the Sky〉(1982) 등의 곡에서 에릭 울프슨의 목소리를 들을 수 있다. 이외의 곡, 예를 들어 밴드의 또 다른 상징이라 할 〈Old and Wise〉(1982)의 경우 콜린 블런스턴 Colin Blunstone이 녹음한 곡이다. 콜린 블런스턴은 명곡 〈Time of the Season〉(1968)을 남긴 좀비스 The Zombies의 보컬리스트다. 〈Old and Wise〉는 영화 〈비열한 거리〉에서 천호진 씨의 목소리를 통해 한국에 더 널리 알려지기도 했다.

밴드 이름을 앨런 파슨스 프로젝트로 지은 이유는 어쩌면 단순하다. 당시 앨런 파슨스가 적어도 음악 팬 사이에서는 유명인이었기 때문이다. 에릭 울프슨은 보컬이자 밴드 매니저였다. 그에 따르면 앨런 파슨스의 명성을 활용하는 게 낫겠다는 판단하에 앨런 파슨스 프로젝트로 이름을 정했다고 한다.

앨런 파슨스는 역사에 길이 남을 걸작의 탄생에 기여한 뛰어난 엔지니어였다. 핑크 플로이드Pink Floyd의 영순위 앨범《The Dark Side of the Moon》(1973)과 비틀스The Beatles의《Abbey Road》(1969),《Let It Be》(1970) 등등.《The Dark Side of the Moon》으로 그래미 후보까지 오른 앨런 파슨스는 "직접 해봐야겠다"고 결심하고 에릭 울프슨과 앨런 파슨스 프로젝트를 결성했다.

한데 앨런 파슨스 프로젝트의 탄생에 결정적 영감을 제공한 건 음악이 아니었다. 바로 영화였다. 영화 산업이 발전함에 따라 위대한 감독이 영화의 중심으로 떠오르는 걸 보면서 에릭 울프슨은 다음 같은 아이디어를 떠올렸다. "영화가 알프레드 히치콕Alfred Hitchcock이나 스탠리 큐브릭Stanley Kubrick 같은 감독의 예술이라면 음악은 프로듀서의 예술일 수 있다"는 논리였다.

이게 바로 소수의 곡을 제외하고 보컬을 따로 기용한 이유다. 음악에서의 보컬이 영화 속 배우 역할과 같다고 판단한 것이다. 앨런 파슨스 프로젝트가 함께 작업한 게스트 보컬은 20명에 육박한다. 요컨대 1990년대 한국에서 토이나 공일오비가 추구한 형식적 실험에 아론의 지팡이가 되어준 셈이다.

지금도 사랑받는 곡 하나만 꼽으라면 〈Eye in the Sky〉를 택할 수밖에 없다. 음반 타이틀이기도 한 이 곡은 1번 트랙인 〈Sirius〉와 함께 듣도록 설계되어 있다. 앞서 강조한 앨범 미학이다. 그러나 〈배철수의 음악캠프〉 정도를 제외하면 2번에 위치한 〈Eye in the Sky〉만 따로 선곡하는 게 일반적이다. 반대로 〈Sirius〉만 취급하는 곳도 있다. NBA 팀 시카고 불스Chicago Bulls다. 전설 마이클 조던Michael Jordan이 신인이었던 시절부터 시카고 불스는 선수 입장 테마로 이 곡을 써왔다.

〈Eye in the Sky〉의 경우, 한국에서 오랫동안 곡해받아온 노래이기도 하다. 제목부터 '창공의 눈'인 까닭에 종교적 색채를 담아냈을 거라는 의견도 있었다. '신께서 지켜보고 계시니 똑바로 살아라'쯤 되는 느낌이랄까. 반면 해외에서는 조지 오웰George Orwell의 소설 《1984》와 관련 있을 거라는 추측이 대세였다. 이와 관련해 앨런 파슨스는 "대중을 감시하고 통제하는 빅 브러더에 대한 노래가 맞다"고 밝혔다.♬ 그의 말을 좀 더 듣는다. "카메라가 항상 당신을 감시하고, 하늘에서는 헬리콥터가 언제나 지켜보고 있고, 우주의 누군가가 신문의 작은 기사 한 줄까지 읽을 수 있다는 게 '콘셉트'였어요."

♬　독일 공영TV
　〈Top 2000 a gogo〉에서
　한 말이다.

계기는 카지노였다고 한다. 1970년대 후반 앨런 파슨스와 에릭 울프슨은 갬블러에 관한 서사시를 기획 중이었다. 이를 위해 에릭 울프슨은 카지노에 가서 갬블러라는 직업을 직접 탐구하기도 했다. 이런 과정을 통해 빛을 본 작품이 1980년 발매한 《The Turn of a Friendly Card》다. 'A Friendly Card', 즉 '유리한 패'로 일발 역전을 꿈꾸는 갬블러의 삶을 비판적으로 성찰한 결과물이라고 보면 된다. 요약하면 인생은 로또 같은 게 아니라는 거다. 뭐, 우리가 이 정도도 모르고 매주 로또를 구입하는 건 아니지만 말이다.

어쨌든 에릭 울프슨을 매혹한 건 갬블러의 삶만이 아니었다. 도박장 곳곳에 설치된 감시 카메라에서 큰 인상을 받았다고 전해진다. 그렇다. 이것이 바로 한국인이 사랑하는 팝송 〈Eye in the Sky〉의 탄생 비화다. 가사는 기실 이별 노래에 가깝다. 마치 감시 카메라처럼 "당신의 생각을 다 읽을 수 있다"는 내용이다. 에릭 울프슨은 이 곡에서 거짓을 일삼는 상대에게 감정의 동절기가 왔음을 차분한 어조로 선포한다. 이후 아득해질 만큼 절정에 올랐다가 썰물처럼 서서히 물러나는 만듦새로 결코 잊히지 않을 멜로디를 길어낸다.

커버에 새겨진 눈 모양 상형문자를 언급하지 않을 수 없다. 이집트 신 호루스Horus의 눈이다. 전설에 따르면 호루스의 눈은 모든 걸 꿰뚫어 볼 수 있다고 한다. 과연, 제목 그대로 'Eye in the Sky'다.

사람을 휘어잡는 매혹적인 주술

: **컬처 클럽** 〈Karma Chameleon〉

매혹적이었다. 거의 주술적이라고 할 만큼 사람을 휘어잡는 노래였다. 이 곡을 처음 접한 이후 나는 어떤 장소에서든 후렴구를 흥얼거리는 나 자신을 발견했다. 비단 나뿐만은 아니었을 것이다. 한때 이 주문의 포로가 됐던 추억을 갖고 있는 독자가 상당히 많을 것으로 추측한다. 주문의 정체는 다음과 같다. "카마카마카마카마카마 카멜레온."

1983년 컬처 클럽Culture Club의 〈Karma Chameleon〉이 발매되었을 때의 풍경을 역사는 이렇게 기록한다. 이 곡으로 컬처 클럽은 빌보드 차트와 영국 차트를 포함해 총 30개 이상의 국가 차트에서 1위에 올랐다. 차트 성적만 빼어난 게 아니었다. 음악적인 성취에서도 〈Karma Chameleon〉은 이견 없는 찬사를 받았다. 무엇보다 1980년대를 지배한 뉴웨이브 신을 논할 때 절대 빼놓아서는 안 될 곡으로 인정받는다.

이제 질문을 할 차례다. 어디선가 들어본 것도 같은 저 단어, 뉴웨이브란 무엇인가에 대해 설명하려 한다. 해석은 간단하다. '새로운 흐름'이다. 그렇다면 문제가 발생한다. 예를 들어 비틀스는 뉴웨이브가 아니라 올드 웨이브였다는 말인가.

물론 그렇지 않다. 다만, 1970년대 후반부터 1980년대까지 인기를 모았던 팝의 지류 중 하나를 뉴웨이브라 칭한다고 이해하면 된다. '새로운 흐름'이라는 수식이 붙은 이유는 기실 별거 없다. 이전까지 쉽게 경험할 수 없었던

사운드를 전면에 내세웠기 때문이다. 이제 두 번째 질문이
스윽 들어가야 할 차례다. 그것이 새로웠다면 대체 어떤
지점에서 새로웠는지 알아볼 필요가 있다. 키워드는 바로
신스팝Synth-pop이다.

통상 뉴웨이브는 신스팝이라고도 불린다. 정확하게
분류하면 뉴웨이브가 전체집합이고, 신스팝은 덩어리가 가장
큰 부분집합에 해당된다. 원래 뉴웨이브는 1970년대 중반
생겨난 단어다. 당시 막 태동한 펑크 punk를 뉴웨이브라고
불렀다. 당신은 아마 되묻고 싶을 것이다. "컬처 클럽이
펑크라고? 이해가 안 되는데?"

이렇게 정리하면 된다. 하나, 투박하고, 거칠고,
정돈되지 않은 연주를 미학으로 내세운 펑크가 1970년대
후반부터 서서히 틀을 잡기 시작했다. 둘, 정교해진 연주, 팝
멜로디의 적극적인 수용이 이런 변화를 위한 바탕이 되어줬다.
셋, 여기에 신시사이저를 고유 패시브로 활용하는 뮤지션/
밴드가 급증하면서 뉴웨이브/신스팝 신이 마침내 형성되었다.

드디어 마지막 질문이 훅 들어가야 할 차례다.
신시사이저라는 악기의 정체에 대해 짚고 넘어가야
한다. 신시사이저의 어원은 '합성하다'라는 의미를 지닌
신시사이즈synthesize다. 즉 신시사이저는 소리를 조합해
새로운 소리를 창조하는 기계다. 1960년대부터 대중음악에
쓰였지만 이때만 해도 신시사이저는 거대한 볼륨을 자랑했고,
무엇보다 초고가였다. 비틀스나 도어스 The Doors처럼 돈 많은

밴드가 아니면 써볼 엄두조차 낼 수 없었다.

신시사이저뿐 아니다. 기술의 발전이라는 게 항상 이렇다. 태동기에는 자본의 제약으로 극소수만이 그것을 향유한다. 따라서 상용화하는 비결은 간단하다. 가격을 낮추면 된다. 1970년대를 거쳐 1980년대가 되면서 신시사이저는 크기와 가격 면에서 모두 경량화에 성공한다. 〈Karma Chameleon〉을 포함한 신스팝이 1980년대에 정점을 찍을 수 있었던 가장 큰 이유다.

놀랍게도 〈Karma Chameleon〉의 첫 시사 반응은 그리 좋지 않았다. 리더인 보이 조지Boy George에 따르면 이집트에서 휴가를 보내던 도중 영감이 떠올라 작곡했는데 멤버들이 듣고는 "컨트리 같다"면서 녹음하기를 주저했다고 한다. 역사를 살펴보면 이런 노래는 부지기수다. 가정은 없다지만 '발매 안 했으면 어쩔 뻔했어' 싶은 곡들.

가사는 제법 심오하다. 요약하면 거짓말쟁이를 타박하는 내용이다. 즉 당신과 내가 끊임없이 중얼거렸던 그 주문, 'Karma Chameleon'은 카멜레온처럼 일관성이라고는 없이 거짓말을 일삼는 자가 받게 될 업보를 뜻한다.

"당신의 사랑은 변함이 없나요 / 만약 내가 당신의 거짓말까지 듣겠다면 당신은 말할 건가요 / 난 (당신의 사랑에) 확신이 없어요 / 앞뒤가 안 맞는 말을 할 줄도 모르죠 / 당신은 왔다가 떠나고 왔다가 떠나죠 (…) 서로 딱 달라붙어 있을 때 / 우리의 사랑은 강하지만 / 당신은 떠날 때 영영 떠나버리죠

/ 왔다가 떠나고 왔다가 떠나죠 / (그런 식으로) 나를 희망 고문하죠."

영어 가사를 꼭 찾아보길 추천한다. 서로 딱 붙어 있다는 뜻의 'cling'과 내가 희망 고문이라고 해석한 'string along', 이렇게 각운을 맞춘 것만 봐도 보이 조지의 작사 센스가 최상급임을 느낄 수 있을 테니까.

마지막으로 꼭 적고 싶은 게 있다. 신시사이저를 신디사이저 혹은 신디라고 발음하는 사람, 많이 봤을 것이다. 엄밀히 말해 틀렸다. 돼지 꼬리ð가 아니라 번데기θ 발음이다. 따라서 신시사이저 혹은 신스라고 해야 맞는다. 내가 아는 한 '신디'는 라디오 디제이 김신영 씨를 청취자들이 부르는 별명으로서만 유효하다.

퀸도 아바도 레드 제플린도
지독한 혹평에 시달렸다

: 레드 제플린 《Led Zeppelin》

록 역사상 가장 위대한 밴드 하나만 꼽으라면 대답은 천차만별일 수밖에 없다. 그러나 어떤 밴드 이름이 입에 오를까 정도는 추측할 수 있다. 그중 강력한 후보로 레드 제플린 Led Zeppelin을 선택하면 반론을 제기할 사람은 아마 거의 없을 것이다.

통상 우리는 이렇게 생각하는 경향이 있다. 해당 분야의 전설인 만큼 데뷔와 동시에 주목받았거나 그렇지 못했더라도 소수의 비평가와 팬들이 반응해 결국 레전드 반열에 등극했을 거라고 짐작한다. 꼭 그렇진 않다. 등장과 동시에 평단의 혹평에 시달렸지만 결국 명예의 전당에 오른 뮤지션과 밴드가 부지기수다. 무엇보다 퀸 Queen과 아바 Abba가 그랬다. 둘 모두 어느새 대중은 물론 비평가 집단도 만장일치로 동의하는 전설이 됐다.

그리고 레드 제플린이 있다. 그렇다. 놀랍게도 레드 제플린은 데뷔 이후 특정 잡지로부터 지독한 혹평에 시달려야 했다. 1970년대 록 신의 풍경을 다룬 영화 〈올모스트 페이머스〉의 한 장면이 이를 증명한다. 영화에서 당대 록 스타를 연기하는 배우가 음악 전문지 〈롤링 스톤〉의 객원 필자인 주인공이 공연을 취재하러 온다고 하자 이렇게 고함을 친다. "〈롤링 스톤〉이야! 〈Layla〉를 무시하고, 크림 Cream을 혹평하고 레드 제플린의 모든 앨범을 깠던 그 〈롤링 스톤〉 이라고!"

완전 팩트다. 먼저 1969년 당시 〈롤링 스톤〉에

게재되었던 레드 제플린 1집에 대한 리뷰를 살펴보자. 잡지는 음반에 실린 곡들을 향해 "상상력이 빈곤하고 설득력이 약하다Weak, unimaginative songs"라고 저격했다. 앨범의 대표곡이라 할 ⟨Good Times Bad Times⟩에 대한 평가는 한층 심각하다. 레드 제플린의 모태라 할 "야드버즈The Yardbirds LP의 B면에나 들어갈 수준이다."♪

이 곡만이 아니다. 이제는 누구나 걸작이라고 인정하는 ⟨Babe I'm Gonna Leave You⟩를 두고는 "특히 보컬 파트에서 매우 지루하고, 과하게 중복적이며 6분 30초를 투자할 가치가 없다"라고 단언한다.♪♪ 심지어 ⟨롤링 스톤⟩ 측에서 화제가 되겠다고 판단했는지 '레드 제플린 대對 롤링 스톤'이라는 낚시성 특집 기사를 실은 적도 있다.

내가 강조하고 싶은 건 다음과 같다. 그 어떤 평가에든 '절대'라는 건 있을 수 없다. 세상은 변한다. 사람도 변하고 가치관도 변한다. 문화적인 잣대 역시 변한다. 그때는 틀렸던 게 지금은 맞는 게 되기도 한다. 비평도 마찬가지다. 비평에 영향을 미치는 요소는 다양하고, 심지어 가변적이다. 우리는 아티스트의 이름값에 그저 취할 수 있다. 음악을 듣는 시간이나 당시의 기분 역시 무의식적으로 반영된다. 즉 멸균 상태의 음악 듣기란, 더 나아가 순수한 형태의 감각이란 없다. 우리는 끊임없이 영향을 받으면서 음악을 즐기고, 나름의 평가를 내린다. 롤랑 바르트가 강조한 신화가 별 게 아니다. 바로 이것이다.

요컨대 음악을 감상한다는 것 자체가 이미 지극히
주관적인 행위다. 차트를 객관적 지표로 내세우는 사람도 있다.
곰곰이 생각해보기 바란다. 차트는 수많은 사람의 주관적
선택을 합산해 순위를 매긴 것이다. 덩어리가 커졌다고 해서
주관이 객관이 될 수는 없다.

　　찾아보면 당시 레드 제플린에게 격찬을 보낸 비평가도
당연히 존재한다. 따라서 핵심은 이렇다. 우리에게 필요한 건
애초에 존재하지도 않는, 하나의 절대적인 객관이 아니다.
무수히 많은 주관의 공존이다. 그것이 대중문화라면 더욱
그렇다. 따라서 음악 비평은 허망한 객관이 아닌 자신의
주관을 매력적으로 잘 설득하는 작업이라 할 수 있다. 내가
이걸 잘하고 있는지는 이 책의 판매량이 증명할 것이다.

♬, ♬♬
1969년 3월 15일 자 〈롤링 스톤〉에
실린 비평가 존 멘델슨 John
Mendelsohn의 글이다.

대책 없는 사랑 노래

: **브루노 마스** 〈Marry You〉

브루노 마스의 히트곡은 무진장이다. 솔로 데뷔작 《Doo-Wops & Hooligans》(2010) 수록곡 〈Just The Way You Are〉를 시작으로 〈When I Was Your Man〉(2013), 〈That's What I Like〉(2017), 실크 소닉Silk Sonic이라는 이름의 프로젝트로 발표한 〈Leave The Door Open〉(2021), 프로듀서 마크 론슨Mark Ronson과 함께 발표한 〈Uptown Funk〉(2014) 등 그는 가히 우리 시대 최고의 히트곡 제조기라고 할 만한 뮤지션이다.

한국에서도 인기를 누린 곡은 당연히 여럿이다. 그러나 빌보드와의 온도 차가 가장 큰 노래를 하나 꼽으라면 이 곡을 선택할 수밖에 없다. 〈Marry You〉다. 빌보드에서 〈Marry You〉는 1집의 다른 수록곡, 예를 들면 〈Just The Way You Are〉나 〈Grenade〉처럼 정상에 오르지 못했다. 아니, 1위를 하지 못한 것 정도가 아니라 85위에 그쳤다. 반면 한국에서는 브루노 마스를 상징하는 노래 중 하나로 거론된다.

브루노 마스에 따르면 타이틀인 〈Doo-Wops & Hooligans〉는 음악 색깔과 관련 있다고 한다. 요약하면 '두왑'은 여성적인 노래를, '훌리건'은 남성적인 노래를 의미한다. 즉 〈Just The Way You Are〉는 곡의 포문을 여는 코러스가 증명하듯 '두왑'에 해당되고, 〈Grenade〉는 강렬한 곡 분위기와 '수류탄'이라는 뜻의 제목처럼 '훌리건'에 속한다는 것이다.

〈Marry You〉의 경우 언뜻 두왑일 거라고 여길 수 있지만 실은 둘 다라고 봐야 한다. 가사가 말해준다. 뭐랄까, 이 곡은 일종의 대책 없는 사랑 노래다. 브루노 마스의 인터뷰에 따르면 후회의 감정이 섞였다고 한다. "라스베이거스에 가서 술을 아주 많이 마시고 모든 사람을 사랑하는 것 같은 기분을 느끼게 하는 노래죠. 그 와중에 하지 말아야 할 일을 하게 되고, 아침이 되면 후회하게 되는 기분. 그 느낌을 포착해서 노래에 담고 싶었어요." ♬

과연 그렇다. 상대방이 아닌 오직 자기에게만 취해 충동적으로 청혼하는 인간의 얘기를 '두왑'이라고 볼 수는 없다. '훌리건'이 백번 맞다. 그러나 어쨌든 낭만적인 분위기를 묘사한다는 점에서 〈Marry You〉에는 '두왑'적인 측면 역시 존재한다.

곡이 품고 있는 장르는 록, R&B, 솔, 그리고 두왑을 모두 아우른다. 이 중 록에 주목하길 바란다. 브루노 마스의 수많은 히트곡을 뒤로하고 이 곡을 선택한 이유이기 때문이다. 내 판단에 〈Marry You〉는 합주에 최적화된 만듦새를 지닌 곡이다. 경쾌한 울림으로 시작하는 드럼만 들어봐도 밴드 세트로 연주하기에 적합한 형태임을 알 수 있다.

곡 분위기는 밝고 화사하다. 여기에 더해 플레이하자마자 들을 수 있는 교회의 웨딩 벨 소리가 낭만적인 밤을 상징하고, 박수 소리가 더해지면서 곡에 활력을 불어넣는다. 브루노 마스의 보컬 레인지는 C4에서 D5까지 아우르면서 탁월한 가창력을 마음껏 뽐낸다. 어느

모로 보나 술에 취해 결혼까지 생각하게 되는 라스베이거스의
밤이 떠오르는 구성이다. 전체적인 곡 구성은 저 유명한
모타운Motown 레코드의 영향을 강하게 풍긴다. 브루노 마스는
아주 잠시였지만 모타운 소속 가수이기도 했다.

가사를 자세히 들여다보면 흥미로운 단어를 발견할
수 있을 것이다. 바로 'dancing juice'라는 표현이다. 음악
전문지 〈롤링 스톤〉과의 인터뷰에서 브루노 마스는 'dancing
juice'에 대해 이렇게 말했다. "런던에서 그 말을 들었어요.
어떤 친구에게 내가 보낸 멋진 밤에 대해 이야기하니까
그 친구가 '그러니까 넌 댄싱 주스를 마신 거네'라고
말하더라고요. 그 말에 공감이 가서 〈Marry You〉에 넣었죠. 제
매니저는 그 노래가 자기에 대한 거라고 생각하기도 했어요.
자기를 춤추는 유대인dancing Jew이라고 부르거든요."

비록 85위에 그쳤지만 그렇다고 해서 미국에서
〈Marry You〉의 인기가 낮았던 것은 아니다. 뮤지컬 시리즈
〈글리Glee〉에 삽입된 덕이 컸다. 〈글리〉 버전은 빌보드 싱글
차트에서 32위를 기록하면서 브루노 마스 오리지널보다 더
높은 인기를 누렸다.

♫ 2011년 〈보스턴 글로브The
Boston Globe〉와의 인터뷰에서
말한 내용이다.

전쟁을 향한 강력한 비판 의식을 담은
축구 선수 소니의 응원가

: 크랜베리스 〈Zombie〉

우리는 착각하는 경향이 있다. 예를 들어 영미권에서는 팝의 가사를 다 이해하고, 상황에 맞게 감상하거나, 따라 부를 거라고 지레짐작한다.

전혀 그렇지 않다. 예를 들어 앞에서 언급한 폴리스의 〈Every Breath You Take〉는 작곡자인 스팅이 "아주 사악한 가사죠"라고 고백한 것처럼 스토커의 시선으로 쓴 노래지만 결혼식 축하 음악으로 널리 애용되었다.

크랜베리스The Cranberries의 〈Zombie〉도 마찬가지다. 크랜베리스의 음악 중 가장 강력한 비판 의식을 탑재한 곡이지만 어떤 축구 선수의 응원가로 사랑받았다. 일단 그 축구 선수부터 밝힌다. 대한민국의 자랑 손흥민이다.

먼저 1994년 발표된 이 곡에서 〈Zombie〉가 뭘 의미하는지부터 알아야 한다. 바로 '전쟁광'이다. 인간적인 감정이라고는 삭제된 그들을 향해 크랜베리스는 '좀비'라면서 날을 세운다. 동시에 〈Zombie〉는 폭력과 테러에 희생당한 아이들을 뜻하는 것이기도 하다. 즉 비판과 추모의 의미가 함께 스며들어 있는 셈이다.

널리 알려져 있다시피 크랜베리스는 아일랜드에서 결성된 밴드다. 따라서 영어로는 'The Troubles'라고 부르는 북아일랜드 분쟁을 직접 경험했다. 분쟁이 발생한 무대는 비단 북아일랜드만이 아니었다. 종교와 정치가 첨예한 갈등으로 대립하면서 분쟁은 아일랜드 전역을 비롯해 영국과 유럽 대륙으로 번졌다.

결국 이 때문에 다치거나 사망한 사람만 3만 5,000명에 이른다고 역사는 기록한다. 크랜베리스의 〈Zombie〉는 이 북아일랜드 분쟁이 낳은 폭력의 비극적 결과를 고발하는 비폭력 저항 음악이다. 그중에서도 1993년 아일랜드공화국군 IRA의 폭탄 테러로 숨진 두 소년 팀 패리 Tim Parry(당시 12세), 조너선 볼 Jonathan Ball(당시 3세)을 기리기 위함이었다.

핵심 가사는 다음과 같다. "What's in your head, in your head?/Zombie, zombie, zombie-ie-ie-ie, oh." 응원가로 만든 방법은 간단하다. Zombie를 Sonny로 바꾸면 된다.

프런트 우먼 돌로레스 오리어던 Dolores O'Riordan에 따르면 순식간에 작곡을 끝냈다고 한다. 원래 어쿠스틱이었지만 세션 과정에서 강력한 일렉트릭 기타를 추가했는데, 이게 신의 한 수였다. 정말로 그랬다. 1990년대 후반 여성이 보컬인 카피 밴드치고 이 곡을 부르지 않은 경우는 거의 없었다. 지금도 이 곡을 즐겨 연주하는 밴드는 비단 한국만이 아닌 전 세계에 부지기수일 것이다. 연주 실력이 그리 뛰어나지 않아도 보컬만 좀 되면 도전해볼 수 있는 곡이다. 어쨌든 다시 한번 강조하고 싶다. 영국과 미국 사람이라고 해서 가사 내용까지 다 고려해서 결혼식 축가나 스포츠 응원가를 선택하는 것은 아니다.

또 다른 예로 영국 펑크 록 밴드 클래시 The Clash의

〈London Calling〉(1979)을 들 수 있다. 이 곡은 마거릿 대처 정권의 폭력적인 공권력을 비판하기 위해 썼지만 축구장과 클럽에서 흥을 돋우기 위한 목적으로 오늘도 어디선가 흘러나온다. 〈빌리 엘리어트〉에서 경찰과 대치하는 광부 시위 장면에 쓰인 이유이기도 하다.

음악의 운명이라는 게 이렇다. 창작자의 품을 떠나는 순간 애초 의도와는 무관하게 펼쳐질 수 있다. 그중 어떤 음악은 내재된 슬픔과 고통을 멀리 떨쳐내고, 새로운 영역을 향해 나아가기도 한다.

잘못된 해석을
바로잡자

2000년대 전까지만 해도 해외 자료를 구하는 것은 일종의 권력이었다. 영어를 전문적으로 배운 평론가가 많지 않아 잘못된 해석이 정설인 것처럼 받아들여지기도 했다. 이제는 사정이 다르다. 영어 잘하는 평론가가 여럿인 것은 물론, 검색하는 방법 좀 터득하면 이전 글에 쓴 것처럼 1969년 음악 전문지 〈롤링 스톤〉이 (이후 만점을 준 것과는 반대로) 레드 제플린 1집과 2집을 얼마나 신랄하게 저평가했는지 금방 찾을 수 있다. 이런 생각을 하다가 사례를 한번 모아봤다. 이른바 잘못 전해온 해석 바로잡기다.

밥 말리 & 더 웨일러스 〈No Woman No Cry〉(1974)

장르 그 자체가 된 뮤지션 혹은 밴드가 있다. 농구 하면 마이클 조던인 것처럼 레게 하면 우리는 밥 말리를 떠올린다. 그중에서도 〈No Woman No Cry〉가 갖는 상징성이야 두말할 필요 없을 것이다. 아무리 레게를 모르는 사람이라도 이 곡의 비트와 멜로디 정도는 대충 알고 있으니까. 과거 이 곡의 제목은 대략 다음과 같이 해석됐다. '여자가 아니면 울지 않는다.'

완벽하게 엉터리라고 확언할 수 있는 오독이다. 정확한 해석은 이렇다. '안 돼. 여인이여, 울지 마오.' 물론 여기에서 여인은 당시 최악의 빈부 격차로 고통에 빠져 있던 자메이카 국민을 의미한다.

조니 미첼 〈A Case of You〉(1971)

조니 미첼의 대표작 《Blue》 수록곡이다. 《Blue》는 2020년 〈롤링 스톤〉이 선정한 'The 500 Greatest Albums of All Time'에서 당당히 3위를 차지한 걸작이다. 이 곡의 경우 제목이 나오기 바로 전까지 진행되는 줄거리가 중요하다. 일종의 러브 송이라고 보면 된다. 축약하자면 이렇다. "오, 당신은 마치 성스러운 와인처럼 내 혈관을 흘러요. 그 맛은 참으로 쓰고, 정말 달콤하죠." 이후 조니 미첼은 노래한다. "Oh, I could drink a case of you, darling." 그렇다. '당신이라는 경우', '당신이라는 케이스'다 틀렸다. 'A Case of You'는 '당신이라는 술 한 통'이라고 해석해야 한다. 실제로 '케이스'는 술통을 세는 단위로 쓰인다.

주다스 프리스트 〈You've Got Another Thing Comin'〉(1982)

헤비메탈 밴드 주다스 프리스트의 대표곡 중 하나다. 이 곡 역시 잘못된 해석이 인터넷에 많다. 제목을 직역하면 '너에게 다가오는 다른 것이 있다.' 즉 '지금 네 생각이 맞는 것 같지만 잘못되었다'는 뜻이다. 자연스럽게 쓰면 이렇다. '그렇게 생각한다면 오산이야. (그러니까 다시 생각해보는 게 어때?)' 실생활에서도 쓰는 표현이다. 기억하면 쓸모가 있을 것이다.

앨런 파슨스 프로젝트 〈Days Are Numbers〉(1985)

몇 년 전 버킷 리스트를 다룬 현대자동차 산타페 광고가
화제를 모았다. 이 음악의 덕이 꽤 컸던 것으로 기억한다.
그렇다면 광고주로부터 의뢰를 받고 이 노래를 선곡한
누군가가 있었을 것이다. 그 사람의 정체를 밝힌다. 바로 나다.

광고에 쓰이기 전까지 이 곡은 국내에서 거의 주목받지
못했다. 앨런 파슨스 프로젝트 마니아나 아는 정도였다. 따라서
이 곡은 인생을 살면서 내가 유일하게 히트시킨 음악이 된다.
달랑 한 곡이지만 이게 어딘가. 무엇보다 제목이 중요하다.
버킷 리스트라는 주제에 맞춰서 골랐다. Days are numbers.
'인생 짧아'라는 뜻이다.

한국에만 있는 '뇌피셜'

: 폴 매카트니, 유럽 〈The Final Countdown〉

처음부터 이해가 가질 않았다. 라디오에서 가끔 디제이든 게스트든 "'음악을 차별하는 건 인종을 차별하는 것보다 나쁘다'고 폴 매카트니Paul McCartney가 말했어요"라고 언급할 때마다 '그게 말이 되나?' 싶었다. 도저히 동의가 안 됐다.

그렇지 않나. 객기 넘치는 10대 시절 '내가 듣는 음악이 최고야'라고 누구든 한 번쯤은 생각할 수 있는 법이다. "인종차별보다 음악을 차별하는 게 더 나쁘다고? 아니, 누가 봐도 인종차별이 비교도 안 되게 나쁜 거 아닌가? 폴 매카트니가 진짜 저런 말을 했다면 좀 실망인데?" 이게 내 솔직한 감상평이었다.

그러나 나는 학생이었고, 돈이 없었다. 설령 돈이 있었다고 해도 팩트 체크를 할 방법조차 모르던 때였다. 수년 전 어느 날, 갑자기 이 말이 떠올라 철저하게 팩트 체크에 들어갔다. 자료와 인터뷰를 샅샅이 훑고 검색했다. 예상대로였다. 폴 매카트니는 그런 말을 한 적이 없었다. 대신 이런 말을 했다. "어린 시절 인종차별주의자였다. 아무래도 그랬던 것 같다. 반성한다. 하지만 그땐 다들 그랬다."♪

당신도 예상할 수 있을 것이다. '반성한다'까지는 괜찮았다. 따라서 비틀스의 1968년 앨범 수록곡 〈Blackbird〉, 스티비 원더Stevie Wonder와 함께 듀엣으로 발표한 〈Ebony & Ivory〉는 그 시절에 대한 반성문이었다고 볼 수 있다.

♪ 2016년 6월 〈메일 온라인 Mail Online〉과 했던 인터뷰 내용이다.

문제는 마지막 문장이었다. 그는 괜히 한마디 덧붙였다가 받지 않았어도 될 비판을 불러왔다. 물론 그 사족에 악의가 숨어 있지는 않았을 것이다. 따라서 우리는 이로부터 두 가지 교훈을 얻을 수 있다. 첫째, 의심스럽다 싶으면 팩트 체크부터 해봐야 한다는 것. 둘째, 사과에는 그 어떤 경우에도 자기변명이 들어가서는 안 된다는 것.

비슷한 예는 이외에도 많다. 그중 대표적인 사례가 유럽Europe의 명곡 〈The Final Countdown〉의 창작 배경에 관한 것이다. 지금 당장 인터넷에 쳐봐도 이 곡이 우주왕복선 챌린저Challenger호의 폭발 사고를 추모하기 위해 작곡한 결과물이라는 글을 여럿 볼 수 있다.

좀 의아하다. 챌린저호 승무원들은 1986년 1월 28일에 비극적인 운명을 맞았다. 이 곡이 공개된 건 바로 그다음 달인 2월 14일이다. 그러니까 계산하면 대략 3주도 안 되는 시간에 이 곡을 작곡해서 녹음까지 끝내고, 믹싱 및 마스터링까지 마무리한 뒤에 CD로 제작해 배급까지 끝냈다는 결론이 나온다. 당시 환경으로는 누가 봐도 불가능한 스케줄이다.

팩트는 이렇다. 기실 〈The Final Countdown〉은 1985년에 작곡 및 작사를 다 끝낸 곡이었다. 일단 시기적으로 맞을 수 없는 셈이다. 물론 오해의 소지는 있다. 무엇보다 곡이 품고 있는 스토리가 그렇다. 곡에서 주인공은 우주선을 타고 지구를 떠나 금성으로 출발한다. 웅장하게 울려 퍼지는 키보드 연주는 이 여정을 위한 최후의 카운트다운을 상징한다.

"지구를 떠나는 얘기예요. 이미 황폐화되었기 때문이죠." 곡에 영감을 준 수원지는 데이비드 보위David Bowie의 1969년 걸작 〈Space Oddity〉다. 둘 모두 '우주로 떠난 뒤 귀환하지 않는다(혹은 못한다)'는 설정을 공유한다. 차이점도 있다. 〈Space Oddity〉에서는 주인공 톰 소령Major Tom이 일부러 우주선을 고장 내서 자발적으로 소외를 선택한다.♬ 어쨌든 〈The Final Countdown〉과 챌린저호 사이에는 아무런 상관관계가 없다. 대체 한국에만 존재하는 이 뇌피셜, 누가 처음 만들었는지 궁금할 따름이다.

♬　〈Space Oddity〉에 대한
자세한 이야기는
186~191쪽에서 읽을 수 있다.

몰라도 그만,
알면 더 재미있는
히트 팝 속 영어 표현

영문과를 나와 대학원까지 수료했다. 밥 딜런Bob Dylan에 대한 졸업 논문을 준비 중이다. 내세울 거 별로 없는 인생에서 딱 두 가지만큼은 그래도 자부할 수 있다. 대중음악의 역사를 제법 팠고, 영어를 나름 열심히 공부했다는 것이다. 이를 기반으로 두 권의 대중음악 번역서를 출간했다. 《모던 팝 스토리》와 《레코드 맨》이다. 장점은 또 있다. 팝을 들을 때 대충 어떤 의미인지 쉽게 알 수 있고, 가사를 해석하기도 용이하다는 것이다.

만약 당신이 영어에 익숙하지 않아도 문제없다는 사실을 꼭 강조하고 싶다. 솔직히 노랫말을 잘 몰라도 된다고 생각한다. 도리어 곡 내용에 갇혀 상상력을 제한할 수도 있기 때문이다. 대표적인 예가 〈Bohemian Rhapsody〉다. 가사를 보면 살인자의 고백이라는 점 정도를 제외하고는 대체 무슨 소린지 이해하기 어렵다. 프레디 머큐리Freddie Mercury는 생전 〈Bohemian Rhapsody〉가 구체적으로 무엇을 노래한 것인지 언급한 적이 없다. 일부러 그렇게 한 것이다. 나머지 멤버 역시 그의 유지를 이어받아 이 곡의 속뜻에 대해 논하는 걸 철저히 함구했다.

이게 바로 〈Bohemian Rhapsody〉가 오랜 시간 사랑받는 것을 넘어 영원히 늙지 않을 수 있는 비결이다. 이를테면 주입식 교육이 아닌 상상력을 펼칠 수 있는 드넓은 공간을 제공한 셈이다. 아니나 다를까. 전 세계 수많은 팬이 앞다투어 '이 곡은 아마도 이런 뜻일 것이다'라며 자기만의 해석을 내놨다. 퀸이 요청하지도 않았는데 수백만 편의 독후감이 저절로 쌓인 것이다.

따라서 다음 언급하는 곡의 가사에 과하게 얽매이지 말기를 권한다. 그냥 재미로 알고, 자기 마음대로 받아들여도 뭐라 할 사람 하나도 없다.

이매진 드래건스 ⟨Thunder⟩(2017)

이매진 드래건스가 날씨 예보를 위해 이런 곡을 썼을 리 없다. 요약하면 이 곡은 '마침내 성공을 거머쥔 자의 스왜그swag'다. 곡 속 주인공은 자신이 '예스맨'도, '팔로어'도 아니었다고 노래한다. 번호표 뽑고 대기 줄에 선 인생 따위 어린 시절부터 거부했노라고 호언장담한다. 그러면서 후렴구에서 선언한다. "나는 천둥 전에 치는 번개 같은 존재야. 번개를 한번 느껴봐."

꼭 소개하고 싶은 구절은 1분경에 흐른다. "Now I'm smiling from the stage while you were clapping in the nose bleeds." 자, 드디어 주인공은 성공의 권좌에 올랐다. 이제 그는 무대에 서서 미소 지으며 노래하는데 그의 꿈을 비웃던 사람들은 그를 향해 손뼉을 친다. 어디서? 'nose bleeds'에서.

직역하면 'nose bleeds'는 '코피'다. 한데 이 곡에서는 코피를 흘리는 걸 말하는 게 아니다. 공연장 구조를 보면 뒤로 갈수록 좌석이 조금씩 높아지는 게 일반적이다. 따라서 (말도 안 되지만) 기압의 영향을 더 받을 테고 코피를 흘릴 확률이 높을 수밖에 없다는, 일종의 자조적 표현인 셈이다. 정리하면 'nose bleeds'는 공연장 맨 뒤쪽에 위치한 싸구려 좌석을 뜻한다. "이제 나는 (성공해서) 무대에서 미소 짓고 있는데 (날 비웃던) 너는 맨 뒤 싸구려 좌석에 앉아 박수를 치고 있네."

코모도스 〈Easy〉(1977)

영화 〈부당거래〉를 못 본 사람은 있어도 다음 대사를 모르는 사람은 없다. "호의가 계속되면 권리인 줄 알아." 즉 누군가에게 쉽게 보여서는 안 된다는 의미일 것이다. 언뜻 아름다운 사랑 노래처럼 들리는 이 곡의 오역이 이런 추측에서 비롯된 게 아닐까 싶다. 검색해보면 이 곡을 '내가 쉬워 보였다'로 해석한 글이 많다.

아니다. 여기에서의 'easy'는 '쉬워 보인다'와는 거리가 멀다. 그것도 한참 멀다. 다음 가사를 보자.

"우습게 들리겠지만/더 이상 고통을 견딜 수 없어요/ 그대여 난 내일 떠날 거예요/내가 할 수 있는 건 다 했다는 걸 당신도 알죠/별짓 다하는 걸 당신도 봤잖아요/그래서 난 지금 평온한 상태예요Ooh that's why I'm easy/마치 일요일 아침처럼."

그러니까 사랑하는 사람과의 관계에서 최선을 다했기에 더 이상 후회는 없다는 뜻이다. 이별 뒤의 고통 따위가 나를 괴롭힐 순 없다고 노래하고 있는 것이다.

아델 〈Rolling in the Deep〉(2010)

세기의 히트곡이다. 그래미를 휩쓸었고, 대중을 매혹했다. 이 싱글 판매고만 2,000만 장 이상이다. 엄청난 수치다. 음악적인 평가도 단연 발군이다. 음악 전문지 〈롤링 스톤〉은 'The 500 Greatest Songs of All Time' 리스트에서 이 곡을 82위로 꼽았다. 아델의 음악 중 순위에 포함된 유일한 곡이다.

곡 제목은 'roll deep'에서 따온 것이다. 영국에서만 쓰이는 일종의 슬랭으로 '감정적으로 강렬하게 얽혀 있고, 언제나 내 편이 되어 도와줄 사람'을 의미한다. 아델은 사랑에 빠질 때마다 그 사람이 'roll deep'한 존재가 되어줄 거라 믿었다고 한다. 그러나 결국 배신당했던 아픈 경험을 곡에 녹여낸 거라고 보면 된다. 따라서 핵심은 다음 가사가 된다.

"우리는 모든 걸 다 가질 수 있었어/서로 아끼고 의지하면서 말이야Rolling in the deep."

하지만 이 곡에는 다음 같은 노랫말도 나온다.

"차라리 나를 만나지 않았다면 싫어질 거야/우리가 나눈 그 관계 때문에 눈물 흘리게 될 거니까Tears are gonna fall/Rolling in the deep."

즉 'rolling in the deep'이라는 표현이 하나의 곡에서 두 가지 의미로 쓰인 것이다. 과연, 깊고 헌신적인 사랑이었던 만큼 곡의 주인공이 느끼는 배신감은 가히 하늘을 찌른다. 실연의 절벽 위에 섰던 고통의 시간이 달콤한 추억으로 남으려면 아직 시간이 한참 더 필요할 듯싶다.

　　이렇게 각혈하듯 이야기를 토해내는 〈Rolling in the Deep〉이 앨범 《21》의 첫 곡이고, 차분하게 가라앉은 어조로 상대의 안녕을 바라는 〈Someone Like You〉가 마지막인 것은 결코 우연이 아니다. 구닥다리 가방처럼 내팽개쳐진 것 같아 분노를 참을 수 없었지만 그(녀)는 기어코 의젓해질 것이다.

②

자기의 중심을
잃지 않으면서
변화하는 법

아름다운 신파, 거룩한 통속

: **김윤아**《유리가면琉璃假面》

언제나 주장하는 게 있다. 기억은 기록을 이길 수
없다는 것이다. 진심으로 그렇다. 예를 들면 '관찰 기록'이라는
말은 있어도 '관찰 기억'이라는 표현은 영 어색하다.
나이가 들고 뇌 기능이 떨어지면 이 명제는 갈수록 진리에
가까워진다. 그럼에도 게으른 나는 오늘도 꼼수를 부리려
애쓴다. 종내 후회할 것을 뻔히 알면서도 어떻게든 좀 더 편한
길을 택하려 한다. 음악 듣기라고 다를 게 있겠나. '이럴 땐
이런 음악'이라는 식으로 꽤 많은 곡을 뇌 속에 우겨 넣었지만
그중 나이스 타이밍을 발휘하는 경우는 많지 않다. 다시 한번
당부하고 싶다. 기억은 기록을 이기지 못한다. 닦고, 조이고,
기록하자.

이 글을 쓰는 시점은 여름으로 거의 넘어간 봄이다.
봄에 미처 이 곡을 기억하지 못해 뒤늦게나마 꺼내 듣는다.
김윤아의 〈봄이 오면〉이다. 그래도 괜찮다. 진정 훌륭한
음악은 타이밍 따위에 좌우되지 않는다. 그리하여 시제마저
초월한다. 지금도 사랑받는 이 곡의 존재감이 증명한다.

곡이 실린 음반《유리가면琉璃假面》이 발매되었을
당시의 풍경을 복기해본다. 평가는 좋지 않았다. 너무
연극적이라는 게 주요한 이유였다. 도통 이해가 되지 않았다.
가수란 본디 연기자에 가까운 존재 아닌가. 스튜디오와
무대 위에서 목소리를 통해 빼어난 연기를 선보이는 존재가
가수인데 '너무 연극적'이라니 언어도단처럼 보였다. 이
지점에서 우리는 위대한 조니 미첼이 남긴 말을 되새겨야

한다. "모든 가수는 일종의 메소드 연기를 하는 거예요."

　　물론 나는 책에도 쓴 것처럼 객관적인 평론이란 유니콘 같은 거라고 생각한다. 평론은 차라리 자신의 주관을 '잘 설득하는 과정'에 가깝다. 이런 측면에서 '과하게 연극적'이라는 근거로 비판했던 쪽도 문제 될 것은 없다. 다만, 그 근거가 제법 설득력 있는 전개를 바탕으로 했는지 곱씹어본다면 회의적이라는 게 내 판단이다. '김윤아 보컬=연극적 과장'이라는 도식에 함몰되어 깊이 듣지 않고 결론 내린 글이 여럿이었다. 연극도 잘하면 예술이 된다. 솔로 2집 《유리가면琉璃假面》에서 들을 수 있는 김윤아의 노래는 그 자체로 예술적인 연극이다.

　　어떤 곡에서든 신파의 정서로 곡을 끌고 가는 에너지가 대단한 음반이다. 게다가 기왕의 신파가 아닌 '우아한 신파'라는 데서 앨범의 가치는 빛을 발한다. 〈불안은 영혼을 잠식한다〉에서 김윤아는 건조한 톤의 피아노와 감정이 삭제된 듯한 보컬만으로도 꽉 찬 세계를 건설한다. 각각 탱고와 재즈를 변주한 〈사랑, 지나고 나면 아무것도 아닐 마음의 사치〉와 〈세상의 끝〉은 가히 우아한 신파의 어떤 원형을 담아냈다고 해도 과언이 아니다. 이렇게 첫 세 곡만 들어봐도 김윤아가 2집에서 지향하고자 한 바를 어렵지 않게 파악할 수 있다.

　　봉우리는 역시 〈야상곡〉과 〈봄이 오면〉에 위치한다. 이 두 곡은 비유하자면 가는 걸음을 멈추게 하는 힘을 지녔다.

뭐랄까, 산책하던 발걸음 잠시 쉬게 한 뒤 생각에 잠기게
하는 노래라고나 할까. 나는 아직도 흐드러진 벚꽃 아래에서
〈야상곡〉을 들었던 몇 년 전의 추억을 잊지 못한다. 곡이 품고
있는 쓸쓸한 관능에 포로가 되어버린 순간이었다.

음악이라는 게 이렇다. 만약 집에서 이 음악을 들었다면
최대한 집중할 수 있다는 장점은 있지만 오랫동안 뇌리에
새겨질 가능성은 희박했을 것이다. 이유는 간단하다. 거기에
풍경이나 사람이 존재하지 않는 까닭이다. 이렇게 음악은
누군가와 함께하는 순간이나 홀로 듣더라도 잊을 수 없는
공간에서 울려 퍼질 때 한층 특별해진다. 나에게는 벚꽃
아래에서 들은 〈야상곡〉이 그랬다.

〈봄이 오면〉은 기타와 피아노 버전으로 달리
수록되었다. 취향을 타는 지점이지만 둘 중 하나를 선택해야
한다면 나는 기타 쪽이다. 곡에 스며 있는 간절함이
피아노보다는 기타 연주를 통해 좀 더 잘 와닿는 것 같은
느낌이 들어서다. 솔직히 이 곡은 봄이 거의 다 지난 5월 중순
이후에 들어야 제맛이다. 멜로디와 함께 곡 속 화자의 심정을
헤아려보라. 제목은 〈봄이 오면〉이지만 정작 희망이 아닌
체념을 노래하고 있지 않은가. 때로 어떤 음악은 멜로디와
가사가 서로 엇나감으로써 자신의 매혹을 완성한다.

어느 모로 보나 김윤아 보컬의 정수를 맛볼 수 있는
앨범이다. 가사 전달은 기본이요, 호흡, 발성, 음정, 박자
감각 등 그의 보컬은 감탄을 넘어 듣는 이를 감동하게 한다.

그저 연극적이기 때문이 아니다. 연극을 예술적으로 해낼
줄 알기 때문이다. 적어도 이 앨범에서 김윤아는 자신이
탐미주의자임을 주저하지 않고 드러낸다. 그의 목소리를
경유하면 엇갈림과 사무침마저 예술이 된다. 그리하여 신파는
아름다워지고, 통속은 거룩해진다. 그가 일궈낸 탐미를
탐미하는 것이야말로 이 앨범의 진가를 확인하는 길이다.

내면의 자물쇠를 해체하는 음악적 마법

: **라디오헤드**《In Rainbows》

분위기가 변하고 있다. 아니, 변했다고 보는 쪽이 맞다. 과거 라디오헤드 최고 명반 투표에서 여타 후보를 압살한 건 《OK Computer》(1997)였다. 현재는 다르다. 《OK Computer》의 거대한 존재감을 위협하는 앨범이 두 장 정도는 있다. 하나는 그 유명한 《Kid A》(2000), 다른 하나는 이 음반 《In Rainbows》(2007)다.

셋 중 《In Rainbows》를 선택한 이유는 자명하다. 《OK Computer》는 너무 많이 언급되었고, 《Kid A》는 왠지 뻔한 대안 같다. 《In Rainbows》는 내가 가장 자주 꺼내 듣는 라디오헤드의 작품이다. 곡조라는 측면에서는 《The Bends》(1995)를 능가하고, 실험이라는 측면에서는 《OK Computer》나 《Kid A》만큼 혁신적이다. 그러니까 《In Rainbows》는 라디오헤드 세계를 잘 요약해낸 총체다. 무지개처럼 펼쳐진 이 음반에 그들의 유전자 정보가 다 들어 있다.

과거 톰 요크Thom Yorke가 《OK Computer》에 대해 남긴 언급을 다시 찾아본다. 그는 마일스 데이비스Miles Davis의 《Bitches Brew》(1970)에서 영향받았다고 말하면서 "《Bitches Brew》는 무언가 새로운 걸 창조하는 동시에 그것이 붕괴하는 걸 보여줬다. 이것이 그 음반의 아름다운 점"이라고 강조했다. 《In Rainbows》도 마찬가지다. 그들은 건설하면서 해체를 도모하고, 창조하는 과정에서 파괴를 꿈꾼다.

〈롤링 스톤〉은 이 앨범을 두고 "낭비된 부분이라고는

없는, 라디오헤드 최고작"이라고 찬사를 보냈다. ♫ 음반에서
라디오헤드는 해묵은 관습에 저항하는 태도를 견지하면서
핵심에 곧장 다가가는 사상가처럼 연주하고 노래한다.
이를테면 헛된 사운드나 진부한 접근 따위 끼어들 여지조차
주지 않는 셈이다. 음악이라는 바다 위에서 그들은 망망대해를
헤쳐나가는 예리한 선원이 된다.

브레이크비트를 기반으로 하는 아트 록 〈15 Step〉을
시작으로 섬뜩할 정도의 차분한 정서로 커튼을 내리는
〈Videotape〉에 이르기까지, 전곡의 만듦새가 구멍 하나
없이 탁월하다. 5분의 4박자 기반 전자 드럼으로 플라멩코
같은 분위기를 연출하는 〈15 Step〉은 〈Airbag〉 이후 최고의
오프너라 할 만하고, 〈Bodysnatchers〉에서는 맹렬한 록으로
팽팽한 긴장감을 전달하는 와중에 능란한 완급 조절과 톤
변화로 곡을 입체적인 영역으로까지 끌어올린다.

대중적으로 널리 사랑받은 〈Nude〉는 어떤가. 이-보 E-
Bow ♫♫를 사용하고, 여기에 현악 세션과 하몬드 오르간 연주를
더해 곡의 관능적인 라인을 풍성한 결로 가꿔냈다. 나에게는
이 곡을 듣는 오랜 습관이 있다. 눈이 많이 온 날 아침에
이어폰을 끼고 곡을 플레이한 뒤 차가운 공기를 들이마시면서
산책하는 거다. 올겨울, 당신도 한번 시도해보라고 강력
추천하고 싶다. 기분 끝내준다.

사운드가 돋보이는 트랙을 꼽자면 〈Weird Fishes/
Arpeggi〉와 〈Reckoner〉, 이렇게 두 곡이 최고다. 전자가

♫　2007년 11월 1일 자
　　〈롤링 스톤〉의 평가다.

♫♫ 일렉트릭 기타에
　　사용하는 전자장치.

아르페지오 기타와 다채로운 구성으로 극한의 정밀함을
구현했다면 후자는 재즈 뮤지션 로버트 글래스퍼Robert
Glasper도 커버했을 만큼 우아하게 펼쳐지는 섬세한 바이브가
일품이다. 서걱거리는 핸드 셰이커로 듣는 재미를 극대화한
것도 〈Reckoner〉를 되풀이해 감상하게 하는 또 다른
동력이다. 이 두 곡은 스튜디오 버전도 훌륭하지만 'From
The Basement Live'가 '찐'이다. 유튜브에 있으니 찾아보길
권한다. 이 영상이 증명하는 것처럼 라디오헤드는 진정 소름
돋을 정도로 탁월한 라이브 밴드다.

후반부에도 매력적인 곡이 여럿이다. 신비롭고 유려한
〈House of Cards〉가 위태로운 욕망의 이면을 그려낸
곡이라면 〈Jigsaw Falling into Place〉는 폭력적인 사회를
비판적 시선으로 관찰한 결과물이다. 이렇게 라디오헤드는
어떤 곡에서는 아찔한 톤으로 인간의 내면을 파헤치고, 어떤
곡에서는 드라마틱한 서사로 우리가 사는 세계의 비극을
폭로한다. 그들을 '리스펙트'하지 않을 수 없는 이유다.

만약 사람의 내면에 자물쇠가 채워져 있고, 그것을
해제할 수 있는 음악적인 마법 같은 게 존재한다면
라디오헤드에게는 마치 비밀번호의 모든 조합을 무력화하는
마스터키가 쥐어져 있는 것처럼 느껴진다. 《In Rainbows》는
그중에서도 가히 정점을 찍은 작품이다. '원하는 만큼
지불하는pay what you want' 방식으로 공개된 앨범의 다운로드
수익은 이전까지 그들이 음반사를 통해 받은 디지털 음원 수익

전체를 단번에 뛰어넘었고, 이후 공개된 디스크 박스는 10만 장, CD는 약 200만 장의 판매고를 올렸다. 《In Rainbows》는 《Kid A》와 함께 라디오헤드의 유이唯二한 빌보드 1위작이기도 하다.

이렇게 정리하고 싶다. 우리는 보통 라디오헤드 명곡 영순위로 〈Paranoid Android〉를 꼽는다. 한데 그보다 더 인간적이고, 더 팝적이며 더 전통적인 구성을 취하고 있음에도 앨범 단위로 〈Paranoid Android〉와 비견할 만한 성취를 일궈낸 경우는 오직 하나뿐이다. 바로 이 음반 《In Rainbows》다.

보편과 개성이라는
두 마리 토끼를 모두 잡는다면

: **레드벨벳** 《Perfect Velvet》

그렇다. 이것은 비트의 승리다. 이 음반, 적시해서 요약하면 "비트 예술이지?"라고 자랑하려고 만든 것이다. 우선 톤이 절묘하고 귀에 착착 감기는 맛이 굉장하다. 〈피카부〉와 〈봐〉, 이렇게 딱 두 곡만 감상해보라. 앨범의 비트가 비범한 수준임을 어렵지 않게 파악할 수 있을 것이다. 적어도 비트에 관한 한 K-팝의 역사에서 이 앨범을 능가하는 경우는 많지 않다.

다시 들어도 어떻게 이런 소리를 건설할 수 있는지 멱살 잡고 묻고 싶어질 정도다. 히치하이커가 참여한 〈I Just〉는 시작부터 듣는 이의 집중력을 확 끌어올리더니 불규칙한 운동을 질료로 삼아 곡을 변화무쌍하게 이끌어간다. 무엇보다 도입부를 두 개로 나눠 두 번째 도입부부터 잘게 썬 비트를 스윽 집어넣은 점에 주목해야 한다. 빅 비트로는 강펀치를, 스몰 비트로는 잽을 날리는 셈이다. 듣는 이는 정신 못 차리고 휘청거릴 수밖에 없다. 'I Just Leave'를 반복하는 후렴구의 매력이 그 와중에 압권을 이룬다.

비트만 최고 수준이라고 여기면 오산이다. 《Perfect Velvet》은 멜로디에서도 흠잡을 구석이 거의 없다. 대표적으로 〈Kingdom Come〉은 심플하면서도 강렬한 훅을 지닌 선율이 특징이고, 〈두 번째 데이트〉는 훨씬 화사하고 밝은 멜로디로 음반의 표정을 바꾼다.

물론 이 두 곡에서도 비트 메이킹은 환상적이다. 〈Kingdom Come〉에서는 어쿠스틱한 드럼 비트 루프가,

〈두 번째 데이트〉에서는 정확히 1분부터 시작되는 변주 구간이 핵심이다. 이렇듯 《Perfect Velvet》에서 레드벨벳은 기본에 충실한 와중에 변화를 추구했다. 관성을 넘어 보편을 일궈내면서도 뚜렷한 개성을 잃지 않았다.

좋은 음악은 별 게 아니다. 대중에 어떻게든 영합하려고 발버둥 치는 게 아니라 자기만의 표현을 잃지 않는 가운데 대중을 설득할 수 있으면 그게 곧 좋은 음악이다. 내 판단에 SM 출신 걸 그룹 역사에서 정점은 에프엑스 f(x)의 《Pink Tape》(2013)이었다. 동의하는 팬이 아주 많을 것이다. 이걸 능가하지는 못해도 거의 근접한 앨범이 바로 레드벨벳의 《Perfect Velvet》이다. 마찬가지로 찬성표를 던질 팬이 적지 않을 것이다.

딱 한 곡만 좀 불만이다. 〈달빛 소리〉다. 이 곡, 그야말로 무난하다. 바꿔 말하면 멜로디, 리듬, 사운드 등 총체적으로 평균타 이상은 해냈다고 정리할 수 있다. 딱 여기까지다. 아이돌 앨범을 듣다 보면 거의 강박적인 태도로 발라드 한 곡은 끼워 넣어야지 하는 경우를 종종 본다. 꼭 그래야만 할까. 그래야만 안심이 되는 걸까. 오버파 하나 없는 이 앨범의 유일한 흠결이다.

스냅숏 같은 음악

: **우효**《소녀감성》〈민들레〉

그저 툭툭 내뱉듯이 노래한다. 열정을 투사하는 유와는 거리가 멀어도 한참 먼 보컬이다. 그렇다고 무기력하게 들리진 않는다. 차라리 무심함에 가깝다. 자, 지금부터 한번 떠올려보라. 타인에게 무심한 듯한 태도를 보이며 혼자만의 세계에 빠져 있는 사람. 한데 그 세계에 매혹적인 무언가가 숨겨져 있을 것 같은 사람. 괜히 궁금하지 않은가. 우효의 음악이 딱 그렇다.

우효 최고의 곡은 〈민들레〉다. 아마 많은 팬이 동의할 것이다. 한데 〈민들레〉는 싱글과 앨범 버전이 각기 존재한다. 반드시 앨범 버전으로 감상하길 추천한다. 특히 "사랑해요 그대/있는 모습 그대로"라는 가사로 시작되는 후렴구와 그 뒤에 현악이 쭉 밀고 들어오는 순간을 놓치지 말고 들어야 한다. 게다가 싱글 버전과는 달리 앨범 버전에서는 현악을 통해 곡의 여운을 더욱 길게 남긴다. 곡 하나로 우효를 상징해야 한다면 이 곡 외의 선택지는 없다.

앨범으로는 《소녀감성》이 최고다. 첫 곡 〈This is Why We're Breaking Up〉과 이어지는 〈Motorcycle〉이 증명하는 것처럼 전자음악 기반임에도 멜로디를 정말 잘 뽑았다. 이 두 곡을 포함한 전체 곡에 '과한 대중성'이라고는 없다. 이 점이 중요하다. 다시 말해 가요적인 뉘앙스라고는 없는 앨범이다. 속된 말로 '뽕기'가 제거되어 있다고 보면 된다. 〈Teddy Bear Rises〉는 또 어떤가. 속된 말로 귀염 터진다. "후후후후후"라는 후렴구는 이를테면 농담 같은 것이다. 우리는 정신적 속박에서 잠시나마 탈주하기 위해 농담을 던진다. 이 노래를 통해 작은 해방을 느꼈다면 이런 이유에서일 것이다.

우효의 음악에서 일상성은 아주 중요한 키워드다. 노래가 진행되는 와중 '갑툭튀'해서 사람을 멍하게 만든다. 문학평론가 신형철의 말을 빌려 우리의 삶은 대부분 희망도, 절망도 아닌 무명의 시간으로 이뤄진다. 그렇다면 우효는 이 무명의 일상적 시간으로부터 탁월한 구체성을 길어 올릴 줄 아는 음악가다. 〈Teddy Bear Rises〉의 다음 가사를 음악과 함께 감상해보라. "저기 멋진 저녁노을이/대신 말해주지 않아요."

한데 그 와중에 우효는 '어쩌면'이라면서 특유의 무심함을 유지한다. 자신을 어설프게 동정하면서 스스로를 갉아먹지도 않는다. 어디 이뿐인가. 예쁜 이별 노래 〈Vineyard〉에서 그는 자신이 겪어야 했던 고통에 사치스러운 특권 따위 부여하지 않는다. 이게 참 멋져 보인다. 참고로 이 곡에서 'Vineyard'는 포도밭이 아니라 '선망의 대상'이라는 뜻이다.

이런 타입의 음악가가 섣부르게 위로의 메시지를 적었을 리 없다. '그래도 괜찮아'라고 담담하게 노래할 뿐이다. 그의 노래는 밝은 듯하면서도 슬프게 들리고, 외로움을 슬그머니 드러내면서도 조심스럽게 희망을 노래한다. 이 음반을 한동안 끼고 살았다. 소리를 곱씹고 가사를 되새김질하면서 듣고 또 들었다. 슬플 때 들으면 기분이 썩 나아졌고, 오늘은 기분이 괜찮네 싶을 때 들으면 조금은 슬퍼졌다. 이거 참 묘한 음악이다.

직접 앨범 소개 문구에 적은 것처럼 마치 스냅숏 같은 음악이다. 이렇게 자기 얘기를 하고 있지만 결국 누군가에게 우효의 음악이 가닿는 이유는 자신이 느꼈던 세계에 대한 질감을 음악이라는 공통의 언어로 표현할 줄 아는 능력 덕분일 것이다. 우효는 내면의 격랑을 드러내지 않고도, 장엄한 발성과 도취적 호흡 없이도, 듣는 이를 마침내 설득해낸다. 그는 자신의 음악이 탕진되지 않도록 그 음악과, 더 나아가 그 음악을 듣는 이와 아름다운 거리를 유지할 줄 안다. 참 보기 드문 재능이다.

그래서일까. 우효의 음악을 들을 때마다 셰익스피어의 다음 글이 저절로 떠오른다. "그러므로 절제해서 사랑하라. 긴 사랑은 그렇게 한다." ♬

♬ 〈로미오와 줄리엣〉에
나오는 대사다.

지독한 에고이스트가 낳은
타인을 위한 예술

: **검정치마** 《TEEN TROUBLES》

앨범 커버를 보면 불에 타고 있는 집의 이미지가 한눈에 들어온다. 뭔가 좀 독특하다. 마치 웨스 앤더슨Wes Anderson 감독의 영화 〈그랜드 부다페스트 호텔〉에나 등장할 법한, 세트 같아서 도리어 매혹적인 집 같다. 좀 더 자세히 들여다보자. 화염에 싸인 집 정원에 아이가 누워 있고, 오른쪽 뒤편에서는 공룡이 집을 향해 걸어온다.

다음으로는 뮤지션 본인이 쓴 소개를 읽어본다. "《TEEN TROUBLES》는 1999년으로 보내는 러브 레터 입니다. 빨갛게 치켜뜬 눈으로 뜨거운 여름 햇살을 받아내며 방황하던 어린 시절. 지나고 보니 평범한 건 하나도 없었고, 내 마음도 떠난 적이 없습니다." 아하. 이제 좀 이해가 된다. 검정치마는 지난 두 장의 앨범과 《TEEN TROUBLES》를 합쳐 3부작이라고 정의했다. 그러면서 《TEAM BABY》(2017)에서는 '사랑'을, 《THIRSTY》(2019)에서는 '그로테스크'한 이미지를 드러냈다. 제목이 가리키듯 《TEEN TROUBLES》가 품고 있는 정서는 '노스탤지어'다.

1999년, 조휴일은 17세였다. 한창 욕망에 휘둘릴 나이다. 노랫말을 빌리자면 그는 "들개처럼 하고 싶은 거만 하면서 살 거야"라고 외치는 청춘이었다. 우리는 모두 알고 있다. 순수와 열정이 "녹슨 푸르름"으로 바뀌는 것은 차라리 필연이다. 심지어 대체 왜 나에게 이런 일이 일어났는지 도무지 이해할 수 없었던 경험 역시 시간이 흐르면 추억이 된다. 과연, 최고의 명의는 언제나 시간이다.

노스탤지어는 단지 아름답기 때문에 우리를 자극하는 게 아니다. 오히려 노스탤지어의 뿌리에는 결코 지워지지 않을 상처가 배어 있다. 그것은 엉망진창으로 뒤섞인 여러 감정의 타래다. 한데 조휴일과 내(혹은 우리)게는 다른 점이 있다. 내(혹은 우리)가 그 시절을 '라테'로 화석화한다면 조휴일 같은 뮤지션은 그걸 예술로 승화한다는 점이다.

노랫말과 사운드 모두 다채로움을 지향한다. 그의 가사는 여전히 함축적이어서 듣는 이마다 조금씩 다른 해석의 여지를 남기고, 장르적으로는 정의하기가 어렵다. 가창 스타일도 그렇다. 그는 단어 하나하나를 꼭꼭 씹듯이 노래하지 않는다. 모든 가사를 빠짐없이 부른다기보다는 신중히 타이밍을 골라 들어와 더 큰 인상을 남긴다. 그러면서도 결코 '오버'하지 않는다. 커리어를 통틀어 검정치마는 언제나 진한 감정을 더없이 무표정하고 건조한 보컬로 노래해왔다. 그의 음악이 '구리지 않게' 들리는 가장 큰 바탕이다.

그렇다고 중심이 없는 것은 아니다. 1999년에 젖줄을 대고 있는 앨범답게 그 시절 조휴일이 동경했던 사운드가 등뼈를 형성한다. 그중에서도 페이브먼트 Pavement 유의 로파이 인디 록과 플레이밍 립스 The Flaming Lips 같은 밴드의 영향은 절대적이다. 〈Flying Bobs〉, 〈John Fry〉 등에서 그 흔적을 느낄 수 있다.

뭐랄까. 처음부터 마지막까지 끝끝내 자기 얘기만 하는데, 귀 기울이지 않을 도리가 없는 앨범이다. 아마도 그가 지독한 에고이스트인 덕분일 것이다.

그렇다. 앨범에서 검정치마가 구축한 세계의 토대는 일인칭이다. 한데 가장 근원적이고 솔직한 일인칭은 아무나 할 수 있는 게 아니다. 가면과 갑옷을 벗어던지고 취약해질 용기를 지닌 자만이 다다를 수 있는 경지다. 우리는 이런 유의 사람을 예술가라고 부른다. 예술가는 기어코 자신의 에고를 견지해야 타인을 위한 예술을 겨우 산파할 수 있다.

그리하여 우리는 예술가라는 거울을 통해 우리 자신의 일인칭을 목격한다. 과연, 비평가 밥 스탠리Bob Stanley가 강조한 것처럼 "음악은 온 세상을 구하려 할 때보다 상심한 마음을 치유하려 할 때 더 의미심장해지는 법"이리라.♬

♬   《모던 팝 스토리》(밥 스탠리
     저, 배순탁·엄성수 옮김, 북라이프,
     2016)에 나온다.

조금씩 쌓아 올려 완성한
지루하지 않은 우울

: **에픽하이**《신발장》

〈막을 올리며〉를 듣자마자 예감했다. '아, 인생반 하나 또 나왔구나.' 적어도 내 경험에 한해 〈막을 올리며〉는 2014년 가장 감동적인 오프너였다. 진지하면서도 무겁지 않았고, 욕설을 뱉는 와중에도 클래스를 잃지 않는 곡이었다. 오랜만에 다시 듣는다. 그때의 감동, 변함없이 그대로다.

〈헤픈엔딩〉은 어떤가. 808 특유의 첫 타격이 '딱' 터지자마자 설렘을 느꼈다. 에픽하이는 이런 그룹이다. 그들의 음악은 사람을 설레게 한다. 그러고는 왠지 모르게 눈물짓게 한다. 랩을 통해서, 멜로디를 통해서, 우아하면서도 노스탤지어를 자극하는 현악 편곡을 통해서, 심지어 조원선의 무심한 목소리를 통해서도 사람을 울먹이게 한다. 격한 울음은 아니다. 그저 조금 우울해지는 것뿐이다. 격함은 순간이다. 반면 '조금'은 양의 되먹임처럼 쌓여간다. 이 조금의 누적 덕에 에픽하이 음악은 반복해서 청취해도 쉬이 물리지 않는다.

도무지 좋지 않은 곡이라고는 없다. 태양이 피처링한 〈Rich〉에서는 깔끔하면서도 박력 넘치는 리듬을 선보이고, 〈스포일러〉에서는 이별에 대한 직감을 스포일러에 비유해 감탄을 자아낸다. 윤하가 참여한 〈또 싸워〉의 펀치 라인도 언급해야 마땅하다. "이해를 두 번 해도 일만 나면 오해." 만약 랩이 선사하는 청각적인 쾌락에 좀 더 집중하고 싶다면 주저할 필요 없이 〈BORN HATER〉를 고르면 된다.

형식적으로 다채로운 단어를 전개하면서도 전체적인 주제 의식을 거스르지 않고, 그 의미를 계속 곱씹게 만든다.

이를테면 의미의 성공적인 복층화다. 에픽하이, 특정해 타블로는 (그것이 긍정이든 부정이든) 자신의 내부에서 무언가 앙금처럼 단단하게 쌓이면, 그 침전의 질감을 바탕으로 구체적인 영감을 길어 올릴 줄 아는 예술가다. 〈AMOR FATI〉에서 다음 같은 구절은 진심 예술이지 않은가.

> 멀쩡한 다리 꺾고 목발을 짚게 하는가? / 허기지면
> 독사과 씹게 하는가? / 손에 손 대신 총, 칼을 쥐게
> 하는가? / 당신들은 깨끗한가? / 멀쩡한 날개 꺾고 왜
> 땅을 기게 하는가? / 혀를 차고 손가락질을 하는가? / 죄
> 없는 자는 돌 던져도 된다는 말인가? / 돌 던지는 건 죄가
> 아닌가?

니체의 격언을 제목으로 삼은 노래다. "운명을 사랑하라." 타블로는 개인사가 녹아 있는 이 곡을 통해 섣부르게 진실을 말하려 하지 않는다. 차라리 그는 악의와 혐오로 가득한 말의 세상으로부터 어떤 진실을 지켜내려 한다. 〈AMOR FATI〉에서 타블로는 모든 구절과 문장과 구획을 정확하게 계측하고 언어라는 직소 퍼즐을 차곡차곡 쌓아 올린다. 그러고는 앞에 인용한 가사가 터져 나오는 바로 그 지점에서 한계까지 판을 확 키운다. 단, 조건이 있다. 조금 전에 언급한 것처럼 정확하게 핀 포인트를 노려야 한다. 부풀어 오르는 구체처럼 소리가 긴장으로 팽창할 때도

군더더기라고는 없어야 한다. 이 곡이 앨범 전체의 절정일
수밖에 없는 이유다.

전작인 《99》의 부진을 딛고 에픽하이 커리어의
제2막을 완벽하게 올린 앨범이다. 그들이 이 이상 임팩트 있는
앨범을 앞으로 또 들려줄 수 있을지 확언할 수는 없다. 그러나
적어도 비등한 수준에 근접할 수 있을 거라고 믿는다. 장르적
위상을 잃지 않는 동시에 히트곡을 써낼 수 있는 독보적인
재능과 능력 덕분이다. 에픽하이는 '팝'이 무엇인지 가장 잘
이해하는 힙합 그룹으로 우리 대중음악 역사에 기록될 자격이
이미 충분하다.

세속적 송가
혹은 성스러운 유행가

: 이승열 《SYX》

시간이 흐른 뒤에야 진가를 깨닫는 작품이 있다. 시대를 너무 앞서갔거나, 당시 내 판단력이 제대로 작동하지 않았기 때문일 것이다. 나에겐 이승열의 5집 《SYX》(2015)가 그렇다. 대체 왜 그랬을까. 처음 몇 번 청취했을 때는 3집보다는 못하고, 4집보다는 치열함이 덜한 음반으로 다가왔다. 이제는 나의 완전한 오판이었음을 인정한다. 《SYX》는 이승열 커리어를 통틀어 최고작이다.

거칠게 분류하면 뮤지션은 다음 두 가지 유형으로 나뉜다. '대중의 반응을 신경 쓰는 쪽'과 '그렇지 않은 쪽'이다. 물론 이 두 타입은 물과 기름처럼 갈리는 것이 아니라 때로는 상호작용하면서 더 빼어난 작품을 창조하기도 한다. 나는 이승열이 전자와 후자의 경계에 걸쳐 있는 뮤지션이라고 생각한다. 그는 대중의 호오에 적극적으로 반응하지 않지만 그렇다고 해서 자신이 대중 뮤지션임을 간과하지는 않는다.

이유를 곱씹어본다. 아마도 의식과 무의식의 차이일 것이다. 예를 들어 〈기다림〉, 〈비상〉, 그리고 무엇보다 〈미생〉의 주제가로 쓰인 〈날아〉 같은 노래를 녹음하면서 "이건 좀 뜨겠는데"라고 지레짐작하는 이승열을 우리는 상상할 수 없다. 그는 그저 충실하게 작업에 임할 뿐이고, 대중적인 피드백에 대해서는 관조하는 태도를 취한다(물론 이건 어디까지나 나의 '뇌피셜'일 뿐 직접 확인한 적은 없다).

《SYX》도 마찬가지다. 누구에게는 난해했던 4집에 비해 심플하고 접근 가능성이 높아졌지만 그가 대중을 계산적으로

의식한 흔적 따위는 찾아볼 수 없다. 밀도 높고 직관적인 그루브가 돋보이는 첫 곡 〈Asunder〉를 들어보라. 이승열 음악 중 이렇게 댄서블한 비트가 있었나 싶을 정도로 리듬 파트가 인상적인데 'Asunder'라는 단어의 반복을 통해 흩어지는 듯 최면적인 효과를 자아낸다. 나는 한 장의 앨범에서 1번 트랙의 가치를 맹신하는 쪽이다. 음반을 쭉 감상하기 위한 메인 엔진이라고 생각한다. 그런 측면에서 〈Asunder〉는 부족할 것 하나 없는 오프너다.

이후 이승열은 어덜트 컨템퍼러리, 팝, 록, 일렉트로를 다채롭게 넘나들고 이를 질료로 삼아 모던하면서도 독창적인 자신만의 세계를 일궈낸다. 이렇듯 확고한 자기 세계를 동시대적 디자인으로 건축할 수 있는 뮤지션은 그리 많지 않다. 아니다. 좀 더 정확하게 설명할 필요가 있다. 그는 〈노래1〉이나 〈Come Back〉의 가사처럼 아찔한 속도로 변화하는 동시대성 앞에서 현기증을 느끼며 휘청대는 와중에 이 감각을 예술로 전환하는 기이한 재능을 휘두른다. 제목 그대로 강렬하게 폭발하는 후렴구가 돋보이는 〈To Build a Fire〉의 경우, 잭 런던Jack London의 단편소설에서 얻은 영감을 현대적인 블루스와 일렉트로닉 효과음의 조합으로 풀어낸 곡이다.

이 곡들이 증명하는 것처럼 그의 음악을 표현할 때 쓰이는 '세속적 송가', '성스러운 유행가'라는 수식은 《SYX》에서도 변함없이 유효하다. 이런 측면에서 〈Asunder〉와 함께 가장 밝게 빛나는 순간은 〈Amore Italiano〉다. 그의 음악에 내재된 '바로크한 비장미'를 졸여놓은 듯한 곡인 까닭이다. 실재를 견디게 해준다는 점에서 예술은 항상 일정한 정도의 숭고함을 지닌다. 즉 예술은 삶에 지친 우리의 편을 들어줄 유일한 판관이다. 나에게 이승열이라는 아티스트는 그런 존재였고 앞으로도 그럴 것이다.

외부의 존재 따위 상관하지 않고 자기만의 세계를 더 깊숙하게 일궈냈을 때 이승열 음악의 진가는 발휘된다. 반쯤은 누구이고, 반쯤은 또 다른 누구인 사람은 그 누구도 되지 못하는 것과 같은 이치다. 사르트르의 명언을 빌려 그는 지나친 타인은 지옥임을 본능적으로 체득한 뮤지션이다.

자기가 원하는 예술가적 욕망에 그야말로 솔직하고 충실한 상태로 완성한 이 작품이 보다 많은 사람에게 다가갔으면 하는 바람이다. 이승열이라는 음악가의 세계는 〈날아〉보다 훨씬 광대하고 드높다.

엘리트 음악가이자
거리의 악사

: 존 배티스트

거리의 악사였다. 명문 음대에 입학했음에도 고향으로 돌아가 스트리트 밴드를 하면서 자신의 음악적 뿌리를 탐사했다. 이후 서서히 다음 같은 이야기가 들렸다. 뉴올리언스에 끝내주는 밴드 하나가 있다는 소문이었다. 밴드 리더의 이름은 존 배티스트. 그는 이후 《We Are》(2001) 라는 음반으로 그래미 올해의 앨범상을 거머쥔다.

뉴올리언스는 미국 대중음악의 근간이라 할 재즈의 고향이다. 그 유명한 루이 암스트롱 Louis Armstrong 을 필두로 수많은 재즈 뮤지션이 활동하면서 미국 대중음악의 초석을 닦았다. 역사는 이렇게 기록한다. 태초에 블루스가 있었다. 재즈는 남북전쟁이 끝나고 유럽의 고전음악, 교회의 가스펠 등이 블루스와 섞이면서 탄생한 장르다.

혈통부터 음악가 집안이다. 실제로 '배티스트 패밀리'라고 불리던, 뉴올리언스를 대표하는 가족 그룹의 멤버로 태어났다. 여덟 살 때부터 배티스트 패밀리에서 퍼커션과 드럼을 연주했고, 열한 살부터는 클래식 피아노 수업을 받았다. 흥미로운 점이 있다. 혼자 피아노 연습할 때 〈스트리트 파이터〉, 〈파이널 판타지 7〉, 〈소닉 더 헤지혹〉 등 비디오게임 음악을 주로 카피했다고 한다. 나는 게임을 매우 좋아한다. 어제도 〈젤다의 전설: 왕국의 눈물〉 지저 세계를 탐험하다가 잠들었다. 어쩐지 이 친구, 괜히 친근한 느낌이 들었는데 이유가 다 있었다.

이후 줄리어드 음대에서 석사와 박사까지 받았지만

결국 그가 선택한 건 대중음악이었다. 이를테면 엘리트 음악인인 동시에 거리를 자양분 삼은 팝 음악가인 셈이다. 꾸준히 작업하던 그에게 찾아온 첫 기회는 유명 토크쇼 〈더 레이트 쇼 위드 스티븐 콜베어 The Late Show with Stephen Colbert〉의 밴드 리더를 맡으면서부터였다. 이후 그는 마돈나 Madonna, 라나 델 레이 Lana Del Rey, 레니 크래비츠 Lenny Kravitz 같은 최고의 팝 뮤지션으로부터 작곡을 의뢰받았다. 《World Music Radio》(2023)에서는 뉴진스의 이름도 만날 수 있다.

영화음악가로서도 그의 성취는 찬란하다. 애니메이션 〈소울〉(2020)로 오스카 음악상을 받았고, 넷플릭스 다큐멘터리 〈아메리칸 심포니〉로 아카데미 주제가상 후보에 올랐다. 이 다큐멘터리에서 그는 심포니가 클래식 진영의 전유물은 아니지 않느냐고 도발적으로 묻는다. 자신이 뉴올리언스에서 배운 거리의 대중음악과 전당의 고전음악 모두 '아메리칸 심포니'가 될 수 있다고 주장한다.

존 배티스트는 음악적 야망으로 넘치되 그것을 현명하게 경영할 줄 아는 뮤지션이다. 다큐멘터리에서 그는 이렇게 말한다. "저는 '카테고리화'되는 게 싫을 뿐이에요. 흑인 창작자가 뭘 하는지에 대해 한두 가지 고정관념을 갖고 있는 사람이 많아요. 우리 것을 정통으로 보질 않는 거죠. 그런 관점을 〈아메리칸 심포니〉를 통해 비판하고 싶었어요." 카테고리의 어원은 그리스어 '카테고리아'에서 왔다. 해석하면

'공개적으로 죄를 묻는다'라는 뜻이다.

어원까지 갈 것도 없다. 어떤 영역에서든 인간은 본능적으로 카테고리를 나누는 동물이다. 그러고는 카테고리 내부를 우리 편, 그 바깥을 타자로 상정하고 외면하거나 배척한다. 그렇지 않나. 역사를 살펴봐도 오직 피아彼我라는 이분법으로만 세계를 파악하려 했던 자들이 초래한 비극이 넘쳐난다. 그의 말을 경청해야 하는 이유다. "2022년에 심포니가 만들어진다면 그 악단은 어떻게 이뤄질까요? 클래식, 아방가르드, 포크, 재즈 등 모든 장르가 어우러질 만한 공간이 있어요. 그게 바로 미국이에요."

비단 미국만은 아니다. 그는 음악을 통해 성별, 인종, 국가 등의 카테고리를 뛰어넘어 사랑하자고 노래한다. 분열된 세상에 공동체 정신을 불어넣으려는 그의 대표곡 〈We Are〉가 증명한다.

존 배티스트는 신곡 〈Lean On My Love〉에서도 존재론적 너그러움으로 듣는 이를 품에 안는다. 그렇다. 소셜 미디어 대혐오의 시대에 맞서는 유일한 길은 누군가를 진정으로 사랑하는 것일 테다.

보이는 것에 현혹되지 않고,
서두르지 않는 태도로 묵묵히

: 잔나비《사운드 오브 뮤직 pt.1》

'쉽게 읽혀야 좋은 글'이라는 잠언을 믿지 않는다. 때로 게으름에 대한 변명처럼 비치는 까닭이다. 예를 들어 나는 이해가 쉽지 않은 철학 서적을 가끔 꺼내 읽는다. 모조리 인간 사유의 역사적 흐름을 바꾼 명저다. 당연히 어려움이 있다. 그러나 어떻게든 이해하려고 애쓰는 과정이 소중하다고 생각한다. 이렇게 달리 표현할 수 있을 것이다. 읽는 내내 어려움이 없다면 그것이 가치 있는 읽기였다고 할 수 있을까.

여기서 책을 음악으로 바꾸면 밴드 잔나비가 떠오른다. 잔나비는 스타다. 히트곡을 여럿 발표했고, 공연장에는 구름 같은 관중이 몰린다. 그런 그들이 2025년 《사운드 오브 뮤직 pt.1》을 공개했다. 정규작으로 치면 《환상의 나라》 이후 무려 4년 만이다.

나는 《사운드 오브 뮤직 pt.1》 이전까지 잔나비 최고작이 《환상의 나라》라고 확신한다. 음반에서 잔나비가 연출한 세계는 광대하고 드높다. 일관된 콘셉트를 바탕으로 인상적인 영토를 개척한 결과물이었다. 다만, 〈뜨거운 여름밤은 가고 남은 건 볼품없지만〉이나 〈주저하는 연인들을 위해〉 같은 메가 히트작이 없었다. '과거에 비해 좀 어렵다'는 독후감도 간간이 보였다. 그러나 《사운드 오브 뮤직 pt.1》에서 잔나비의 태도는 변함이 없다. 그들은 음악을 일부러 대중적인 만듦새로 조각하는 우를 범하지 않았다.

밥 딜런을 발굴한 위대한 프로듀서 존 해먼드John Hammond는 이렇게 말했다. "레코드를 더 상업적으로 만들려는 노력이 구매자의 마음을 떠나게 하는 걸 수백 번도 더 봤어요. 그래서 항상 이렇게 말하죠. 당신 자신이 되세요!" 요약하면 《사운드 오브 뮤직 pt.1》은 잔나비 버전 스페이스 오페라다. 특히 소리 듣기의 즐거움을 강조한 방향성이 돋보인다. 소리의 외연을 확장하는 동시에 내부를 촘촘히 엮는 방식으로 전체 줄기를 잘 잡아냈다. 그러면서도 특유의 멜로디를 잃지 않았다.

　　잔나비는 자신을 '그룹사운드'라고 부른다. 그들이 한국에서만 통용되는 콩글리시를 수식으로 선택한 이유는 명확하다. 전통을 강조하기 위함이다. 전통은 누구에게는 과거의 위대한 유산이지만 누구에게는 구시대의 진부한 잔재일 것이다. 그렇다면 잔나비는 고리타분하다고 여겨지는 영역을 탐사해 새로운 광석을 채굴하는 밴드가 된다.

　　이번에도 그들은 보이는 것에 현혹되지 않고, 서두르지 않는 태도로 묵묵히 나아간다. 《사운드 오브 뮤직 pt.1》에 찬사를 보낼 수밖에 없는 이유다.

③
시간을 거쳐
도달한
깊이를
느끼고 싶다면

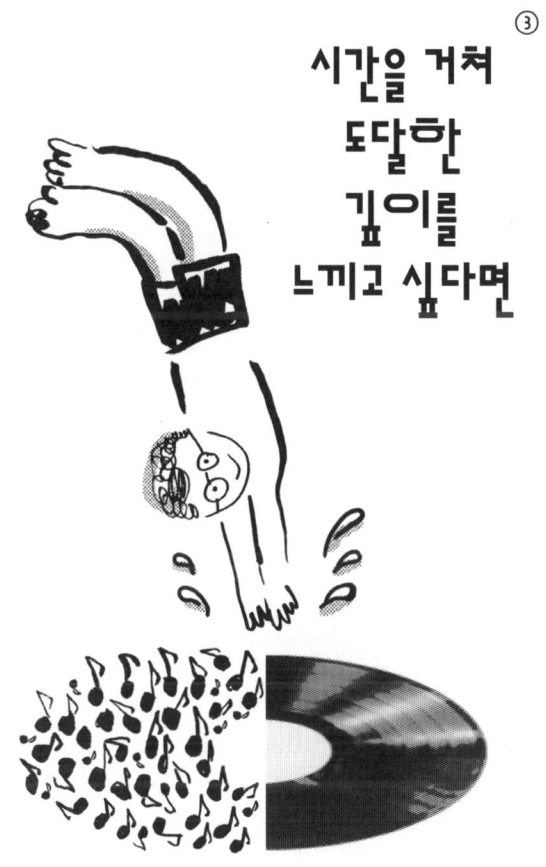

예술에 완성은 없다

: **배철수** 《Fly Again》

팝이 있었다. 디스코가 있었고, 트로트가 있었다. 포크와 댄스도 빼놓을 수 없다. 그리고 무엇보다 록이 있었다. 과연 그랬다. 1980년대는 한국 대중음악 역사상 최초로 꽃핀 장르 다양성의 시대다. 여러 가수와 밴드가 등장해 다채로운 장르 팔레트를 대중에게 선사했다. 그 중심을 장악한 전설을 대중은 지금도 기억한다. 이를 증명하듯 2022년과 2023년 펼쳐진 송골매 재결성 투어에 수많은 인파가 몰렸다. 아쉬움이 없지 않다. 이 아쉬움은 송골매의 리더로 1980년대를 풍미한 배철수의 아쉬움이기도 하다.

적시하면 그것은 바로 사운드 퀄리티다. 우리는 예술의 본질, 즉 내용만 훌륭하다면 그 밖의 것은 문제가 되지 않을 거라고 착각하지만 전혀 그렇지 않다. 예를 들어 비틀스는 음악에 대한 열정만큼이나 최신 테크놀로지에 집착했다. 비단 비틀스만은 아니다. 뮤지션이라면 자신의 아이디어를 구현할 그릇의 중요성을 누구보다 잘 안다. 이를테면 이것은 인식과 이해의 문제다. 기술에 대한 정확한 인식과 이해야말로 창조적인 예술을 길어 올리기 위한 밑거름이다. 1980년대 한국의 리코딩 스튜디오는 이런 측면에서 모자란 부분이 있었다. 뮤지션 한 명으로 해결될 상황이 아니었다. 배철수의 아쉬움이 여기에서 비롯된다. 그가 이 음반을 발표한 가장 큰 이유다.

세월의 깊이가 더해진 배철수의 보컬은 목소리에 모래바람이 섞인 듯 매력적으로 서걱거린다. 그의 보컬은 스스로도 인정한 것처럼 노래 잘하는 가수에 비할 바가 아니다. 대신 그의 목소리에는 특유의 투박함이 존재한다. 그 누구와도 대별되는 개성이다. 따라서 듣는 이는 이번 재녹음 버전에서도 (설령 곡을 모르더라도) 배철수임을 곧장 알아챌 수 있다. 그는 인정하지 않겠지만 가수로서는 타고난 축복이다.

듣는 즐거움이 무엇보다 큰 앨범이다. 탁월한 사운드 퀄리티를 넘어 국내 최고 연주자가 함께한 밴드 하모니가 1980년대 오리지널과는 결이 다른 감동을 안겨준다. 또 하나 강조해야 할 핵심은 녹음 방식 그 자체다. 라디오에서 배철수는 '과한 후반 작업'을 선호하지 않는다는 멘트를 자주 남겼다. 송골매 재결성 공연에서도 그는 보편적으로 쓰는 반주 테이프를 조금도 사용하지 않았다. 방송에서 했던 표현을 빌리면 '일백 퍼센트 생라이브'를 지향한 것이다. 이번 재녹음 음반 역시 마찬가지다. 자연스러운 밴드 사운드에 필요 이상의 터치를 가하지 않았다. 이 앨범의 모토가 하나 있다면 바로 이것이다. '최대한 라이브에 가깝게.'

기실 음악가에게 요구되는 태도는 완벽주의가 아니라고 생각한다. 그보다는 '명확한 방향성'이야말로 뮤지션이 갖춰야 할 첫 번째 덕목이다. 배철수는 자신이 하고 싶은 바를 분명하게 인지하고 있는 뮤지션이다. "예술에 완성은 없어요. 어느 순간 그냥 손을 떼는 거죠." 백현진의 말 그대로다. 최선을 다하되 완벽주의에 함몰되어서는 안 된다. 완전한 통제하에 창조되는 예술이란 없다. 자신이 산파한 작품을 축복하고,

올바른 타이밍에 세상에 내보낼 줄 아는 것도 재능이다. 감각이기도 하다.

굳이 곡을 꼽아야 한다면 아무래도 〈한줄기 빛〉을 선택할 수밖에 없다. 이 곡은 1980년대 후반 처음 접한 이후 언제나 나만의 송골매 베스트였다. 〈한줄기 빛〉을 포함한 대부분의 수록곡에서 직선적인 록의 질감을 만끽할 수 있을 것이다.

기회가 될 때마다 언급하는 게 있다. 글 초반에 쓴 것처럼 1980년대 한국 대중음악의 수준은 매우 훌륭했지만 사운드 완성도 면에서 아직 해외의 그것을 따라잡지 못했다는 점이다. 나 같은 한낱 평론가도 파악한 사실을 음악가가 모를 리 없다. 앨범을 감상하다 보면 소리의 밀도가 너무 높아 숨 쉴 공간조차 없는 현대 대중음악의 흐름에서 그가 추구한 '명확한 방향성'이 무엇인지 자연스럽게 느낄 수 있을 것이다. 키워드는 '여유'와 '관록'이다.

찬란하게 흐르는
강물처럼

: **테일러 스위프트** 《folklore》

허를 찔렀다. 개인 계정으로 16시간 전에 신보 공개를 알렸고, 따라서 이 글을 쓰는 시점 기준 국내 그 어떤 사이트를 봐도 한글 정보가 없음을 알 수 있다. 반응은 폭발적이다. 전체적으로는 한결 차분해진 느낌인데, 그 덕에 되풀이해서 곱씹게 하는 앨범이 또 하나 나왔다. 섣부른 결론일 수 있다. 그러나 테일러 스위프트Taylor Swift 최고작이라 평하는 경우가 없지 않을 거라고 본다.

무엇보다 섬세하다. 테일러 스위프트가 표현하고자 하는 감정의 속살을 탁월한 프로덕션으로 살려냈다. 한데 이 음반에는 없는 것이 몇 개 있다. 우선, 폭발하는 순간이 없다. 절정을 부러 지양한 작품이라는 분석이 가능하다. 따라서 업비트로 진행되는 활력 넘치는 곡을 기다리면 안 된다. 적시하면 〈Shake It Off〉 같은 노래를 찾지 말라는 것이다. 다운비트가 대부분이고 테일러 스위프트는 이를 바탕 삼아 자신이 전하고자 하는 이야기를 전달하는 데 집중한다. 하긴, 제목부터 'folklore(민속, 전통)' 아닌가. 테일러 스위프트의 설명을 들어본다.

전통이 되는 이야기라는 건 후대에 말로 전해지고, 때로는 노래가 되기도 하는 거잖아요. 그러면서 현실과 환상이 섞여 흐릿해지고, 사실과 픽션의 경계를 거의 알아볼 수 없게 되죠. 시간을 거치면서 추측에 불과했던 게 진실처럼 받아들여지기도 하고요. 신화, 귀신,

우화, 동화, 가십, 전설 같은 걸 보세요. 마치 누군가의
비밀을 모두가 볼 수 있게 하늘에 적어놓은 것 같아요.
코로나19로 고립을 겪으면서 내 상상력은 마구 날뛰기
시작했어요. 이 음반은 그 상상력의 결과, 즉 의식의
흐름처럼 머릿속에 떠다닌 이야기와 노래를 묶어놓은
결과물이에요. 펜을 들고 나는 환상과 역사, 기억
속으로 도피했어요. 그러고는 사랑과 경이로움, (다소의)
엉뚱함으로 최선을 다해 다듬었죠. 이제 내가 만든
이야기를 팬들에게 넘길 차례예요.♬

　　동료의 이름을 눈여겨봐야 한다. 테일러 스위프트는
이야기를 효과적으로 전달하기 위해 정서적으로 자신과
결이 다른 뮤지션에게 공동 작곡 및 프로듀스를 요청했다.
바로 록 밴드 내셔널The National의 멤버 에런 데스너Aaron
Dessner다. 내셔널의 이름이 낯설다면 그들의 곡 중 〈Nobody
Else Will Be There〉나 〈I Need My Girl〉, 〈Light Years〉
등을 추천한다.
　　팝적으로 탁월했던 전작 《Lover》(2019)와 비교하면
비대중적이고 (인디가 사운드로 정의되는 영역은 아니지만)
인디적이다. 요약하면 흔한 메인스트림 팝과 궤를 달리하는
앨범이다. 편곡 역시 과하지 않다. 보컬이 쥐고 있는 감정의
선을 해치지 않는 정도에서 이뤄졌다. 그리하여 음반은
'솔직하다'는 인상을 주는데, 우리가 보통 포크를 그런 유의

음악으로 여기는 것과 무관하지 않다. 해외에서는 이를 '감정적 나체emotional nudity'라고 부른다.

그러면서도 관습적이라는 수식과는 거리가 멀다. 앨범이 발매되자마자 격찬을 얻어낸 가장 큰 바탕이다. 〈the 1〉처럼 인디 포크를 연상시키는 트랙이 있는가 하면 첫 싱글인 〈cardigan〉에서는 전자음과 체임버 팝을 결합했다. 본 이베어Bon Iver와 테일러 스위프트가 함께 작곡하고 노래한 〈exile〉에도 주목해야 한다. 이 곡은 섬세함이라는 측면에서 '끝판왕' 같은 존재다.

기실 내가 최고로 꼽는 곡은 그다음에 위치한다. 〈my tears ricochet〉, 해석하면 '눈물이 튀어나오다' 정도 된다. 이 곡에서 테일러 스위프트는 이별을 통한 관계의 성찰을 노래한다. 허밍으로 시작해 전자음이 은은하게 울려 퍼지다가 마지막에는 감정의 파고를 서서히 높이면서 절정으로 향한다. 이외에 징글쟁글 팝(〈mirrorball〉), 컨트리(〈betty〉), 드림 팝 (〈peace〉) 등 《folklore》는 장르적인 면에서도 다채롭다.

"슬프고 아름다우면서도 비극적이다." 테일러 스위프트는 《folklore》를 이렇게 정리했다. 그렇다. 여러 장르와 정서를 두루 아우르는 동시에 일관성을 잃지 않은 것이야말로 앨범의 성취임에 분명하다. 수록곡 중에서도 〈cardigan〉, 〈august〉, 〈betty〉의 경우 가사를 꼭 해석해보길 바란다. 삼각관계를 각각의 관점에서 풀어낸 곡인 까닭이다. 다른 곡들 역시 유기적인 관계 속에서 삶의 여러 측면을

♫　테일러 스위프트가
　　2020년 7월 24일 자신의
　　인스타그램에 쓴 글이다.

117

노래한다. 《folklore》는 가히 테일러 스위프트가 써낸 'Both Sides Now'다.

　돌이켜 보면 테일러 스위프트에게는 언제나 '대상'이 존재했다. 그는 그 대상을 이기거나 극복하려 했다. 뭔가를 증명해야 한다는 의지 같은 게 음악을 통해, 가사를 통해 느껴졌다. 이런 관점에서 보자면 물리적인 나이 역시 의미심장하다. 《folklore》는 테일러 스위프트가 20대 후반을 지나 30대에 내놓은 첫 앨범이다. 30대에 접어든 테일러 스위프트의 음악은 다르다. 그는 맑게 가라앉아 기어코 차분해졌다. 격정이 지나쳐 성찰을 훼방하는 일 따위 이제는 없을 것이다. 그래서일까. 앨범은 잔잔하되 빛이 반사되어 찬란히 반짝이는 강물의 풍경을 연상시킨다.

　자신에게 온전히 집중한 상태여야만 비로소 창조할 수 있을 작품이다. 그는 음악을 통해서는 잊히지 않을 이미지를 길어 올리고, 가사를 통해서는 오랜 시간 기억될 이야기를 이끌어낸다. 〈롤링 스톤〉의 표현 그대로다. 《folklore》는 "뉴 스위프트의 데뷔작"♬으로 기록될 것이다.

♬　발매 당시 〈롤링 스톤〉의 비평가 롭 셰필드Rob Sheffield가 했던 평가다. 평론가임에도 테일러 스위프트의 팬을 뜻하는 '스위프티Swiftie'임을 밝힌 것으로 유명하다. 2024년 테일러 스위프트의 세계를 다룬 책 《Heartbreak Is the National Anthem: How Taylor Swift Reinvented Pop Music》을 출간하기도 했다.

변화를 넘어 진화로

: **박효신**《I Am A Dreamer》

어떤 애정은 뒤늦게 찾아온다. 그러고는 천천히 쌓여간다. 나에겐 박효신이라는 가수가 그랬다. 데뷔 때부터 그를 좋아한 건 아니다. 초기 곡 몇몇이 꽂히기는 했지만 '내 가수다' 하는 느낌은 없었다. 결정타는 〈눈의 꽃〉이었다. 이 곡에서 들려준 그의 섬세한 호흡에 그만 반해버리고 말았다. 〈눈의 꽃〉은 오리지널보다 나은 커버를 꼽는다면 반드시 그 리스트에 들어가야 한다. 참고로 해외에서는 리메이크보다 커버라는 용어를 보편적으로 사용한다.

앨범으로 따지자면 4집 〈Soul Tree〉(2004)부터 아닐까 싶다. 〈눈의 꽃〉과 함께 박효신 창법의 변화를 넘어선 진화가 이즈음부터 엿보였던 까닭이다. 소몰이는 줄었고, 절제가 이를 대신했다. 감정을 폭발시키는 것이 아니라 딱 필요한 만큼 미묘한 표현력으로 자신을 재발견한 것도 이 시기부터였다. 그게 무엇이든 과잉을 지향하다 보면 원래 의도와는 조금 다른 식으로 전달될 위험이 따르기 마련이다. 일종의 배달 오류다. 외부로의 배달 오류가 현격하게 줄어든 만큼 박효신 세계의 내적 완성은 단단하게 여물었다. 7집 《I Am A Dreamer》(2016)는 그 완성의 결실이다.

이 앨범은 굉장하다. 멜로디와 노랫말은 기본이요, 보컬, 연주, 사운드를 포함한 프로듀스 등 흠잡을 구석이 없다. 4집부터 진행된 과정이 빚어낸 결과지만 특별 주문한 게 아닌가 싶을 만큼 압도적인 성취를 자랑한다. 작가로 따지자면 이전까지 고수하던 문체를 다 용도 폐기하고 새로운 스타일로

써낸 책과 같다. 한데 그 책이 베스트셀러는 기본, 명저로
인정받기까지 한 셈이다.

　　많이 갈 것도 없다. 첫 곡 〈Home〉만 들어봐도
박효신이라는 뮤지션이 아예 다른 차원으로 퀀텀 점프했음을
확인할 수 있다. 이 곡은 박효신의 승리인 동시에 정재일의
승리다. 박효신의 목소리를 포함해 기타, 베이스, 피아노, 현악
등 여러 악기의 어울림과 후반부 합창을 기가 막힌 편곡으로
마감한 그의 공로를 간과해서는 안 된다. 김이나, 김지향
작사가와 함께한 노랫말은 멜로디의 고저와 프레이즈에
딱 맞게 설계되어 조금의 이물감도 주지 않는다. 뭐랄까.
모든 요소가 마치 각기 독립된 동시에 통합된 감각기관처럼
작동한다.

　　그중에서도 〈야생화〉와 〈숨〉의 존재감은 절대적이다.
이 두 곡이 지향하는 바는 유사하다. 정리하자면 '보컬은
담담하게 스케일은 웅장하게' 정도가 될 것이다. 단, 조건이
하나 더 붙는다. 담담하되 한번 들으면 잊히지 않게, 웅장하되
너무 화려하지는 않게. 나 역시 이 두 곡을 몇 번이나 되풀이해
감상했는지 모른다. 그가 비로소 '내 가수'가 되는 순간이었다.

　　장르적으로도 《I Am A Dreamer》는 다채롭다.
가스펠을 차용해 감동의 수위를 자연스럽게 높인
〈Wonderland〉와 모던 록과 솔의 결합이라고 볼 수 있을
〈Shine Your Light〉 등이 대표적이다. 두 곡 모두 마마스
건Mamas Gun의 리더 앤디 플래츠Andy Platts가 작곡과 연주,

편곡에 참여했다. 이외에 어쿠스틱 편곡 위로 뮤지션으로서
다짐을 풀어놓은 타이틀 〈The Dreamer(I Am A Dreamer)〉,
다시 한번 앤디 플래츠 고유의 터치를 담아낸 〈Li-La〉 등도
음반의 다양성을 새삼 증명한다.

　　개인적인 에피소드로 마무리하려 한다. 2017년 겨울
어느 날이었다. 시간은 대략 새벽 1시. 친구들과 술 한잔한 뒤
귀가하던 와중 〈숨〉을 골라 플레이했다. 1분 30초쯤 됐을까.
이어폰을 귀에 꽂은 채 거리 한복판에서 말 그대로 펑펑
울었다. 돌아가신 아버지의 얼굴이 간절하게 밀려와서였다.
그의 외롭고 지난했던 말년의 생애가 떠올라서였다. 그것은
이렇게 울다가 내장이 입 밖으로 튀어나오는 게 아닐까 싶을
만큼 지독한 울음이었다. 깊고 뼈에 사무치는 울음이었다.

　　그렇게 울음을 구토하듯 뱉어낸 뒤 내 안의 뭔가가
정화되는 듯한 느낌에 휩싸였다. 나는 이게 예술이 우리에게
아주 가끔 선물하는 구원의 순간과 비슷한 거라고 생각한다.
이런 체험을 하고 나면 그 음악을 애호하지 않기란
불가능하다. 적어도 나에게 《I Am A Dreamer》는 명반을
넘어선 인생반이다.

동심과 장난기를 벗어던지고

: **악뮤**《항해》

'성숙'이라는 표현을 선호하지 않는다. 너무 뻔하고 게으른 묘사처럼 느껴지는 까닭이다. 나는 음악에 대해 글을 쓰는 행위가 기본적으로 '인상 비평'의 한계를 뛰어넘기 어렵다고 생각한다. 아마추어의 글에서 특히 형용사가 잦고, 익숙하다 못해 식상한 단어가 눈에 띌 수밖에 없는 이유다. 그럼에도 이런 음반을 마주하면 '성숙'이라는 단어를 빌려올 수밖에 없다. 이보다 더 적확한 선택지를 발굴하지 못해서다.

악뮤 AKMU의 《항해》는 이 남매 듀오의 음악적 깊이가 과거와는 비교할 수 없을 정도로 성숙했음을 증거한다. 모든 게 너무 빨리 진행되어 역사로 남을 겨를조차 없는 세상, 그럼에도 이 음반은 위대한 예외로 인정받아 먼 후대에도 거론될 것이다. 《항해》는 가히 현대 대중음악의 클래식이라 부를 만한 작품이다.

통통 튀는 분위기는 어느덧 사라지고 대신 풍성하고 다채로운 결이 스며들었다. 음악만 놓고 보면 더 이상 악동이 아니라 대중 예술가의 지위에 훌쩍 올랐다고 해도 과언은 아니다. 그들은 서늘하고 쓸쓸하게 노래하면서도 곡이 쥐고 있는 감정을 함부로 훼손하지 않는다. 목 놓아 울지도 않는다. 끝내 울음을 삼키고 정자세로 앉아 자신의 내면을 섬세하게 탐구하듯 되짚는다. 이런 지향이 〈어떻게 이별까지 사랑하겠어, 널 사랑하는 거지〉의 요체임에 분명하다.

앨범 전체로 놓고 봐도 동일한 결론을 얻을 수 있다. 〈달〉에서는 전에 없이 예민한 어쿠스틱 사운드를 들려주고,

음반의 2막을 알리는 〈Freedom〉은 서서히 분위기를 고조하는 구성을 통해 감정의 진폭을 극대화한다. 어딜 보나 보통내기의 음악이 아니다.

이외에도 좋은 곡이 다발이다. 서정미 넘치는 선율로 듣는 이를 부드럽게 자극하는 〈뱃노래〉, 록과의 연계를 시도한 동시에 탁월한 완급 조절로 고루함을 벗어던진 〈더 사랑해줄걸〉, 컨트리를 자기 식으로 멋지게 소화한 〈물 만난 물고기〉 등등.

장르적으로도 《항해》는 칭찬할 구석이 여럿이다. 포크, 발라드, 모던 록 등 낯설지 않은 장르를 따분하지 않은, 더 나아가 신선한 표현으로 길어내는 능력은 타고난 재능이라 봐야 하지 않을까. 하긴 그렇다. 진정한 놀라움은 내가 몰랐던 걸 알게 되었을 때 찾아오는 게 아니다. 잘 안다고, 익숙한 거라고 믿었던 걸 사실은 잘 모르고 있었다는 깨달음을 통해 찾아온다.

그중 최고를 꼽으라면 〈고래〉를 선택할 것이다. 이 곡에서 악뮤는 아날로그 감성의 어쿠스틱 기타와 클랩 (박수) 비트, 휘파람 소리 등을 절묘하게 섞어내는 방식으로 '최신 바이브'를 일궈낸다. 〈HAPPENING〉(2020), 아이유와 함께 부른 〈낙하〉(2021)에도 이런 평가는 유효하다. 이 두 곡에서 악뮤는 굳이 절정으로 치닫지 않는다. 담백한 전개만으로도 수준 높은 설득력을 일궈내면서 듣는 이를 자연스럽게 끌어당긴다.

이제 노랫말을 봐야 할 차례. 〈달〉에서의 다음 문장은 어떤가. "자막 없이/밤하늘 보고/번역 없는/바람 소릴 듣지."

그런가 하면 이런 가사도 있다. 〈뱃노래〉의 일부다. "몇 고개/몇 고개의/파도를 넘어야 하나/소금기 머금은 바람/입술 겉을 적신다/난 손발이 모두 묶여도/자유하는 법을 알아."

"자유하는 법을 알아"라니, 시적 허용에도 예술이 있다면 이런 표현일 것이다. 악뮤는 특유의 재기를 잃지 않은 채 조금은 더 의젓해진 태도로 삶을 노래하고, 듣는 이에게 응원을 불어넣는다. 음반은 예스러운 포크 감수성을 재현한 〈작별 인사〉와 모던 록풍의 〈시간을 갖자〉로 마무리된다. 악뮤는 이 곡들에서도 안녕을 노래하되 글썽이지 않는다. 되레 처연하고 담담하다. 기묘한 직관성으로 첫 청취에 듣는 이를 사로잡으면서도 쉬이 질리지 않게 한다. 그들은 더 이상 악동이 아니다. 음표를 제련하는 자신만의 연금술을 지닌 젊은 거장이다.

가끔 나오는 오버파는 단 하나도 없다. 단지 깊어졌기 때문만은 아니다. 뮤지션으로서 악뮤는 두루 살피는 동시에 멀리 볼 줄 안다. 시야는 넓어지고, 시선의 사정거리는 길어졌다. '항해'라는 제목을 붙일 자격이 있다.

창조하는 에로스와 파괴하는
타나토스의 공존

: **이찬혁** 《EROS》

신시사이저는 여러 주파수의 소리를 합성해 새로운 소리를 만드는 악기다. 1960년대부터 대중음악에 쓰였지만, 거대한 크기에 초고가를 자랑했다. 비틀스나 도어스 같은 부자 밴드가 아니면 써볼 엄두조차 못 냈다. 이후 1980년대가 되면서 신시사이저는 가격과 크기 모두 경량화에 성공했다. 신스팝이 당시 정점을 찍을 수 있었던 기술적 바탕이다.

전성기였던 만큼 1980년대 신스팝 명반은 부지기수다. 누군가 듀란 듀란을 외치면 반대편에서는 컬처 클럽을 들이밀 것이다. 디페시 모드 Depeche Mode나 뉴 오더 New Order가 최고라고 부르짖는 사람도 분명히 있을 것이다. 나의 경우 2025년의 신스팝을 묻는다면 망설임 없이 대답할 수 있다. 이찬혁의 신보 《EROS》다.

이찬혁은 망원경과 현미경을 함께 탑재한 작가주의 음악가다. 그는 《EROS》에서 신스팝, 가스펠 등 장르 디테일에 치열하게 집착하는 와중에 음반 전체를 아우르는 명확한 주제 의식을 놓치지 않는다. 특히 가스펠 요소를 적극 도입한 점이 인상적이다. 첫 곡 〈SINNY SINNY〉부터 터져 나오는 가스펠 코러스는 듣는 이의 감흥을 자연스럽게 끌어올린다.

종교의 유무나 종류와 무관하게 제대로 된 가스펠은 압도적인 설득력을 발휘하는 장르다. 음반도 그렇지만 무엇보다 공연장에서 관객 경험을 최대치로 증폭할 수 있다. 라이브가 기대될 수밖에 없는 이유다. 이 앨범 관련한 각종 방송 출연 라이브 클립이 유튜브에서 폭발적으로 인기를 끌었다는 점이 이를 증명한다.

프로이트에 따르면 에로스는 세상을 향해 행동하는 창조 의지다. 그 반대인 타나토스는 본능적인 죽음 충동을 뜻한다. 대표적으로 〈비비드라라러브〉는 에로스를 향한 타나토스의 반문으로 구성된 노래다. 타나토스는 'vivid lala love'라고 노래하는 에로스를 향해 "처음부터 그럴 만한 게 없었지"라고 부정한다. 그러나 그는 세상이 변할 거라고 외치는 에로스를 결국 밀어내지 못한다. 마지막 곡 〈빛나는 세상〉의 가사를 읽는다.

> 빛나는 세상은 오지 않겠지만
> 그런 걸 바라는 우린 빛이 날 거야…
> 좌절이 반복되어
> 너는 내일이 두려운가
> 미안하게도 나는 그렇지 않네

창조를 위해 에로스는 주체를 잡아채 타자를 향해 내던진다. 그것이 충돌이든 합일이든 그 무엇이든 그 순간 어떤 '관계'가 발생한다. 그렇다면 예술가란 자기로 머무르면서 용감하게 바깥으로 향하는 자일 것이다. 그리하여 예술가는 주체와 타자가 공재하는 분열적 관계를 유지하는 속에 우리의 일상에 매몰된 진실과 아름다움을 구조한다.

어떤 예술가는 이로 인해 불행해질 수 있다. 그러나

한 가지 확실한 게 있다면 불행했던 그의 운명은 결코 죽지 않는다는 것이다. 고독해질 수도 있다. 그럴 때는 릴케의 이 말이 등대가 되어줄 것이다. "오직 고독만이 깊은 예술로 우리를 이끈다."

장담할 수 있다. 《EROS》는 2020년대 한국 대중음악의 빛나는 성취로 기억될 것이다. 과연, 예술병 아닌 '예술을 담는 병'이라는 찬사를 얻을 자격이 있다.

주변부로 밀려난 사람들을 위한 시

: **허클베리핀**《까만 타이거》

조금은 소외된 기분이었다. 모두가 4집《환상… 나의
환멸》(2007)이라는 봉우리에 넋이 빠져 이 음반의 진정한
가치를 몰라보는 것 같아 원망스러웠다. 4집의 성취를
인정하지 못한다는 게 아니다. 허클베리핀이 지금껏 발표한
여섯 장의 앨범 중 '최애'를 꼽는 투표를 한다면 4집은 최소
3위 안에 들 게 분명하다. 한데 나는 4집보다 5집《까만
타이거》가 더 좋다. 이유는 간단하다. 허클베리핀의 세계가
댄스 비트를 만나 '확장'을 꿈꾼 결과물인 까닭이다.

나는 지금 확장이라는 단어를 강조했다. 이것은 나와
타인의 취향이 갈리는 지점이기도 하다. 4집은 1, 2, 3집을
거치는 과정에서 축적된 정점이었다. 자연스레 변화의 요청이
멤버 이기용과 이소영의 내부에서 끓어올랐을 게 분명하다.
바꿔 말하면 그들은 티핑 포인트가 되어줄 작품을 떠올렸다.
이전의 허클베리핀과는 결이 다른 디자인으로 그것을
건축하길 원했다. 방향타의 급격한 선회, 댄스 리듬으로의
과감한 투신. 〈쫓기는 너〉에서 허클베리핀은 기존의 이미지를
혁파하고 새로운 영토로 성큼 나아간다.

기실 허클베리핀의 디스코그래피는 곧 점진적인 변화의
역사였다. 1집《18일의 수요일》(1998)이 1990년대 그런지를
이 땅에 이식한 데뷔작이었다면 2집《나를 닮은 사내》(2001)는
서정미로 길어 올린 로큰롤이었다. 이후 3집《올랭피오의
별》(2004)을 통해 캐치한 멜로디를 부각한 록을 선보인
그들은 4집의 직선적인 록 미학으로 커리어 사상 최고의

격찬을 이끌어냈다. 다만, 1집부터 4집까지의 주요한 엔진이 '록'이었던 반면 5집에서는 두 개의 엔진이 맞물려서 돌아간다. '록'과 '댄스'다.

잠시 그들의 과거를 살펴본다. 나는 대한민국에서 멤버 둘을 제외하면 허클베리핀 5집을 가장 먼저 접한 사람 중 하나다. 앨범 해설을 청탁받아 믹스 상태였던 곡을 듣고 글을 썼다. 당시 음반에 대해 이기용과 나눈 대화를 지금도 기억한다. 리코딩을 경험해봤다면 알겠지만 믹스까지 된 트랙은 완성본이 아니다. 이기용이 쓴 표현처럼 아직 맨몸인 상태라고 보면 된다. 거기에 옷을 입히고 화장을 하면 우리가 최종적으로 듣는 곡이 완성된다. 이걸 '마스터링'이라고 부른다.

'상상하며 듣기'는 즐거웠다. 믹싱까지 끝낸 곡이 멤버들의 손길 아래 어떤 만듦새로 탄생할지 궁금했다. 그중에서도 〈숨 쉬러 나가다〉의 첫 소절이 흘러나온 순간을 잊지 못한다. 곡 제목은 '숨 쉬러 나가다'인데 정작 듣는 나는 숨이 막힐 뻔했다. 나는 이런 유의 '매혹적인 비장함'을 아주 좋아한다. 혀를 쭉 내민 채 헉헉대는 개가 된다.

이 곡에는 (적어도 노랫말 측면에서) 허클베리핀의 유전자 정보가 다 들어 있다. 적시하면 가사를 쓰는 이기용에게 현실은 곧 고통이(었)다. 그는 항상 숨 쉴 수 있는 장소로의 탈주를 갈망한다. 노랫말을 조금 바꿔 설명하면 "노란빛으로 날아간 거기에는 너의 곁이 있으리라. 그곳에서 나는 겨우 숨 쉴 수 있으리라."

음반을 상징하는 얼굴이라 할 〈쫓기는 너〉에서도 이런
주제 의식은 사운드와 요철처럼 들어맞는다. 다만, 탈주하는
속도와 리듬의 동력이 달라졌을 뿐이다. 그는 쫓긴다. 쫓기는
와중에 누군가를 찾아 헤맨다. 이 누군가를 희망이라 불러도
좋으리라. 그리하여 그는 다짐한다. 차가운 신들이 대답하지
않더라도 "다시는 절망을 부르지 않겠다"고 선언한다.

〈쫓기는 너〉에서 경험할 수 있는 능수능란한 변주
능력과 중첩되는 코러스의 합창은 가히 로큰롤이 줄 수 있는
최대치의 카타르시스를 선물한다. 그러나 보다 댄스 쪽에
깊이 투신한 〈Girl Stop〉이 탁월한 밴드 하모니로 연계하지
않았다면 감동의 크기는 다소 줄었을 것이다. 타이틀인
〈까만 타이거〉는 어떤가. 이 곡까지만 쭉 들어봐도 수록곡
배치가 끊임없는 고민 끝에 나온 결과임을 느낄 수 있다.
듣는 이를 밀고 당기는 타이밍이 정말 기가 막힌 앨범이다.
만약 '다채롭다'는 형용사를 부여해야 한다면 허클베리핀
디스코그래피 중 영순위는 무조건 5집이어야 마땅하다.
이견은 있을 수 없다.

댄스와 록이라는 두 층위에 지극히 충실하면서도
고루함과는 거리가 먼 곡이 이어진다. 록의 그림자가 뒷면에서
일렁이고, 댄스의 리듬이 전면에서 출렁이는 〈도레미파〉와
〈Time To Say〉 등이 댄스 본능을 자극한다면 〈빗소리〉는
후렴구 '떼창' 유발로 적격인 노래다. 이후 허클베리핀은 〈비틀

브라더스〉의 몽환적인 도입부로 분위기를 스윽 전환하더니 마지막에 가서는 〈폭탄 위에 머물다〉로 잊을 수 없는 체험을 선사한다. 〈폭탄 위에 머물다〉는 허클베리핀 역사상 가장 강렬한 마무리라고 할 만하다. 제목값 제대로 하는 곡이다.

댄스에 물길을 댄 결과물답게 5집은 허클베리핀 디스코그래피 중 가장 '업'되어 있는 듯한 인상을 준다. 그러나 무엇이 변했냐는 것은 상대적으로 중요한 게 아니다. 언제나 선결되어야 하는 것은 '안 변한 것이 무엇인지' 알아내는 거라고 믿는다. 이 지점에서 우리는 음악 아닌 태도에 집중해야 한다. 이 음반에서도 허클베리핀은 부조리한 세계를 향한 냉철한 응시를 멈추지 않는다. 극한의 생존경쟁이 미덕으로 통하는, 폭탄 위에 놓인 이 사회가 올바른 방향으로 가고 있는지 되묻는다.

2007년 인터뷰에서 이기용은 "사회 주변부로 밀려난 사람들은 예전 내 모습이기도 하다. 이런 현실 속에서 사랑과 희망만 있다고 하는 건 가식일 뿐"이라고 말했다.♫ 허클베리핀 음악에서 변하지 않은 것이 있다면 이것이라고 생각한다. 이기용과 허클베리핀은 그럴듯한 미래완료형의 깨달음으로 듣는 이를 속이려 들지 않는다. 그들은 그저 현실을 견디라고 요청하는 강장제형 가수와는 격이 다른 예술가다. 5집을 포함한 커리어 전체에 걸쳐 허클베리핀은 우리 사회에서 호명되지 않는 존재가 잊히지 않게 하겠다는 태도를 견지해왔다.

♫ 2007년 10월 배순탁이
한 인터뷰. 음악 웹진
〈이즘IZM〉에서 읽을 수 있다.

그렇다고 이 앨범이 특정한 '주의主義'로 물들어
있을 거라 오해해서는 곤란하다. 이를테면 이것은
망원경이라기보다 내시경에 가까운 음악이다. 전망을
드러내기에 앞서 우물 속 고통의 심연을 들여다보는 음악이다.
댄스 비트를 새로이 끌어왔건, 록에 여전히 기대었건 간에
말이다.

비유하면 이기용과 허클베리핀에게 음악은 정신분석
비슷한 것이다. 프로이트에 따르면 정신분석의 목적은
비참함을 보통 수준의 불행으로 바꾸는 행위다. 따라서 그들은
음악하기를 통해 스스로를 다잡고, 듣는 이를 구원한다. 수전
네이먼 Susan Neiman의 말을 빌려 "문제적 세상에서는 '원래
다 그런 거지'라는 소모적 체념에 빠지거나 '세상이 마땅히
갖춰야 할 모습을 갖추지 못했다'는 소모적 분노에 휩싸이기
쉬운 법"이니까.♬ 이 문제적 세상에서 음악은 그들의 가장
든든한 동맹군이 되어준다.

강렬하면서도 서정적이다. 서정적이면서도 댄서블하다.
댄서블하면서도 메시지를 잃지 않았다. 수평으로는 장르를
포괄하는 동시에 수직으로는 기왕의 예리하면서도 시적인
노랫말을 실어 나른다.《까만 타이거》에서 허클베리핀은
음악으로는 몸을 움직이게 하고, 언어로는 우리의 정신을
흔들려 한다. 변한 것과 변하지 않은 것이 이렇듯 근사하게
공존하는 음악을 만나기란 그리 쉬운 일이 아니다. 더 이상
허클베리핀은, 이기용은 분노를 자신의 채무인 양 짊어지지

않는다. 이런 관점에서 5집 《까만 타이거》는 어쩌면 1집과 가장 거리가 먼 작품이라고 볼 수 있다.

누구나 답은 시원치 않은데 질문은 바닥나지 않는 괴로운 자기 점검의 시절을 한 번쯤은 겪는다. 《까만 타이거》는 이 시기를 온몸으로 통과했으면서도 그 시기를 통과한 뒤에도 결코 잊지 않는 자만이 일궈낼 수 있는 경지의 작품이다.

♬ 《Moral Clarity: A Guide for Grown-Up Idealists》에 나오는 문구다.

부단한 노력으로 완성한
독보적 오라

: **선우정아** 《Serenade》

선우정아를 수식하는 여러 표현이 있다. 그중에서도 장르 변용에 능하다거나, 기존 문법을 인상적으로 뒤튼다는 찬사가 그의 뒤를 습관인 양 따른다. 이런 갈채에 딴지를 걸려는 게 아니다. 다만, 핵심을 놓치는 게 아닌가 싶은 의심을 지울 수 없다. 적어도 2010년대 이후 선우정아만큼 독보적인 오라를 두르고 나타난 뮤지션은 (내가 기억하기로) 몇 없었다. 지금 소개하는 3집 《Serenade》에 앞서 2013년 발표한 2집 《It's Okay, Dear》가 먼저 이를 증명했다.

무엇보다 재능이다. 아니, 정확하게 말할 필요가 있다. 부단한 노력이 뒷받침된 재능이다. 선우정아에 따르면 재즈 클럽에서 셀 수 없을 만큼 많은 라이브 무대를 가졌다고 한다. 몇 년 전 나와 일대일로 진행했던 인터뷰에서 선우정아는 대학 졸업 후 재즈 클럽 '원스 인 어 블루 문'에서 3년을 노래했다고 밝혔다. 그것도 일주일에 두 차례씩. 그러면서 그때 불렀던 수많은 스탠더드 재즈와 스캣 훈련, 무대 준비 과정 등이 지금의 자신을 있게 해준 것 같다고 힘주어 말했다.♩

재능에 대해 논해볼까. 여러 정의가 있겠지만 재능은 아마도 '뭐가 좋은지 꿰뚫어 보고 그걸 단번에 빨아들이는 능력' 비슷한 것이다. 한데 이것만으로는 부족하다. 운이 아주 좋아봤자 최대 3년 간다. 어쨌든 이 세상에는 대단한 재능을 타고났지만 그걸 체계화하려는 노력을 게을리한 나머지 그 재능을 산산이 흩뿌린 채 사라져버린 사람 천지다. 선우정아는 그렇지 않았다. 3년에 걸친 단련의 시간이 성장의 밑거름이

♩ 〈어피스오브 Vol. 1〉(백수린 외 4인 저, 디자인이음, 2019)에 나온다.

되어줄 거라고 믿었다.

그렇다. 노력할 줄 아는 것도, 반복에 헌신할 줄 아는 것도 재능이다. 선우정아는 천부天賦에 만족하지 않고 음악에 대한 감각을 꾸준히 갈고닦았다. 센서의 정밀도를 날카롭게 벼렸다. 이런 측면에서 예술가에게 진정 필요한 것은 허황된 이상이 아니라 구체적인 행동 규범이다. 이런 태도에 기반한 정수가 3집 《Serenade》에 빼곡히 담겨 있다.

기실 《Serenade》는 이전 두 EP인 《Stand》와 《Stunning》에 새로운 EP를 합친 결과물이다. 이른바 'S 트릴로지'의 완결편인 셈이다. 단언컨대 이 트릴로지가 막 완결된 〈스타워즈〉 시퀄의 그것보다 백배는 더 훌륭하다. 비교 불가다. 3부작의 다채로운 면모를 하나의 줄기로 통합하는 선우정아의 압도적인 존재감 덕분이다. 진심을 다해 사랑과 이별을 처절하게 노래(〈도망가자〉, 〈생애〉)할 때도, 기분 좋은 거만함으로 클래식(〈Classic〉)의 멋을 과시하듯 전시할 때도 거기에는 모두 선우정아만의 강렬한 인장이 찍혀 있다.

참으로 신묘한 뮤지션이다. 한껏 우울하다가도 낄낄대면서 낙천을 드러내고, 예술가로서의 자존을 콧대 높게 세우다가도 바닥에 처박힌 채 갈팡질팡한다. 예를 들어 〈멀티 플레이어Multi Player〉에서 느낄 수 있는 매력적인 냉소는 어떤가. 〈쌤쌤 Sam Sam〉에서 선우정아는 "어차피 다 거기서 거기"라고 노래하는데 이게 도리어 위안이 되는 순간이 분명히 있다.

〈슈퍼히어로Super Hero〉와 〈Ready〉가 이어지는
구간은 그중에서도 의미심장하다. 서로에게 힘이 되어주는
사랑인가 싶었는데, 어느새 이별이 성큼 찾아왔다. 여기가 바로
지옥이다. 그러나 (〈배신이 기다리고 있다Betrayal Awaits〉가
보여주듯) 지옥의 한 시절을 통과하는 와중에도 선우정아는
섣부르게 스스로를 동정하지 않는다. 그리하여 끝내
예술가로서의 품격을 잃지 않는다.

어떻게 보나 2010년대가 배출한 걸작 중 하나다.
장르를 종횡무진하고, 주제를 탐사하는 와중에도 자기 개성을
이렇듯 매력적으로 구현한 앨범을 거의 만나지 못했다. 그는
마치 이야기가 세상 밖으로 나오기 위해 반드시 통과해야 하는
기관 같다. 선우정아라는 수원지에 푹 담갔다가 건져내면 그
무엇이든 음악이 된다. 《Serenade》가 이를 증명한다.

슬픔이라는 지옥에서 마주한
이별과의 전면전

: **이소라** 《슬픔과 분노에 관한》

제목 그대로다. '슬픔'과 '분노'다. 어떤 곡에서는
'슬픔'이 복류하고, 어떤 곡에서는 '분노'가 몰아친다. 아니다.
좀 더 정확하게 설명해야 한다. 이소라가 노래하는 분노의
방향성은 원심력이 아닌 구심력에 의해 운동한다. 그러니까,
자신을 향한 분노라는 의미다. 슬픔은 말할 것도 없다.
슬픔이든 분노든 그 격렬한 감정의 소용돌이는 이소라를
괴물처럼 집어삼킨다. 놀랍도록 자기 고백적인 이 앨범이
수많은 이에게 잊지 못할 순간을 선사한 바탕이다.

슬픔을 대표하는 곡은 단연 〈믿음〉과 〈내 곁에서
떠나가지 말아요〉다. 둘 모두 이별이라는 소재를 다루는데,
결이 미세하게 다르다. 전자가 헛된 희망 한 자락 붙들고
있다면 후자는 그 이별을 직감한 자의 노래라는 점에서
그렇다. 이소라는 슬픔이라는 단일한 감정에도 여러 이면이
존재한다는 걸 본능적으로 아는 가수다. 그 미묘함에
이소라라는 가수의 진가가 숨어 있다.

이 두 곡 사이에 김민종과 듀엣으로 부른 〈우리 다시〉가
수록되어 있다는 점은 그래서 상징적이다. 사랑이 끝나고
이별이 성큼 다가온 와중에 이소라는 끝끝내 방황한다.
"아직은 남아 있는 슬픔도/너로 잊을 수 있어/새로운 나로
변할 수 있어"라는 구절이 대표적이다. 한데 이소라는
누구보다 '용기 있게' 자신의 속살을 드러낼 줄 아는
뮤지션이다. 당신이 만약 이소라의 음악에서 예술적 희열을
느꼈다면 그건 그가 이렇듯 '감정적으로 발가벗기'를

두려워하지 않은 덕분이다. 〈금지된〉의 다음 노랫말을
읽으면서 곱씹어보라. 곡 속 화자가 얼마나 처절한 상황에
놓였는지 절감할 수 있을 것이다.

> 검은 밤이 내 진의를 숨 쉬게 하면 / 얕은 잠이 새 밀회를
> 꿈꾸게 하면 / 음험한 얘기들 못내 그리고 / 선행의
> 시간들 다 멈추니 / 내 고귀한 이성이 매를 높이 들어 /
> 나를 병들게 해 숨이 막히는 죄의식 / 저 원칙의 엄숙이
> 자를 높이 들어 / 나를 미치게 해 줄에 매인 시간들

  '줄에 매인 시간들'이라니, 슬픔에도 스케일이 있다면
이것은 대규모다. 원칙과 이성이 지배하는 이 세계에서 화자의
죄의식은 사라지지 않는다. 음험한 얘기가 허락되지 않는 고로
나는 병들어간다. '금지된'이라는 수식 뒤에 붙어 있는 명사는
아마도 '사랑'이리라.
  작사는 당연히 이소라가 했다. 작곡은 정재형이다.
정재형은 베이시스 시절부터 이런 유의 곡 만드는 데 특별히
능숙했다. 코드 진행부터 편곡까지 누가 들어도 정재형표
음악이다. 그는 음악으로 한 편의 비가悲歌를 쓰고자 했다.
여기에 이소라의 탁월한 가사 쓰기 능력과 독보적인 목소리,
그리고 김세황의 폭발적인 기타 솔로를 더해 명곡 하나를
완성해냈다. 그중에서도 '줄에 매인 시간들'이라고 노래하는
순간, 이소라는 거의 시적 발화에 육박하는 설득력을

폭발시킨다.

이후 슬픔은 상대방에 대한 분노 섞인 저주(〈Curse〉)
와 스스로를 겨냥하는 히스테릭한 〈피해의식〉으로 전이된다.
흥미로운 사실은 이소라의 노래 속 화자의 경우 고통스러운
현재를 호소할 때도 그것이 치유되기를 바라지 않는 것처럼
느껴진다는 점이다. 더 나아가 적극적으로 그 증상을
'향유'하는 것처럼 비치기도 한다.

그런데 실상은 우리 모두 그렇지 않은가. 사랑과
이별이라는 과정을 겪으며 우리 모두는 피해자인 동시에
가해자다. 죄의식에서 벗어날 수 없음을 알기에 차라리 이별
뒤의 증상을 향유하면서 조금이라도 떳떳해지기를 욕망한다.
에로스와 타나토스는 마치 좌심방과 우심방처럼 서로의
슬하에서 왕복 달리기를 할 뿐이다. 사랑인가 싶어 기뻐했더니
차라리 헤어지고 죽어버리자는 심정의 이별이 성큼 찾아와
있다. '슬픔과 분노에 관한'이라는 타이틀이 의미심장해지는
순간이다.

장르적 측면에서 보자면, 이소라가 8집을 발표했을
때 많은 사람이 "그가 다시 로커로 돌아갔다"고 증언했다. 그
원점이 이 음반《슬픔과 분노에 관한》이다. 〈피해의식〉, 〈너의
일〉, 〈나의 일〉로 이어지는 록 3연타가 강렬한 톤 앤드 매너로
이를 증명한다.

결론이다. 나는 '슬픔'과 분노'라는 정서야말로
이 앨범을 떠나 이소라 음악의 두 가지 핵심 키워드라고

생각한다. 이소라는 슬픔과 분노에 따른 내면의 격랑을, 그 엇갈림과 사무침을, 그리하여 자신에게 남겨진 단 하나의 진실을 고통스럽게 토해낸다. 이 비극적인 모노드라마에 장밋빛 미래 따윈 없다. 다만 괴로운 현재만이 도돌이표처럼 중첩되어 쌓여갈 뿐이다. 자전하는 슬픔 속에서 이소라는 이별과의 전면전全面戰을 불사한다. 여기가 바로 지옥이다. 마지막 곡 〈Praise〉의 가사처럼 그 지옥에서는 "내가 나를 벌한다."

이것이 그의 여러 작품 중 3집을 명반으로 택한 이유다.

홑겹이 아닌 여러 겹의 모순으로 이뤄진
인간이라는 존재

: 이이언《Guilt-Free》

기묘한 놀이터에 오신 걸 환영한다. 단, 입장 제한이 있다. 타고나기를 긍정적인 영혼의 소유자 혹은 톱 100 외의 음악만 접했다 하면 소화불량이 오는 분, 알아서 발길 돌려주면 고맙겠다. 물론 대환영인 경우도 있다. 자신의 영혼이 골절되었다고 생각하는 분, 잘 찾아왔다. 여기가 바로 당신을 위해 이이언이 설계한 놀이터다. 심지어 이 놀이터에는 간판도 걸려 있다. 《Guilt-Free》다. 제목처럼 적어도 이곳에서는 죄책감 따위 훌훌 던져버리고 마음껏 쉬다 가면 된다.

외로움이다. 아니다. 수식을 붙여야 한다. 도무지 설명할 길 없는 외로움이다. 흠, 조금 나아진 것 같지만 그래도 뭔가 충분치 않다. 이렇게 설명하면 어떨까. 우리는 그동안 외로움이라는 단어의 황사에 숨 막혔다. 화려한 조명 아래에서 외로움을 목 놓아 부르짖는 통곡과도 같은 노래에 도무지 공감할 수 없었다. 따라서 이것을 일단 처연한 고독이라고 부르자.

한데 그의 고독은 마치 우물처럼 고여 있다. 고개를 숙여 그것을 들여다본다. 깊고 어두운 고독이다. 저 밑의 서늘한 기운이 지상까지 와서 닿는 고독이다.

기억하건대 이이언이 몸담았던 2인조 그룹 못의 등장은 하나의 현상이었다. 인터뷰에서 그들이 밝혔듯 "관습적인 것과 실험적인 것 사이의 밸런스를 절묘하게 집어낸"♬ 음악 덕이 컸다. 무엇보다 못은 섬세하게 직조한 멜로디와 시적인 가사를 독창적으로 융합하는 데 능했다.

그들이 뽑아낸 기계적인 비트와 샘플링, 변박의 적극적 활용 같은 시도가 그저 차가운 계산으로만 읽히지 않았던 이유다. 이런 측면에서 프로그래밍이라는 비인간적인 플랫폼을 기반으로 하고 있음에도 그것을 다루는 주체는 결국 인간임을 환기하는 음악이라고도 볼 수 있을 것이다. 그들의 음악을 들을 때마다 나는 비외르크Björk의 다음 명언을 떠올린다. "사람들은 일렉트로닉 음악에 솔이 없다고 한다. 컴퓨터로 만들기 때문이고 버튼만 눌러대기 때문이라고. 그러나 그것은 컴퓨터의 잘못이 아니다. 음악에 솔이 없다면 사람이 그것을 넣지 못했기 때문이다. 그건 도구 탓이 아니다."

2012년 공개된 솔로 1집 《Guilt-Free》에서도 이이언의 재능은 탁월하고 독보적이다. 먼저, 이상한 것에서 아름다운 것을 뽑아내고, 아름다운 것에서 이상한 것을 읽어내는 그의 창조적인 괴벽에 주목해야 한다. 그 기저를 흐르는 집요한 완벽주의는 작품의 본진本陣을 튼튼한 만듦새로 길어 올린다.

이이언은 음악에 관한 한 고집스럽게도 장인적인 뮤지션이다. 하긴, 아티스트가 뮤즈에게 바치는 세금은 결국 시간이다. 그는 자신이 원하는 사운드를 얻기 위해 수많은 밤을 지새웠을 게 분명하다. 그런 각고의 시간은 이를테면 그가 쳐놓은 배수진背水陣이다. 〈Bulletproof〉를 시작으로 〈너는 자고〉를 거쳐 〈SCLC〉에 이르는 초반부의 압도적인 성취가 먼저 이를 증명한다.

♪   2007년 7월 음악 웹진
〈이즘〉과의 인터뷰 내용이다.

음반에는 두 곡의 커버가 수록되어 있다. 지금은 해체된 짜르The Czars의 〈Drug〉와 현진영의 〈슬픈 마네킹〉이다. 짜르의 경우야 어느 정도 공통분모가 있다고는 해도 싱글로 먼저 공개된 현진영의 〈슬픈 마네킹〉은 겉으로 보기에 공유점을 찾기가 쉽지 않다. 따라서 가사와 더불어 음악을 감상해보길 권한다. 그가 왜 이 곡을 선택했는지 알 수 있을 테니까.

현진영이 이 곡을 발표했을 당시 나는 어렸고, 〈슬픈 마네킹〉은 댄스였다. 이 곡의 가사가 이토록 슬픈지 이이언의 커버를 통해 비로소 깨닫는다. 과연, 그의 매직 터치 앞에서 장르의 경계를 긋는 행위 따위 그저 무소용일 뿐이다.

〈Bulletproof〉에서 이이언은 생生의 상처를 견뎌낼 수 있는 영혼을 불가능한 줄 알면서도 꿈꾼다. 〈너는 자고〉에서는 다가갈 수 없는 누군가에 대한 그리움을 끝끝내 삭인다. 〈SCLC〉는 어떤가. 이것은 영락없이 소통을 갈망하는 영혼 불구자의 노래다. 나는 그가 뮤지션이 되지 않았다면 정신과 의사가 되었을 거라고 상상해본 적이 있다. 그는 자신의 음악을 통해 영혼이 무너진 사람의 모든 구석과 틈을 들여다본다.

이렇듯 인간 존재의 결락이 무엇인지를 본능적으로 아는 사람, 더 나아가 인간이 홑겹이 아닌 여러 겹의 모순으로 이뤄진 생물임을 깊이 이해하는 사람, 이런 유의 사람을 우리는 보통 예술가라고 부른다.

"백합에 금박까지 입힐 필요는 없어"

: **마돈나** 《Ray of Light》

때는 1998년. 마돈나의 《Ray of Light》가 '본격 일렉트로닉'을 간판으로 내걸며 등장했다. 기실 이전까지 대한민국에서는 전자음악을 '테크노'라는 단일한 용어로 소비했다. 물론 잘못된 표현이다. 테크노는 전자음악의 '하위 장르'이기 때문이다. 어쨌든 미디어와 일군의 평론가에게 필요한 건 새로운 시대의 전자음악을 표현할 도구였다. 그래서 개발한 명칭이 '일렉트로니카'다. 그냥 '일렉트로닉 뮤직'이라고 써도 되는데 괜히 멋 부린 거라고 받아들이면 된다.

따라서 《Ray of Light》는 일렉트로닉을 팝 역사의 중심으로 견인했다는 측면에서 높이 평가받는다. 즉 다음과 같은 인식을 형성한 셈이다. "마돈나도 일렉트로닉을 시도한다고? 진짜 대세인가 보네." 음반은 무려 1,600만 장 이상의 판매고를 올렸고, 네 개의 그래미 트로피를 수상했다. 비단 상업적 성취만 이룬 것은 아니다. 《Ray of Light》는 음악적으로도 마돈나의 역대 최고작이라 불릴 만했다. 이를 위해 마돈나는 당대 최고의 일렉트로닉 뮤지션을 프로듀서로 고용해 전에 없이 세련된 비트를 창조해냈다. 그중 한 명이 바로 윌리엄 오빗William Orbit이다.

윌리엄 오빗의 인터뷰를 보면 마돈나의 목표는 정확하고 간결했다. '자연스러움'이었다. 윌리엄 오빗의 말을 듣는다.

마돈나는 자주 이렇게 말했다. "백합에 금박까지 입힐 필요 없어." 다른 말로 하면 너무 많이 손대서는 안 된다는 거였다. 과도한 완벽함을 멀리하라는 거였다.
컴퓨터로 음악을 작업하다 보면 모든 걸 완벽하게
다듬고 싶은 욕구가 자연스럽게 생겨난다. 실제로도
그렇게 할 수 있고. 우리가 가장 경계한 태도가 이런
유의 완벽주의였다.♬

그래서일까. 경직되어 삐걱거리는 순간이라고는 없다.
전자음악의 외피를 둘러 입은 팝 싱글이 끊임없이 흘러나오는
식이다. 풍성한 사운드로 공간감(〈Drowned World/Substitute For
Love〉)을 연출하고, 일렉트로닉 댄스 리듬(〈Ray of Light〉)으로
출렁이는 와중에도 이 모든 곡이 팝 히트의 구조 안에서
작동한다는 것을 느낄 수 있다. 과연, 마돈나의 히트 감각은
따를 자가 없다.

대표곡 하나만 꼽자면 아무래도 〈Frozen〉이다.
우아하고 품격 있는 오케스트레이션, 주문을 외는 듯 신비로운
마돈나의 보컬 멜로디, 여기에 사운드의 빈 공간을 과하지
않게 채우는 탁월한 프로덕션까지, 히트할 운명을 타고난
싱글이 있다면 이런 곡이 아닐까 싶을 정도다.

수많은 히트곡을 발표하고, 음악적으로도 인정받은
순간 역시 무수하지만 '앨범 단위'로 격찬을 이끌어낸
마돈나의 결과물을 '최소한'으로 꼽자면 다음 두 장이라고
생각한다. 1989년 발매한 《Like a Prayer》, 그리고 이 음반
《Ray of Light》다. 널리 알려졌다시피 《Like a Prayer》는

♬　1999년 음악 전문지
〈키보드Keyboard〉와
했던 인터뷰 내용이다.

마돈나를 단순한 이슈 메이커가 아닌 아티스트로 인식하게끔
한 첫 작품이다.

《Ray of Light》는 조금 다르다고 봐야 한다. 이
음반으로 마돈나는 '언제나 최신'이라는 이미지를 공고하게
다졌다. 영롱한 톤으로 시작을 알리는 첫 곡 〈Drowned
World/Substitute For Love〉를 시작으로 마지막
곡에 이르기까지 2020년대를 기준으로 조감해도 녹슨
구석이라고는 찾아볼 수 없기 때문이다.

그렇다. 마돈나는 늙어도 마돈나의 음악은 늙지 않는다.
더 나아가 그의 음악에 늙지 않기 위해 애쓴 흔적 따위는 없다.
물 흐르듯 자연스럽게 현재 시제에 안착하되 그의 시선은
언제나 미래를 향해 있다. 그가 팝의 여왕일 수밖에 없는
이유다.

보통 사람의 삶을 사는
철학자 왕

: **폴 매카트니** 《McCartney Ⅲ》

2020년대 들어 음악은 더욱더 개인의 영역으로 깊숙하게 침투했다. 이유는 당신이 짐작하는 그대로다. 팬데믹으로 인한 고립 때문이다. 증거는 넘쳐난다. 그 유명한 테일러 스위프트는 "창작을 멈출 수가 없었다"면서 《folklore》를 발표한 지 6개월이 채 안 된 시점에 신작 《evermore》를 내놨다. 에드 시런Ed Sheeran 역시 몸이 근질근질했나 보다. 2020년 12월 말 그는 새 노래 〈Afterglow〉를 아무런 예고도 없이 툭 던졌다. 사람마다 독후감은 다르겠지만 내게는 일부러 좀 덜 만진 듯한 프로덕션이 인상적이었다.

《McCartney III》를 발표한 폴 매카트니도 마찬가지다. 인터뷰에 따르면 《McCartney III》는 서식스Sussex에 위치한 그의 집에서 혼자 작업한 결과물이라고 한다. 먼저 그 배경을 들여다본다.

매일 악기로 곡을 쓰고 녹음하면서 이걸 점점 쌓아나갔어요. 엄청 재미있었죠. 그건 직업인으로서 만드는 게 아니라 나 자신을 위해 만드는 거였어요. 내가 정말로 하고 싶은 걸 한 거예요. 이걸 앨범으로 마무리해야겠다는 생각조차 없이요.♬

크레디트를 살펴보면 그저 놀랍다. 폴 매카트니는 이 앨범에서 일렉트릭 기타, 어쿠스틱 기타, 베이스, 더블 베이스,

피아노, 하프시코드를 연주했다. 아직 안 끝났다. 이외에도 멜로트론, 하모늄, 펜더 로즈, 신시사이저, 일렉트릭 피아노, 드럼, 퍼커션도 폴 매카트니의 손을 거쳤다. 다른 연주자가 참여한 곡은 딱 하나, 〈Slidin'〉뿐이다. 폴 매카트니와 오랜 기간 호흡을 맞춰온 러스티 앤더슨Rusty Anderson과 에이브 라보리엘 주니어Abe Laboriel Jr.가 각각 기타와 드럼을 쳤다.

물론 이런 시도가 처음은 아니다. 그는 이전 두 솔로 음반인 《McCartney》(1970)와 《McCartney II》(1980)에서도 모든 연주를 혼자 도맡았다. 한데 2집에 해당하는 《McCartney II》가 1980년에 발매되었다는 점에 주목하기 바란다. 그러니까 《McCartney III》는 그가 무려 40년 만에 공개하는 '원 맨 밴드' 작품인 셈이다. 바꿔 말해 팬데믹이 없었다면 《McCartney III》는 탄생하지 못했을 수도 있다.

음반 전체를 관통하는 분위기는 팬데믹 시기에 만들었다고는 믿기 어려울 만큼 밝고 화사하다. 첫 곡 〈Long Tailed Winter Bird〉부터 활기 넘친다. 여러 면에서 78세의 노장이 만든 음악이 맞나 싶다. 프로덕션은 전체적으로 좀 거친 편이다. 사후 보정을 최소화해 곡이 지닌 에너지를 훼손하지 않으려 한 의도가 역력하다. 예쁜 상품 샘플이라도 만들려는 양 오직 정교함에만 집착하는 음악과는 거리가 멀다.

예를 들어 드럼의 경우 폴 매카트니가 뛰어난 연주자라고는 할 수 없는 수준이다. 아귀가 안 맞는 지점도 군데군데 여실히 드러난다. 한데 이게 도리어 듣는 재미를

♪ 앨범 발매 당시 공식 트레일러 영상을 통해 말한 내용이다. 유튜브에서 볼 수 있다.

준다는 게 이채롭다. 나는 이 앨범을 감상하면서 폴 매카트니의 표정이 상상되어 즐거웠다. 그는 작업하는 내내 미소를 짓고 있었을 게 틀림없다. 아무런 부담 없이 마치 놀이하듯 음악을 했다는 게 느껴진다.

음반의 결은 지극히 목가적이다. 장르적으로는 포크라고 볼 수 있는데, 그의 1970년 솔로 데뷔작 《McCartney》를 연상시키는 구석이 여럿이다. (그의 디스코그래피 대부분이 그렇기는 했지만) 그는 이 앨범에서도 거창한 이데올로기가 아닌 일상의 묘사에 충실하다. 이와 관련된 〈롤링 스톤〉의 평가가 재밌다. "폴 매카트니가 닭과 양을 노래하면 그것은 '진짜' 닭과 양을 뜻하는 것이다. 무슨 비유 같은 게 아니다." 멀리 갈 것도 없다. 〈Pretty Boys〉, 〈Women and Wives〉, 〈Seize The Day〉 등의 곡 제목을 보라. 지극히 평범하지 않은가 말이다.

천재적인 멜로디 메이커의 자질은 조금도 녹슬지 않았다. 이건 유려하게 흘러가는 첫 싱글 〈Find My Way〉만 감상해도 확인할 수 있는 부분이다. 반면 〈Lavatory Lil〉은 영락없는 블루스 록이다. 심플한 선율과 리프로 블루스의 흥취를 제대로 살렸다. 〈Pretty Boys〉의 경우, 비틀스 시절을 떠올리게 하는 사운드 프로덕션으로 듣는 이에게 기분 좋은 노스탤지어를 안겨주는데, 여기에서 '예쁜 소년들'은 런던, 뉴욕 등지에서 폴 매카트니가 봤던 남성 모델을 뜻한다고 한다.

앨범의 베스트로는 〈Deep Down〉을 꼽고 싶다. 제목에서 유추할 수 있듯 이 곡은 관계에 대한 노래다. 코드 진행과 기본 비트를 먼저 작업한 뒤 "Get deep down/Gonna get deep down", 처음 떠올린 이 두 구절을 기반으로 최대한 자연스럽게 진행한 것이라고 한다. 만약 앨범 전체를 꼼꼼히 들어볼 시간이 없다면 이 곡을 선택하면 된다. 일종의 치트키인 셈이다.

결론이다. 살다 보면 다음과 같은 음악을 만날 때가 있다. 새로운 사람을 만났는데 오히려 오랫동안 그리워했던 누군가와 재회한 듯한 감각을 주는 음악. 테일러 스위프트를 포함한 국내외 뮤지션이 괜히 앞다투어 찬사를 보내는 게 아니다. 《McCartney III》에서 폴 매카트니는 역사상 가장 위대한 슈퍼스타의 광휘 같은 건 저 멀리 던져둔 채 평범한 하루의 풍경을 스케치하고 노래한다. 그리하여 보통 사람의 삶을 사는 철학자 왕이 된다.

고전에는
시제가 없다

: **핑크 플로이드** 〈Comfortably Numb〉

가끔 이런 질문을 받는다. "가장 많이 들은 음악은 뭔가요?" 쉽지 않다. 이 곡을 말할까 싶으면 저 곡이 아쉽고, 저 곡을 언급할까 싶으면 다른 곡이 눈에 밟히는 까닭이다.

그렇다면 질문을 바꿔서 스스로에게 던져본다. "영상으로 가장 많이 본 라이브는 뭔가요?" 확실하게 대답할 수 있다. 핑크 플로이드 Pink Floyd의 〈Comfortably Numb〉 이다. 좀 더 정확히 말하면 핑크 플로이드의 기타리스트 데이비드 길모어 David Gilmour의 2017년 'Live at Pompeii' 버전을 지금도 잊을 만하면 감상한다. 글쎄, 모르긴 몰라도 500번은 넘지 않을까 싶다. 유튜브에 'David Gilmour Pompeii Comfortably Numb'이라고 치면 볼 수 있다.

이 곡의 존재감이야 두말할 필요 있을까. 핑크 플로이드의 숱한 명곡 중에서도 단연 최고로 꼽힌다. 이유는 분명하다. 곡 후반부에서 들을 수 있는 데이비드 길모어의 미친 기타 솔로 때문이다. 기타 솔로 때문에라도 이 곡은 웬만하면 라이브로 감상해야 한다. 스튜디오 버전도 훌륭하지만 라이브에서 느낄 수 있는 감동에 미치지 못한다. 만약 이 곡을 라디오에서 플레이하는데 후반부의 기타 솔로를 생략한다면, 그것은 반칙이다.

먼저 이 곡이 실린 핑크 플로이드의 걸작《The Wall》(1979)의 내용을 설명해야 한다. 요약하면 현대사회 속 인간의 소외감에 대한 것이다. 《The Wall》은 콘셉트 앨범으로도 널리 알려져 있다. 음반의 주인공은 핑크 Pink라는 소년이다. 그는 어린 시절 권위적인 아버지, 과잉보호하는 어머니, 억압적인 사회구조 등으로 트라우마를 겪는다. 이런 이유로 그는 자신의 내부에 '벽'을 쌓고 소통하길 거부한다. 그러나 핑크는 내면의 고통을 이겨내고 벽을 부순다. 그러고는 재탄생한 자신과 함께 사회로 나아간다. 대강 이런 스토리다.

〈Comfortably Numb〉은 이 이야기에서 핑크의 내면적 붕괴를 상징하는 곡이다. "편안하게 멍해진" 그의 내면은 소통의 기능을 상실했다. 마약에 의지한 채 하루하루 살아가는 핑크는 마비된 감각 속에서 오히려 평온을 느낀다. 참고로 이 곡은 밴드 멤버 로저 워터스Roger Waters의 실제 경험을 바탕으로 쓴 것이다. 투어 중 몸이 아픈데도 계약 때문에 진통제를 맞고 억지로 무대에 서야 했던 기억을 기반으로 만들었다고 한다.

이제 눈치챘을 것이다. 이게 바로 클래식의 힘이다. 고전에는 시제가 없다. 진정한 고전은 과거와 당대, 미래를 모두 아우르면서 의미를 획득한다. 예를 들어 지금 우리가 사는 사회에 놓여 있는 거대한 벽을 보라. 거기에 중간은 없다. 벽을 사이에 두고 나와 의견이 다르면 그저 악마화된 적으로 간주할 뿐이다. 소통의 도구로 출발한 소셜 미디어는 소통을 위한 도구가 절대 아니다. 우리의 편견을 강화해 더 높고 거대한 벽을 쌓을 뿐이다.

굴뚝 청소부의 역설이라는 게 있다. 여기, 두 명의 굴뚝 청소부가 있다. 둘 다 청소를 끝내고 나왔는데 하나는 얼굴이

제법 깨끗하고, 다른 하나의 얼굴은 먼지와 재로 뒤덮였다. 이를테면 양극단인 셈이다. 둘은 서로의 얼굴을 마주 본다. 그렇다면 둘 중 얼굴을 더 깨끗이 닦을 사람은 누구일까. 맞다. 얼굴이 깨끗한 사람이다. 상대의 얼굴을 보고 스스로를 판단할 것이기 때문이다. 한데 이 역설에서 중요한 것은 누가 깨끗하고 누가 더러운지가 아니다. 핵심은 무언가가 결여되는 순간 오류는 필연적으로 발생한다는 것이다.

이 역설을 파괴하고 결여를 메울 단 한 가지 방법이 있다. 그렇다. 서로 대화를 나누면 된다. 벽은 무너질 것이다.

세월이 이끼처럼
누적되지 않고서는
불가능한 음악

: **정태춘**《집중호우 사이》

"음악적 갈망보다 컸던 문학적 욕심으로
시작되었어요." 새 앨범《집중호우 사이》를 발표한 정태춘의
고백이다. 그의 말처럼 음반에는 12편의 시詩가 처연해서 더욱
아름다운 선율에 실려 흐른다. 미국 시인 메리 올리버Mary
Oliver의 정의 그대로다. "시는 직업이 아니라 삶의
방식입니다. 빈 바구니예요. 당신의 인생을 거기 집어넣고
그로부터 뭔가를 만들어낼 수 있는 거죠."♬ 마치 정태춘과
박은옥이 걸어온 세계를 대변하는 것처럼 읽힌다.

노래와 연주와 가사가 동등한 위치에서 작동하는
음악이 있다. 시적인 노랫말과 최소한의 소리만으로 정물적
고요함을 길어 올린 음악이 있다. 여기에는 도도한 외침도,
강렬하게 내리치는 악기도 없다. 정태춘은 탄식 같은
읊조림으로 그저 우리가 사는 세상을 노래한다. 이제 고백의
시간이다. 첫 곡〈기러기〉를 감상하면서 울컥하는 심정을
감추려 애썼다. 버스 안에서 하마터면 눈물을 흘릴 뻔했다.
과연 그렇다. 때로는 속삭임이 거대한 웅변보다 더 오래
귓전을 흔들 수 있다.

나도 안다. 정태춘이라는 거인의 그림자에서
벗어나기란 어렵다. 그럼에도 거장이라는 이유로 무조건적
경배나 주례사 비평을 획득할 수는 없다. 지위가 수준을
보장하지는 않기 때문이다.《집중호우 사이》가 2025년 최고
작품은 아닐 수 있다. 그러나 이를 뛰어넘는 감동을 선사하는
앨범이 나올까 싶다.〈기러기〉와 더불어 섬세한 기타 선율

♬   시에 대한 에세이《A Poetry
      Handbook》에 나온다.

위로 가창과 독백이 오가는 〈도리 강변에서〉의 품격 있는
진행은 찬탄을 절로 부른다.

세월이 이끼처럼 누적되지 않고서는 불가능한
음악이다. 정태춘은 노랫말과 음악으로 누군가를 판단하거나
비난하지 않는다. 그저 삶의 진상을 기록할 뿐이다. 그리하여
그는 삶의 어떤 진실에 다가선다. 세상이 아무리 시끄러워도
어딘가에 분명 그윽하고 깊은 것이 존재하리라고 믿는
사람이라면 이 음악을 들어야 한다. 정태춘의 《집중호우
사이》다.

④

이름만 들어도 다 아는 예술가를 더 깊이 알고 싶다면

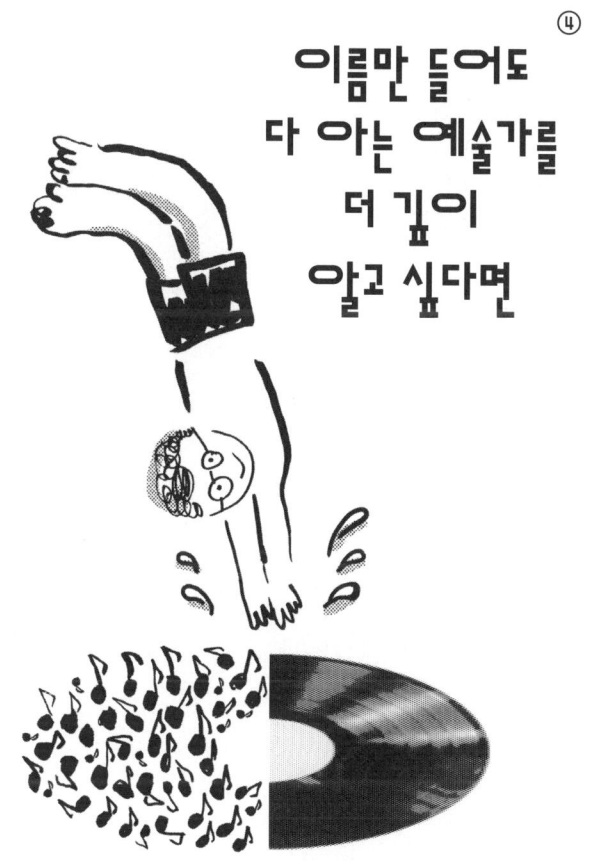

무대에 서기 위해 태어난 사람

: 퀸

세어본 적은 없지만 100번은 넘었다고 확언할 수 있다. 다름 아닌 내가 고등학교 시절 퀸의 1985년 '라이브 에이드' 참여 실황과 1986년 '라이브 앳 웸블리'를 VHS로 본 횟수다. 그때 나는 퀸이라는 밴드에 완전히 미쳐 있었다. 그들의 모든 음반을 카세트테이프로 구입해 싹 다 들었고, 대표곡을 모아놓은《Greatest Hits》컬렉션은 부모님을 졸라 CD, 그것도 당시 화제가 된 '골드 CD'로 샀던 기억이 생생하다.

그러나 그때의 나는 고작 고등학생 따위였다. 퀸의 음악을 좋아하는 이유에 대해 설득력 있게 풀어낼 능력이 있을 리 없었다. 그저 친구들에게 "퀸, 진짜 죽이지 않냐?"라는 말을 앵무새처럼 되풀이했을 뿐이다. 그 뒤에도 고민은 계속됐다. 나를 포함한 많은 사람이 퀸에 열광하는 가장 큰 이유는 도대체 무엇일까. 그러던 차에 커트 코베인Kurt Cobain의 유서를 읽었고, 그제야 비로소 그 이유를 어렴풋이나마 알았다.

예를 들어 너바나Nirvana가 백스테이지에서 대기하고 있을 때 객석의 불이 꺼지면서 관객들의 열광적인 환호성이 들려도 나는 더 이상 아무런 감동을 느낄 수 없다. 관객들이 보내는 애정과 숭배를 진심으로 즐길 줄 알았던 프레디 머큐리가 정말 부럽고 존경스럽다.

프레디 머큐리는 천생 가수였다. 그는 무대에 서기 위해 태어난 사람이었다. 그는 매혹하는 자였다. 인류 역사상 최강이라 불러도 과언은 아닐 가창력으로 관객을 매혹했고, 역동적인 무대 퍼포먼스로 눈을 못 떼게 했다. 프레디 머큐리는 캐릭터를 구축하는 데도 선수였다. 데뷔 초에는 화려한 의상으로 이미지를 강조했고, 이후에는 머리를 짧게 자르고 콧수염을 길러 자기만의 트레이드마크를 창조해냈다. 사람들에게 뮤지션 중 콧수염 하면 누가 떠오르냐고 설문 조사를 돌려보라. 대부분이 다음 두 명의 이름을 거론할 게 틀림없다. 프레디 머큐리 아니면 배철수.

짧은 마이크 스탠드도 마찬가지다. 영화에도 나오듯이 독특한 마이크 스탠드는 우연의 산물이었다. 클럽 공연에서 높이를 수정하다 지지대의 절반이 쑥 빠져버린 것이다. 한데 프레디 머큐리는 흔들림 없이 당당했다. 곧장 마이크를 휘두르면서 폭발적인 가창력을 선보였고, 비웃던 관객의 웃음기를 싹 지워버렸다. 그 순간 나머지 멤버들의 심정은 어땠을까. 밴드에서 모든 파트가 동등하게 중요하지만 성공의 가장 큰 바탕은 보컬리스트에 있음을 부인할 수 없다. 어림잡아 복권 1등에 당첨된 것과 비슷하지 않았을까 짐작해본다.

퀸의 전기 영화 〈보헤미안 랩소디〉의 중심은 어쩔 수 없이 프레디 머큐리다. 영화는 그와 세 명의 멤버가 어떻게 밴드를 결성하고 음악을 함께 만들어나갔는지 제법 상세하게 전시한다. 이런 유의 전기 영화에서 관객이 가장 중요시하는 요소는 실존 인물과의 '싱크로율'이다. 싱크로율이 낮으면 집중력이 현저히 떨어질 수밖에 없는 까닭이다. 적어도 이 지점에서 〈보헤미안 랩소디〉는 관객을 확실하게 만족시킨다. 레이 찰스 Ray Charles의 일생을 그린 〈레이〉(2004)에 비견할 만한 수준이다.

프레디 머큐리 역을 맡은 라미 말렉 Rami Malek은 두말할 것도 없다. 기타리스트 브라이언 메이 Brian May와 베이스 연주자 존 디컨 John Deacon을 각각 연기한 귈림 리 Gwilym Lee와 조지프 머젤로 Joseph Mazzello는 몇몇 장면에서 너무 똑같아서 소름이 끼칠 정도다. 이보다는 조금 약하지만 드러머 로저 테일러 Roger Taylor로 분한 벤 하디 Ben Hardy의 싱크로율도 만만치 않다. 걸리는 부분이 없는 건 아니다. 무엇보다 라미 말렉의 의치를 과하게 튀어나오도록 설정한 게 아닌가 싶은데, 감상에 크게 방해될 정도는 아니다. 프레디 머큐리의 외모 콤플렉스가 도리어 보컬리스트로서 장점이었음을 부각하려는 의도였을 것이다.

음악적인 측면에서도 칭찬할 구석이 여럿이다. 예를 들어 〈Bohemian Rhapsody〉를 처음 듣는다면 필연적으로 다음과 같은 질문을 떠올릴 수밖에 없다. "후반부 오페라 코러스는 어떻게 녹음한 거지?" 〈보헤미안 랩소디〉는 영화의 핵심이라 할 이 곡의 녹음 과정을 꼼꼼하게 보여준다. 이미 여러 글을 통해 곡의 리코딩 과정에 대해 꿰고 있었음에도 화면으로 직접 목격하는 경험은 확실히 달랐다. 이렇듯 노래가 품고 있는 역사를 생생한 톤으로 되살려냈다는 점에서

〈보헤미안 랩소디〉는 〈러브 앤 머시〉만큼이나 인상적인 성취를 일궈낸다. 〈러브 앤 머시〉는 비치 보이스The Beach Boys의 음악 리더였던 브라이언 윌슨Brian Wilson의 일대기를 그린 작품이다.

〈Bohemian Rhapsody〉에 대한 당시 평가는 영화에서도 볼 수 있듯 그리 호의적이지 않았다. '필요 이상으로 과장되었다'는 게 평단 대부분의 견해였다. 한데 이건 〈Bohemian Rhapsody〉를 넘어 퀸이라는 밴드를 향한 것이기도 했다. 비평가들은 지속적으로 그들의 '일관성 결여'를 문제 삼았다. 확실히 퀸의 음악에는 수많은 장르가 혼재했다. 레드 제플린처럼 강력하고 육중한가 하면 데이비드 보위를 연상시킬 만큼 화려하고 과시적이었다. 또 때로는 발라드 전문 가수보다 더 감미로운 멜로디(〈Love of My Life〉)를 노래하고 연주했다.

〈Bohemian Rhapsody〉는 이처럼 다채로웠던 퀸의 페르소나를 응축한 곡이다. 아카펠라를 시작으로 발라드와 오페라, 하드 록을 넘나든 끝에 수미쌍관의 종결부로 마무리되는 형식부터 복잡하고 파격적이었다. 따라서 평가가 극단으로 엇갈린 것은 어찌 보면 당연한 결과다. 결국 이 곡(과 퀸)은 후대에 평가가 완전히 전복된 케이스로 지금까지도 손꼽힌다. 1970년대 내내 낮은 평가에 시달려야 했던 아바와 유사한 운명을 겪은 셈이다.

본디 〈Bohemian Rhapsody〉는 발매 자체가 불가능할 뻔했다. 돈을 댄 제작자가 '너무 길다'는 이유로 반대한 것이다. 그는 노랫말에도 트집을 잡았다. 하긴 그럴 만도 했다. 당신이 제작자라고 상상해보라. 녹음실에서 180회 넘게 오버 더빙을 한 탓에 엄청난 자본이 투입되었는데 돌아온 건 '알쏭달쏭한 사형수의 고백'과 '맘마미아', '비스밀라', '스카라무슈', '갈릴레오' 같은 단어로 점철된 혼돈의 오페라라니, 많이 당황스러울 것이다. 이와 관련 생전 프레디 머큐리는 〈Bohemian Rhapsody〉의 의미에 대해 발설한 적이 없다. 다른 멤버들 역시 부연하지 않았다. 추측건대 그들은 본능적으로 파악하고 있었을 것이다. 해석의 장을 열어 신비로움을 유지하는 것이 도리어 곡에 영속성을 부여할 수 있음을.

이 지점에서 팩트 체크에 들어가야 한다. 무엇보다 눈여겨봐야 할 장면이 있다. 제작자가 "10대들이 헤드 뱅잉할 곡이 아니야"를 근거로 들어 딴지를 걸자 멤버들이 한 앨범을 가리키며 "저것도 당신이 제작한 거죠?" 하는 대목이다. 지목당한 음반은 핑크 플로이드의 1973년 걸작 《Dark Side of The Moon》으로 여기에는 6분이 넘는 노래가 무려 세 곡이나 들어 있다. 즉 "〈BoRhap〉은 5분 55초인데 왜 그래?"라고 넌지시 항의하는 장면을 '창조'해낸 것이다.

그렇다. 사무실에서의 논쟁 신은 팩트를 바탕으로 기획한 허구다. 일단 마이크 마이어스Mike Myers가 연기한 제작자 레이 포스터Ray Foster부터 가상의 캐릭터다. 당시

EMI 제작자 로이 페더스톤Roy Featherstone을 '롤 모델'로 삼기는 했지만 이 장면을 넣은 이유는 이렇다. 1992년 영화 〈웨인즈 월드〉에서 마이크 마이어스가 분한 캐릭터가 다음 대사를 외치기 때문이다. "신곡 나왔는데 〈Bohemian Rhapsody〉야. 틀어봐." 그러고는 미친 듯이 헤드 뱅잉을 한다.

이후에도 중요한 신이 나온다. 프레디 머큐리가 유명 DJ 케니 에버렛Kenny Everett에게 〈BoRhap〉이 리코딩된 테이프를 선물로 주는 장면이다. 이 장면은 100퍼센트 사실이다. 한데 핵심은 이 뒤의 전개에 있다. 영화에는 나오지 않는데 케니 애버렛이 일종의 티저 비슷하게 곡 앞부분만 방송에 내보낸 것이다. 항의가 폭주한 건 당연한 결과였다. 결국 케니 에버렛은 〈BoRhap〉을 일주일도 안 돼 14번이나 '완곡'으로 틀었다.

'라이브 에이드'를 계기로 재결성한 것 역시 설정이다. 실제로 퀸은 그 전부터 투어를 돌고 있었다. 프레디 머큐리가 에이즈 판정을 받은 것도 마찬가지다. '라이브 에이드' 이후인 1987년에 받았다. 물론 자신의 병세가 심상치 않음을 어느 정도 감지했을 것이다. 이외에도 '라이브 에이드'에서의 감동을 최대로 끌어올리기 위해 사실과 다르게 엮은 부분이 꽤 많다. 그런데 이게 그렇게 중요한지는 잘 모르겠다. 하지만 동시에 디테일로서의 팩트를 소중하게 여기는 입장 또한 인정한다.

한 가지만큼은 확실하게 제언할 수 있을 것 같다. 퀸은 수많은 대중의 환호를 기꺼이 먹고 산, 역사상 가장 위대한 라이브 밴드 중 하나였다는 점이다. 적어도 이 점에서라면 영화 속 '라이브 에이드' 신이 일궈낸 성취에 이견은 없을 것이다.

이제는 그 누구도 퀸의 위대함에 의문을 제기하지 않는다. 비단 〈Bohemian Rhapsody〉뿐만은 아니다. 1980년 싱글로 나와 빌보드 1위에 오른 〈Another One Bites the Dust〉 역시 디스코라는 이유로 멤버 간에 이견이 있었고 비판의 도마 위에 올랐지만 어느새 명곡으로 널리 인정받는다. 영화에서는 다루지 않은 재미있는 스토리가 있다. 원래 퀸은 이 곡을 싱글로 발매할 의향이 없었다. 그러던 와중에 지인 중 한 명이 "싱글로 내면 무조건 될 거예요"라며 추천했다고 한다. 추천인의 정체는 마이클 잭슨Michael Jackson이다.

1950년대 중반 로큰롤과 함께 현대 대중음악이 탄생한 이래 퀸만큼 대중의 열렬한 사랑을 받은 밴드는 몇 없다. 그 사랑을, 퀸은 관객과 더욱 교감할 수 있는 노래(〈We Will Rock You〉)를 만들면서까지 진심으로 즐겼다. 비평가 척 클로스터먼Chuck Klosterman은 현대 대중음악이 작가의 의도보다 관객의 반응으로 규정된다는 점에서 가치 있다고 주장했다. 그렇다면 퀸은 가히 현대 대중음악 그 자체인 밴드다.

〈Creep〉에 관한 오해와 진실

: 라디오헤드 〈Creep〉

그럴 때가 있다. 모두가 열광하는 가운데 왠지 나 혼자만 시큰둥해지는 순간. 힙스터 병 걸린 거냐고 묻는다면 그것은 아니다. 다만 나는 강조하고 싶을 뿐이다. 더 나은 선택지가 분명히, 그것도 다량으로 널려 있는데 왜 찾으려 하지 않는 건지 궁금할 뿐이다.

라디오헤드Radiohead의 〈Creep〉을 모르는 사람은 거의 없을 것이다. 아무리 팝에 관심 없어도 알고 있을 음악 목록을 꼽는다면 최상위권에 오를 가능성이 매우 높다. 결론부터 말한다. 나는 (제법 소문난) 라디오헤드 팬이다. 그들의 디스코그래피를 한정판 포함해 거의 전부 소장하고 있다. 한데 라디오헤드의 수많은 명곡 중 내가 별로 안 좋아하는 노래가 딱 하나 있다. 바로 〈Creep〉이다.

나는 〈Creep〉이 라디오헤드의 가장 훌륭한 노래라고 생각하지 않는다. 당신이 만약 라디오헤드를 어느 정도 꿰고 있는 팬이라면 내 말에 동의할 것이다. 다만 〈Creep〉은 역사적 중요성에서 압도적인 지위를 선점한다. 이것만큼은 나도 부정할 수 없다. 1990년대를 대표하는 록 음악 딱 한 곡만 정하라고 한다면 너바나의 〈Smells Like Teen Spirit〉의 왕좌에 도전할 수 있는 노래는 두 곡 정도다. 오아시스 Oasis의 〈Don't Look Back In Anger〉와 이 곡 〈Creep〉이다.

라디오헤드를 브릿팝 Britpop 밴드로 분류하는 기사를 가끔 본다. 엄밀히 말해 틀렸다. 요약하면 〈Creep〉은 영국 아닌 미국, 즉 강렬한 그런지/얼터너티브의 잔향이 짙게 묻어난 곡이다. "지직" 하면서 청각에 수직으로 내리꽂듯 연주되는 디스토션 기타부터 그런지의 그것과 꼭 닮았다. 한데 이 연주는 "곡이 너무 소심하다"고 여긴 기타리스트 조니 그린우드Jonny Greenwood가 이를 참지 못한 나머지 사보타주한 결과라고 한다. 일단 저지르고 봤는데 이게 또 기가 막히게 잘 어울려서 살리기로 결정한 것이다.

〈Creep〉이 싱글로 세상에 던져진 것은 정확히 1992년 9월 21일이다. 브릿팝의 첫 번째 절정이라 할 오아시스의 1집이 나오려면 아직 2년이라는 시간이 더 필요했다. 또 다른 브릿팝 거물 블러Blur는 1991년 데뷔작으로 어느 정도 성공했지만 대세를 뒤집을 만한 수준은 아니었다. 기대와 달리 〈Creep〉의 영국 차트 순위는 형편없었다. 78위, 누가 봐도 초라했다. 심지어 이 곡은 '너무 우울하다'는 이유로 BBC 라디오 선곡표에서 제외되기도 했다. 진짜다. 나중에 얻게 될 영광과 비교해본다면 〈Creep〉의 시작은 제목 그대로 '바닥을 살살 기는' 수준이었다.

흥미롭게도 곡을 구원해준 건 지향이 더욱 잘 들어맞는 미국이었다. 〈Creep〉은 빌보드 싱글 차트 34위, 모던 록 차트에서는 무려 2위까지 올랐다. 미국에서 거둔 성취가 영국까지 전해지면서 〈Creep〉은 1993년 재발매를 통해 영국 차트 7위에 오르는 기염을 토했다. 역주행 신화를 일궈낸 셈이다.

'Creep'을 사전에서 찾아보면 뜻이 여러 개임을 알 수 있다. 이 곡에서 노래하는 'Creep'은 그중 '소름 끼치게 싫은 놈'이라고 볼 수 있다. 세 글자로 줄이면 '찌질이'쯤 될 것이다. 대강의 노랫말은 이렇다.

"넌 천사 같아 / 네 피부는 날 울게 만들지 / 넌 아름다운 세상에서 깃털처럼 떠다니지 / 난 내가 특별했으면 좋겠어 / 왜냐하면 네가 정말 특별하니까 / 하지만 난 찌질한 놈이야 / 괴짜일 뿐이지 / 내가 지금 뭘 하고 있는 거지 / 여기에 어울리는 사람도 아닌데 말이야."

톰 요크의 자전적 이야기를 담은 노래다. 10대 시절 짝사랑에 빠졌지만 내성적인 성격, 외모 콤플렉스 때문에 다가설 수 없었다고 전해진다. 사진을 보면 알 수 있듯 톰 요크는 눈꺼풀에 문제가 있었다. 그런 그의 눈을 두고 "도롱뇽 salamander 같다"며 놀린 친구도 있었다고 한다. 한창 예민한 시기에 그에게는 상처가 되었을 것이다. 끝내 지워지지 않을, 깊게 베인 상처.

이 곡에 관련된 몇 가지 오해가 있다. 먼저 〈Creep〉에 질릴 대로 질려버린 탓에 라디오헤드가 공연할 때 절대 부르지 않는다고 아는 사람이 꽤 많다. 꼭 그렇지는 않다. 자주는 아니더라도 가끔은 부른다. 부르지 않은 기간이 있기는 했다. 한때 톰 요크는 〈Creep〉을 '쓰레기 crap 같은 곡'이라면서 경멸했다. 대략 1990년대까지 라디오헤드는 〈Creep〉을 연주하지 않았다.

상황이 변한 건 2000년대 중반 들어서면서부터였다.

한 공연에서는 "이 곡 꽤 좋아해요"라면서 〈Creep〉을
노래해 화제를 모았다. 톰 요크와 멤버들의 마음에 어떤
변화가 있었는지 우리는 알 수 없다. 다만 다음처럼 추측할
뿐이다. 자기 운명을 어느 정도 조절할 수 있게 되면 자신감은
자연스럽게 커진다는 것이다. 요컨대 사고와 행동에 여유가
깃든다고 할까. 그들이 〈Creep〉을 다시 품게 된 이유 역시
이와 무관치 않을 터다. 과연, 고故 이어령 선생의 표현대로
상처와 활이 하나가 되는 순간 새로운 지평이 열리는
법이리라.♬

　　라디오헤드가 '절대' 부르지 않는 노래는 따로 있다.
어쩌면 한국에서 〈Creep〉 다음으로 인기 있는 곡이라 할
〈High and Dry〉다. 라디오헤드는 녹음까지 다 마쳤지만
"너무 로드 스튜어트Rod Stewart 같고, 나쁜 노래다"라는
인상을 받았다고 한다. 로드 스튜어트는 대체 무슨 죄인지
모르겠지만 어쨌든 그렇다.

　　싱글 발매를 꺼렸음에도 곡의 상업적 가능성을 포착한
소속사는 강제로 일을 진행시켰다. 과거에도 라디오헤드
멤버들은 〈Creep〉의 영국 재발매를 결사반대한 적이 있었다.
이 불쾌한 경험은 트라우마가 되어 이후 라디오헤드가 완전히
새로운 판로를 모색하는 데 큰 영향을 미친다. 레코드 회사의
간섭에서 벗어나 팬들이 홈페이지에서 원하는 만큼 지불하고
직접 다운로드하는 형식으로 7집 《In Rainbows》(2007)를
발매한 것이다.

결과는 대성공이었다. 이 음반 하나로 얻은 디지털 수익이 기왕의 디지털 수익 전체를 훌쩍 뛰어넘은 것이다. 당시 '라디오헤드니까 가능했던 거다'라는 비판적 시선이 있었던 게 사실이다. 그러나 이 시도는 결국 수많은 인디 뮤지션/밴드가 레코드 회사의 간섭 없이 유튜브나 홈페이지를 통해 자신의 음악을 홍보하는 흐름에 시금석을 마련해줬다. 이렇듯 라디오헤드는 음악만이 아닌 산업적 측면에서도 혁신의 기틀을 닦아준 존재다. 그들이 여러모로 위대한 밴드일 수밖에 없는 이유다.

♬ 《이어령의 마지막 수업》(김지수·이어령 저, 열림원, 2021)에 나오는 표현이다.

사랑과 이별 사이에서 탄생하는
정서적인 설득력

: 데이미언 라이스 《O》

    2004년 이후 몇 년 동안 음악 카페만 가면 흘러나왔던 노래를 잊지 못한다. 아일랜드 뮤지션 데이미언 라이스Damien Rice의 곡 〈The Blower's Daughter〉다. 알다시피 이 곡이 인기를 얻은 배경에는 영화 한 편이 존재한다. 맞다. 〈클로저〉라는 작품이 없었다면 데이미언 라이스를 향한 애정은 지금보다 덜했을 것이다. 그 어떤 예술가든 상업적으로 성공했다면 인생에서 결정적 터닝 포인트 하나 정도는 반드시 있는 법이다. 세상이 흔히 '운'이라고 부르는 그것 말이다. 데이미언 라이스에겐 영화 〈클로저〉가 있었다.

    그로부터 2년 전 〈The Blower's Daughter〉가 포함된 데이미언 라이스의 음반 《O》가 나왔다. 발표하자마자 주목받은 건 아니었다. 해외에서도 〈클로저〉가 개봉한 이후인 2004년부터 터졌다. 이듬해인 2005년 1월 데이미언 라이스의 《O》는 영국 앨범 차트 5위, 모국인 아일랜드에서는 2위에 올랐다. 같은 해 아일랜드의 유명 라디오 쇼인 〈Today FM〉에서 선정한 '지난 25년간 최고의 노래 25곡' 리스트에서는 〈Cannonball〉과 〈The Blower's Daughter〉가 각각 21위와 24위를 기록했다.

    이 음반의 정서적인 설득력은 당시 음악 카페/바의 풍경을 되새겨보는 것만으로도 충분하다. 뭐랄까. 그 어떤 음악이든 걸리면 여지없었다. 이 앨범의 수록곡이 붙으면 그 이전 곡은 기억에서 지워졌다. 기실 이 음반에는 별 게 없다. 보컬, 기타, 첼로가 거의 전부다. 한데 이 심플한 구성의 음악으로 작지 않은 공간이 단숨에 잠잠해지고, 이내 꽉 채워졌다. 하나의 곡이 하나의 우물이라면 데이미언 라이스가 파놓은 우물은 깊고 끝이 보이지 않는 우물이었다. 응시하는 자의 우울이 느껴지는 우물이었다. 그것은 바로 슬픔의 우물이었다.

어쩌면 용감한 앨범이다. 이렇게 감정적으로 발가벗기란 쉽지 않기 때문이다. 한번 생각해보라. 기쁜 일은 대체로 말하기 쉽다. 나 같은 자랑왕에게는 더욱 쉽다. 슬픔은 다르다. 행여 나의 고백이 저 사람에게 부담을 주지 않을까 미리 염려하게 된다. 슬픔은 그래서 일방통행이다. 그것은 오직 나 자신에게만 겨눠진 창끝과도 같다.

《슬픔의 위안》이라는 책에서 작가는 "슬픔은 아무런 경고도 없이 삶에 틈입한다. 쉽게 견딜 비법도 없고, 빠져나갈 구멍도 많지 않다"라고 말한다.♬ 그렇다면 이 슬픔을 어떻게든 다뤄야 하지 않겠나. "슬픔을 토로하라. 그러지 않으면 슬픔에 겨운 가슴은 미어져 찢어지고 말 테니." 셰익스피어의 《맥베스》 속 대사다. 데이미언 라이스의 역사적인 데뷔작 《O》가 나올 수밖에 없었던 이유일 것이다.

데이미언 라이스의 슬픔은 스펙터클한 슬픔이다. 〈The Blower's Daughter〉를 비롯한 모든 곡에서 데이미언 라이스는 저공비행하듯 노래하다가 이내 폭발적인 가창으로 듣는 이를 휘어잡는다. 나 역시 단숨에 포로가 됐다. 빠져나갈 구멍이라곤 보이질 않았다. 아니, 빠져나가려는 생각조차 들지 않았다. 그가 그려낸 감정의 파고에 몸을 싣고 처음부터 끝까지 단번에 감상했다.

기본적으로 이별에 관한 노래다. 슬픔에 대한 송가다. 시간은 흘렀고, 관계는 무너졌다. 무너진 틈 사이로 슬픔이 파고든다. 우울이 들이친다. 바야흐로 상실의 시간이다. 모든 곡에서 주인공은 이별을 직감(⟨Delicate⟩)하거나 이미 떠난 누군가를 그리워한다. ⟨Cannonball⟩의 가사처럼 "여전히 조금 남아 있는 너의 맛"을 곱씹는다. 그러나 크게 변한 건 없다. 연출가이자 작가 론 마라스코Ron Marasco가 표현했듯 "사랑이란 큰 것들이 살짝 뒤섞이는 게 아니라 작은 것들이 마구 뒤섞인 상태"일 테니까.

"특별할 것도 이상할 것도 없지 / 변한 건 거의 아무것도 없는 셈이야 / 변함없는 하루의 시나리오 / 비는 똑같이 내리고 / 대단한 사건이 일어나지도 않았지."♬♬

어떤 종류의 체험이건 결코 지워지지 않을 기억에 맨몸으로 노출된 자만이 쓸 수 있는 육필 수기 같은 앨범이다. 들은 바로 데이미언 라이스는 그 누구와도 대별되는 민감한 촉수를 지닌 사람이라고 한다. 천생 예술가형 인간인 셈이다. 그러니까 그는 자기 주변에서 발생한 사건을 온몸으로 받아낸 뒤에야 무언가를 창조하는 타입의 작곡가다.

사랑이 없다면 그의 음악은 없을 것이다. 이별이 없다면 그의 음악은 더더욱 없을 것이다. 과연 그렇다. 사랑과 이별 사이를 진자 운동하는 거리가 곧 데이미언 라이스의 음악을 받아들이고 사유하는 거리다.

♬ 《슬픔의 위안》   ♬♬ ⟨Amie⟩ 중에
(론 마라스코·브라이언 셔프 저,
김설인 옮김, 현암사, 2019)에서
인용했다.

185

내가 어디로 갈지 모르지만
지루하진 않을 거야
: **데이비드 보위** 〈Space Oddity〉

해외에서는 압도적인 존재감을 지니고 있지만 국내 인기는 상대적으로 뒤처지는 전설이 몇 있다. 데이비드 보위가 그중 하나다. 아마 당신은 묻고 싶을 것이다. "데이비드 보위 모르는 사람 어디 있냐"고 항의할 사람도 있을 것이다.

아니다. 전형적인 매트릭스다. 자료가 증명한다. 데이비드 보위 앨범의 국내 판매량은 처참한 수준이다. 몇몇 곡을 빼면 사람들은 데이비드 보위를 잘 모른다. '이름 정도 들어봤네' 싶은 경우가 태반이다. 그렇다. 나와 내 주변이 전부를 대변하는 리트머스시험지가 되기엔 너무 소박하다는 걸 명심해야 한다. 따라서 데이비드 보위를 제법 알고 있는 당신이여, 기뻐하기 바란다. 음악 좀 들어온 자신을 뿌듯하게 여겨도 좋다.

친숙한 노래가 없지는 않다. 대표적으로 퀸과 함께 발표한 〈Under Pressure〉(1981)를 빼놓을 수 없다. 이 곡의 인기는 지금도 상당하다. 한데 이 인기, 아무래도 퀸 현상에 빚진 바가 크다. 그래도 괜찮다. 우리에게는 아직 12척의 전함, 아니 데이비드 보위의 또 다른 명곡이 있다. 바로 그 유명한 〈Space Oddity〉다. 데이비드 보위에 따르면 스탠리 큐브릭Stanley Kubrick의 1968년 영화 〈2001: 스페이스 오디세이 2001: A Space Odyssey〉에서 영감을 얻었다고 한다. 데이비드 보위는 인터뷰에서 이 영화가 "마치 계시와도 같았다"고 고백했다.

해석하면 '우주 괴짜' 정도 된다. 그렇다면 우리는

왜 '괴짜'라는 단어를 굳이 붙였는지 알아야 한다. 곡의
주인공은 '톰 소령'이다. 직업은 우주 비행사. 그는 관제 센터와
교신하면서 막 우주여행을 떠날 참이다. 시작은 이렇다.

"관제 센터에서 톰 소령에게 알린다 / 단백질 알약
먹고 헬멧을 착용하기 바란다 / 카운트다운 시작 / 엔진 켜고
점화장치 체크하라 / 신의 가호가 있기를."

우주선이 발사되고, 톰 소령은 궤도 안착에 성공한다.
여기부터가 중요한 대목이다. "당신이 정말로 해냈다You
really made the grade"라는 축하와 함께 관제 센터는 톰
소령에게 얘기한다. "언론은 이제 당신이 누구의 티셔츠를
입는지 궁금해할 것이다And the papers want to know whose
shirts you wear."

데이비드 보위는 커리어 내내 '스타'와 '명성'에 대한
회의적인 태도를 내비쳤다. 그 허망함과 덧없음에 대해 의문을
던졌다. 요컨대 미디어가 알고 싶은 건 우주 비행이라는
본질이 아니라는 것이다. 화제성을 높여줄 스타 이미지를
그저 빨아먹으려 한다는 것이다. 그는 위대함에 대한 냉소가
없는 위대함은 지속 가능하지 않다는 걸 본능적으로 깨달은
뮤지션이었다.

비단 미디어만은 아니다. 데이비드 보위는 무엇보다
대중의 속성을 잘 파악했다. 그는 끊임없는 변신을 통해
단일한 이미지로 소비되고, 결국 버려지는 걸 절묘하게
차단했다. 그가 자신을 향한 헌사나 마찬가지인 영화 〈벨벳

골드마인〉(1998)을 탐탁해하지 않은 가장 큰 이유다. 데이비드
보위가 언제나 원한 건 거리 두기였다. 각각의 캐릭터는
이를테면 거리 두기라는 목적을 위한 수단이었던 셈이다.
〈Space Oddity〉에서 자신을 메이저 톰과 동일시한 그는
이후 '지기 스타더스트'라는 외계인이 되었다가 '알라딘
세인'이라는 분열적 자아로 스스로를 설계했다. "내가 어디로
갈지는 나도 모른다. 하지만 지루하진 않을 거라고 약속한다."
생전 공언한 대로 데이비드 보위는 죽기 전까지 예정되지 않은
모험으로 가득한 길을 걷다가 2016년 홀연히 떠났다.

　　음악적인 측면에서 〈Space Oddity〉는 초기의
어쿠스틱 성향이 짙은 곡이다. 데이비드 보위 하면 떠오르는
글램glam과는 차이가 있는 셈이다. 앞에서 설명했듯
새로운 시도를 거듭했던 그가 글램에 투신한 기간이라고
해봐야 3년이 채 되지 않는다. 글램은 글래머러스의 준말로
'화려하다'라는 의미다. 로큰롤을 연주하는데 화장을 하고,
번쩍거리는 패션을 추구한 장르라고 보면 거의 틀림없다.
글램에 대한 존 레넌John Lennon의 평가는 이런 측면에서
정확하다. "립스틱을 좀 칠한 로큰롤."

　　이제 왜 하필 괴짜인지 설명해야 할 차례다. 그가
괴짜인 이유는 지구로 귀환하지 않기로 스스로 선택했기
때문이다. 데이비드 보위는 이걸 "자발적 소외"라고 표현했다.
궤도에 진입한 톰 소령은 다음처럼 노래한다.

　　"여기, 멀리 떨어진 깡통 같은 우주선에 앉아서

바라보니 / 지구는 푸르고 내가 할 수 있는 건 아무것도 없네요 (…) 나는 지금 몹시 고요한 상태예요 / 우주선은 알아서 가겠죠 / 아내에게 사랑한다고 전해주세요."

"깡통 같은 우주선"이라고 쓴 부분을 영어로 찾으면 "in a tin can"이다. 이걸 진짜 '깡통'으로 해석한 사람이 많다. 틀렸다. 여기에서 'tin can'은 톰 소령이 타고 있는 우주선을 뜻한다. (귀환하지 않으려 일부러 고장 낸) 우주선을 쓸모없는 깡통을 의미하는 tin can이라고 비틀어 표현한 것이다. 따라서 '고장 난'이라고 해석할 수도 있다.

흥미로운 점이 있다. 책 초반에 강조했듯 우리는 종종 영국과 미국 사람은 팝 가사의 뜻을 이해하고 음악을 즐길 거라고 지레짐작한다. 꼭 그렇지만은 않다. 이 곡 역시 그랬다.

〈Space Oddity〉는 1969년 7월 11일 긴급 발매되었다. 아폴로 11호의 달 탐사에 맞추기 위함이었다. 전략은 성공적이었다. BBC에서 달 착륙 이벤트를 다루면서 이 곡을 배경음악으로 썼기 때문이다. 비단 BBC만은 아니었다. 이후 〈Space Oddity〉는 달 관련된 프로그램에 수시로 등장하면서 시대를 초월한 팝의 신화로 널리 사랑받았다. 이와 관련 데이비드 보위는 2003년 인터뷰에서 이런 멘트를 남긴 바 있다. "그 사람들, 가사를 전혀 안 들은 게 분명해요. 설령 들었다고 하더라도 용기가 없었겠죠."♬

데이비드 보위의 증언에 의하면 BBC 간부가 "아, 맞아, 그 우주 노래, 톰 소령, 어쩌고저쩌고 그게 딱이겠다"라고 말하는 걸 지인 중 한 명이 목격했다고 한다. 즉 "부장님, 그 사람 마지막에 우주에 갇혀요. 좀 불길하지 않아요?"라고 반론을 제기할 누군가가 없었던 것이다. 따라서 〈Space Oddity〉는 회사 내 수직적 문화의 폐단을 비판하는 예로도 언급 가능하다. 과연 명곡은 쓰임새부터 남다르다고 해야 하나.

♫ 2003년 잡지
〈퍼포밍 송라이터Performing Songwriter〉와 인터뷰한 내용이다.

훌륭한 자극제로서의
골칫덩이

'로큰롤 명예의 전당The Rock and Roll Hall of Fame' 이라는 게 있다. 미국 클리블랜드에 실제 있는 장소다. 이름 그대로 로큰롤 명예의 전당에는 로큰롤의 전설이 모셔져 있다. 비유하자면 현대의 로큰롤 사당인 셈이다. 어쨌든 당신이 록 마니아라면 이곳은 미슐랭식으로 정의해 별 세 개짜리다. 방문을 목적으로 클리블랜드까지 가볼 가치가 충분하다.

그렇다면 질문을 던져야 한다. 로큰롤이란 무엇인지에 대해 한 번쯤 파헤쳐볼 필요가 있다. 로큰롤은 기본적으로 흑백의 조합이다. 흑인 R&B에 백인 컨트리를 양념처럼 더한 음악을 로큰롤이라 칭한다. 로큰롤이 탄생한 해는 1954년이라는 게 정설이다. 엘비스 프레슬리Elvis Presley가 데뷔곡 〈That's All Right〉을 발표한 해다. 엘비스 이전에 로큰롤이 없었던 건 아니다. 그보다 몇 개월 앞서 발매된 빌 헤일리 & 히스 코메츠Bill Haley & His Comets의 〈Rock Around The Clock〉이 대표적이다. 그러나 엘비스처럼 미 전역을 뒤흔들고, 나아가 월드 스타까지 된 경우는 없었다.

긍정적인 이유 하나, 부정적인 이유 하나가 있다. 전자로는 그의 천부적인 재능을 언급해야 한다. 엘비스 프레슬리는 가히 로큰롤의 프로메테우스적인 존재였다. 비평가 밥 스탠리가 썼듯 "수많은 뮤지션이 시행착오를 겪으면서 이뤄낸 성취를 그는 별 고민할 필요도 없다는 듯 단번에 해냈다." 그렇게 엘비스는 흑인 R&B와 백인 컨트리를 마치 세상에서 가장 자연스러운 조합인 양 섞어내면서 짠 하고 나타났다. 그것은 대중음악 역사상 가장 혁명적인 등장이었다.

반면 엘비스 없이도 로큰롤이 탄생했을 거라고 주장하는 부류가 있다. 어느 정도 일리 있는 말이다. 무엇보다 그가 잘생긴 백인이었기에 누릴 수 있었던 특혜를 간과할 수 없다. 실제로 엘비스 프레슬리 이전 여러 뮤지션이 로큰롤에 가까운 R&B를 시도했다. 그러나 치명적인 한계가 그들을 가로막았다. 차별받는 흑인이거나 백인일지라도 엘비스만큼 성적으로 매력적인 캐릭터를 갖추지 못했던 것이다. 엘비스 프레슬리는 대중음악에서 섹스어필이 얼마나 중요한지를 최초로 일깨운 주인공이다.

어쨌든 엘비스 프레슬리 이후 로큰롤은 록이라는 줄임말로 통용되면서 젊음의 사운드트랙으로 20세기를 지배했다. 별처럼 많은 록 뮤지션/밴드가 명멸하면서 대중을 열광에 빠뜨렸고, 이내 전설이 되었다. 로큰롤 명예의 전당은 이 전설(과 그들이 남긴 유품)을 한데 모아 기념하는 거대한 박물관이다.

이곳을 기획한 인물은 지금은 세상에 없는 아메트 에르테군Ahmet Ertegun이다. 레코드 비즈니스의 거물로 레이 찰스와 레드 제플린을 비롯한 다수의 전설을 발굴한 주역이다. 음반업계의 엘비스 프레슬리나 비틀스 비슷한 존재라고 생각하면 된다. 건축은 20세기 후반 최고 건축가로 인정받는 이오 밍 페I.M.Pei가 맡아 1995년 문을 열었다. 검색해보면 명예의 전당이라는 이름에 걸맞게 고대이집트 피라미드를 연상시키는 외관을 두르고 있음을 알 수 있다. 신비롭고 영험한 로큰롤의 범우주적 기운이 원기옥처럼 모여 있을 듯한 디자인이다.

이렇게 가정해보자. 당신은 록 마니아다. 소싯적 록 좀 들었다면서 어깨에 힘줘본 적이 없지 않다. 코로나가 종식되고, 버킷 리스트였던 로큰롤 명예의 전당을 관람하러 간다. 한데 당신은 어쩌면 당황할 수 있다. '록의 전설을 보러 왔는데 왜 저 사람이 여기 있는 거지'라고 의문을 품을 수도 있을 것이다. 물론 로큰롤 명예의 전당에는 이름만 들어도 고개를 끄덕일 법한 전설이 가득하다. 언급한 엘비스 프레슬리와 비틀스를 포함해 셀 수 없이 많다.

물음표를 그리게 하는 뮤지션 리스트는 대략 이렇다. 헌액자 중에는 마돈나와 휘트니 휴스턴Whitney Houston이 있다. 디스코 분야에서 정점을 찍은 비지스Bee Gees를 보며 갸우뚱할 사람도 있을 것이다. 록 아닌 팝 그 자체라 할 아바도 눈에 띈다. 힙합 쪽도 여럿 있다. 투팍2Pac과 노토리어스 B.I.G.The Notorious B.I.G.를 비롯해 갱스터 랩의 시조새라 할 N.W.A와 동부 힙합의 왕 제이지Jay-Z 등도 한자리를 차지한다.

추측하건대 한국에서 록이 협소한 범주로 받아들여졌기 때문일 확률이 높다. 우리가 록 하면 떠올리는 스테레오타입은 다음과 같다. 일단 복장은 무조건 가죽 재킷에 가죽 바지로 가줘야 한다. 여기에 강력한 보컬, 화려한 기타, 묵직하게 밑바탕을 깔아주는 베이스와 드럼 등등. 따라서 록이라기보다 하위 장르인 헤비메탈의 클리셰라고 볼 수 있다. 해외에서는 록을 더 큰 그림으로 파악한다. 다시 말해 음악으로 당대에 어떤 충격을 줬고 후대에 어떤 영향력을 발휘했는지를 중요시한다. 이를테면 마취제 아닌 각성제로서의 음악이다.

　　마돈나를 예로 들 수 있다. 마돈나는 댄스 뮤직을 했다. 동시에 1980년대 미국 사회에 파란을 몰고 왔다. 역사적으로 미국에서 1980년대는 보수주의, 가족주의 가치관이 팽배했던 시기로 분류된다. 이런 풍토 속에서 마돈나는 성적 욕망에 대한 자기 결정권을 주장하는 도발적 노랫말이 특징인 〈Like a Virgin〉으로 빌보드 싱글 차트 1위까지 올랐다. 요컨대 마돈나는 또 다른 곡 제목처럼 "(주저하지 말고) 자신을 표현하라(〈Express Yourself〉)"라고 선언한 역사상 최초의 여성 팝 스타다. 이게 바로 해외에서 마돈나를 록으로 간주하는 이유다. 비단 마돈나만은 아니다. 앞에서 언급한, 누군가에게는 의외일 수 있을 뮤지션/밴드가 로큰롤 명예의 전당에 입성한 근거 역시 이와 같다.

　　정리하면 록은 사운드이기 이전에 스타일이다. 스타일인 동시에 삶과 세상을 대하는 어떤 태도를 세상은 록이라고 부른다. 나의 경우 록을 다음처럼 정의하고 싶다. '그저 골칫덩이가 아닌 훌륭한 자극제로서의 골칫덩이.'

디지로그로 완성한
독보적인 앨범

: **마이클 잭슨** 《Bad》

인생 최초의 팝 앨범을 정확하게 기억한다. 마이클 잭슨의 통산 7집 《Bad》(1987)다. 따라서 처음으로 경험한 팝 노래는 타이틀이자 1번 트랙인 〈Bad〉다. 스트리밍은커녕 인터넷도 없던 초등학교 4학년 시절, 카세트테이프로 이 곡을 포함한 앨범 전체를 듣고 또 들었다. 지금은 세상에 없는 아버지가 미국 출장 갔다가 사 온 선물이었다.

이 추억에 관련해 몇 가지 할 말이 있다. 나는 〈Bad〉라는 곡이 무슨 뜻인지도 모르고 그저 좋아서 애청했다. 당연하다. 나는 고작해야 초등학생이었다. 대충 '나쁜 남자에 대한 이야기인가 보다' 하고 곡을 플레이했다. 가사는 중요하지 않았다. 음악을 듣는 것만으로도 심장이 격렬하게 요동쳤다.

1987년이었으니 BTS 멤버들은 태어나지도 않았을 때다. 한류라는 말이 탄생하려면 10년이 넘는 세월이 더 필요했다. 그랬다. 나는 〈Bad〉와 《Bad》를 통해 서구 대중문화에 대한 동경을 키웠다. 본격적으로 팝 음악의 세계에 빠져들었다. 요약하면 음악평론가로서 나라는 인간의 뿌리에 자리한 노래요, 앨범인 셈이다.

한데 이걸 어쩌나. 훗날 알게 된 〈Bad〉의 노랫말은 예상과는 거리가 멀었다. 이 지점에서 우리는 흥미로운 에피소드를 먼저 살펴볼 필요가 있다. 때는 1984년으로 거슬러 올라간다. 당시 마이클 잭슨은 형제들과 함께 투어를 돌고 있었다. 투어 중 짬을 내 어머니 선물을 사러 골동품 가게에 들어갔는데, 주인이 아무 이유 없이 자신에게 소리를 질렀다고 한다. "You're bad! You're bad!"

황당했을 것이다. 이게 뭐지 싶었을 것이다. 대중음악 자체를 멸시하는 부류의 사람이었을 확률이 높지만 밝혀진 건 없다. 이후 《Bad》 제작에 들어간 마이클 잭슨은 이 경험을 바탕으로 전에 없던 이미지를 창조하길 원했다. 요체는 '록'이었다. 프로듀서인 퀸시 존스Quincy Jones와 함께 마이클 잭슨은 《Thriller》(1982) 수록곡 〈Beat It〉의 록 접근법을 더욱 살리는 쪽으로 방향을 잡았다.

《Thriller》를 통해 마이클 잭슨은 아날로그 녹음이 성취할 수 있는 가장 완벽한 사운드를 들려주었다. 그러나 최고 전성기에 막 다다른 그에게 음악적인 욕망은 매일 새살처럼 돋아났다. 한계를 뛰어넘고자 한 그가 주목한 건 아날로그와 디지털의 결합, 즉 '디지로그'였다. 마이클 잭슨은 엔지니어 브루스 스웨디언Bruce Swedien과 함께 당시 평범한 뮤지션은 꿈도 못 꿀 하이엔드 디지털 기기를 구입해 《Bad》의 사운드를 조각했다. 천하의 마이클 잭슨 아닌가. 자본 따위 그에게 문제 될 리 없었다. 하긴, 언제나 문제가 되는 건 당신과 나의 운명처럼 얇은 지갑뿐이다.

이쯤에서 디지털과 록적인 터치가 대체 무슨 상관이냐는 물음표가 떠오를 수도 있을 것이다. 마이클 잭슨은 〈Bad〉를 비롯한 수록곡을 독보적이면서도 강렬한 사운드로 표현하길 원했다. 고민을 거듭하던 어느 날 기가 막힌 팁 하나가 떠올랐다고 한다. 디지털 테크놀로지를 활용해 소리의 높이를 전부 5퍼센트씩 올려 음색에 변화를 주는 방법이었다. 이 아이디어를 내자마자 퀸시 존스를 위시한 모든 스태프가 동의했다고 전해진다.

커버도 중요했다. 《Bad》 재킷을 보면 《Thriller》와 결이 다름을 곧장 파악할 수 있다. 사진 속 마이클 잭슨을 보라. 은빛 금속이 잔뜩 박힌 가죽 재킷을 입고, 무심한 듯 또렷한 표정으로 정면을 응시하고 있다. 가사도 마찬가지다. 마이클 잭슨에 따르면 타이틀 〈Bad〉는 〈Beat It〉의 폭력 반대 메시지를 직설적으로 확장한 결과물이라고 한다.

"대놓고 말하지 / 넌 잘못 살고 있어 / 널 정신 차리게 할 거야 / 너무 늦기 전에 말이야 / 네 눈에 보이는 거짓들 / 분명히 말해두지 / 귀담아들어야 해 / 싸움이나 걸지 말고 / 멋대로 지껄이지도 말라고 / 넌 전혀 남자답지 못해 / 네 약한 모습을 감추려고 / 남을 공격하고 있잖아."

그러면서 마이클 잭슨은 절정에서 이렇게 노래한다.

"너와 나 둘 중 누가 멋진 거지? / (폭력에 반대하는) 나야말로 진짜 멋지게 살고 있는 거야."

그렇다. 곡에서의 'bad'는 나쁘다는 의미가 아니다. '진짜 멋지다'는 거다. 영어로 하면 'super cool'하다는 뜻이다. 뮤직비디오도 찾아보길 권한다. 마이클 잭슨이 추구한 반反폭력 메시지를 더욱 명징하게 읽을 수 있는 까닭이다. 뮤직비디오의 마무리에서 마이클 잭슨은 〈Bad〉가 폭력 반대를 넘어 상대를 향한 존중을 노래하는 곡임을 보여준다.

사족 하나 달아본다. 이 뮤직비디오는 나중 거물이 되는
웨슬리 스나입스Wesley Snipes의 스크린 데뷔작이기도 하다.

　　원래 마이클 잭슨과 퀸시 존스는 이 곡을 듀엣으로
녹음할 계획이었다. 놀랍게도 대상은 당시 언론에 의해
대결 구도를 형성하던 프린스Prince였다. 이 프로젝트가
성사된다면 가히 불을 머금은 불이 될 수도 있을 터였다.
최종적으로는 무산됐지만 프린스는 곡 회의까지 참여하면서
마이클 잭슨에 대한 리스펙트를 보여줬다. "이 곡은 내가
없어도 돼요. 이미 훌륭한 곡이니까요." 이 만남이 꽤 유쾌했던
프린스는 이후 한 인터뷰에서 이런 후일담을 남기기도 했다.

　　　　첫 가사가 "네 엉덩이는 내 거야Your butt is mine"
　　　　잖아요? 그래서 마이클에게 물어봤죠. "이 가사는 누가
　　　　누구한테 부르는 거야? 네가 나한테 부르진 않을 거고,
　　　　나 역시 너에게 부를 순 없어." ♬

　　기실 "Your butt is mine"은 성적인 뉘앙스가
아닌 '너는 나한테 안 된나'는 속뜻을 지니고 있는 구절이다.
그러니까 서로를 리스펙트하면서도 끝내 지켜야 할 자존심이
두 천재 모두에게 있었던 것이다. 이런 게 바로 진정한
의미에서의 존중이리라.

♬　제프 자일스Jeff Giles가
2017년 음악 웹사이트
Diffuser.fm에 기고한
〈The Prince and Michael
Jackson Collaboration That
Never Happened〉에 나온다.

미국 음반 산업을 구한 전설의 앨범

: 마이클 잭슨《Thriller》

1982년 어느 날 마이클 잭슨의 프로듀서 퀸시 존스를 중심으로 샌타모니카에서 긴급회의가 소집됐다. 그는 프로덕션 팀에 엄청난 과제를 발표했다. "좋아요, 여러분. 우리가 음반 산업을 구해보자고요!" 주어진 데드라인은 그해 11월 30일. 그들은 발매 일정에 맞춰 마이클 잭슨과 함께 《Thriller》를 완성해야 했다.

당시 미국 음반업계는 큰 위기를 맞았다. 예를 들어 마이클 잭슨의 소속사였던 CBS의 경우 1982년 매출은 10억 달러였지만 수익은 고작 2,200만 달러였다. CBS는 8월 13일에 공장 두 곳을 폐쇄하고 직원 300명을 해고했다. 전후 음반업계에서 손꼽힐 만한 불황이었다.

승리가 절실히 필요했던 CBS 사장은 1979년 디스코 블록버스터 《Off The Wall》 이후 앨범을 발표하지 않고 있던 마이클 잭슨에게 전화를 걸었다. 메시지는 간단했다. 음악을 만들고, 포장하고, 매장에 진열할 또 다른 스매시 히트가 다가올 크리스마스 시즌을 위해 필요하다는 것이었다. 퀸시 존스가 긴급회의를 소집한 이유였다.

실제로 마이클 잭슨의 《Thriller》는 당시 레코드 산업을 구했다. 9곡으로 구성된 트랙 리스트에서 7곡의 싱글이 모두 톱 10에 진입했고, 음반은 37주 동안 1위를 유지했다. 발매 1년 만에 CBS는 《Thriller》로 6,000만 달러를 벌어들였다. 보수적으로 추산해도 이 앨범의 판매량은 현재까지 대략 5,000만 장이다. 1억 장이 넘는다는 주장도 있다.

〈Beat It〉은 이 앨범의 핵심에 위치한 곡 중 하나다. 빌보드 싱글 차트 1위에 올랐고, 지금도 라디오 리퀘스트가 끊이지 않는다. 전 세계 수많은 커버 밴드 사이에서 여전히 인기 만점이기도 하다. 유튜브에 'Beat It Cover'라고 쳐보면 리스트가 끝도 없이 나올 것이다.

노래의 골격은 '록'이다. 퀸시 존스의 추천이었다고 한다. 대강의 스토리는 이렇다. 어느 날 그가 마이클 잭슨에게 "록 음악이 필요해. 이런 스타일로 한번 만들어봐"라면서 곡 하나를 건넸다. 〈Beat It〉처럼 지금도 어디선가 아마추어 밴드가 카피하고 있을 곡의 정체는 더 낵The Knack의 〈My Sharona〉였다. 이후 퀸시 존스와 함께 작곡에 들어간 마이클 잭슨은 다음 같은 곡을 쓰고 싶었다고 인터뷰에서 밝혔다.

그런 곡을 쓰고 싶었어요. 만약 내가 록 음악을 좀 듣고 싶을 때 선택할 수 있는 곡. 어른뿐만 아니라 애들도 정말 즐길 수 있는 곡, 초등학생이든 대학생이든 모두가 즐길 수 있는 노래 말이에요.♫

그런데 정말로 그런 일이 일어났다. 초등학생, 대학생이 문제가 아니었다. 연령, 성별, 인종 무관하게 전 세계가 열광을 바친 것이다. 그러니까, 퀸시 존스의 전략은 (흑인) R&B와 (흑인음악에 뿌리를 두고 있지만 주로 백인이 선호하는) 록의 결합이었다. 그는 이런 방법론을 통해 더 큰 시장을 타깃으로 삼았다. 세상은 이를 '크로스오버'라고 불렀다.

한데 이 곡의 주역은 마이클 잭슨의 보컬만이 아니다. 폭풍처럼 휘몰아치는 에드워드 밴 헤일런Edward Van Halen의 기타 솔로를 빼놓을 수 없다. 처음엔 장난 전화인 줄 알았다고 한다. '마이클 잭슨이 대체 왜 나에게?' 싶었을 것이다. 이후 전화가 진짜임을 알게 된 밴 헤일런은 스튜디오로 가서 팝 역사에 영원히 남을 명품 솔로를 녹음했다. 단, 밴 헤일런이 연주한 건 '솔로'뿐이다. 솔로를 제외한 리드 기타는 토토Toto의 스티브 루카서Steve Lukather가, 리듬 기타는 폴 잭슨 주니어Paul Jackson Jr.가 맡았다.

하나 더 있다. 기타 솔로가 시작되기 직전에 문을 노크하는 듯한 소리가 나온다. 마이클 잭슨이 드럼 케이스를 두드려서 녹음한 소리다. 크레디트를 보면 '마이클 잭슨 드럼 케이스 비터beater'라고 표기되어 있다. 여기서도 'beat'라는 단어를 활용한 것이다.

가사 내용은 두 갱gang의 갈등을 골자로 한다. 영화 〈웨스트 사이드 스토리〉에서 영향받은 것인데, 폭력에 반대하는 메시지를 담고 있다는 점이 중요하다. 마이클 잭슨은 이 곡에서 싸움 따위 멈추고, 상남자인 척 제발 그만하고, 그냥 "떠나Beat it!"라고 노래한다. 마이클 잭슨이 꾸준히 천착해온 평화를 향한 메시지가 녹아 있는 셈이다.

♬ 곡이 인기를 얻고 있을 당시 〈JET Magazine〉과 진행한 인터뷰 내용이다.

원본을 풍요롭게 해주는 주석

: 밥 딜런 전기 영화 〈컴플리트 언노운〉

밥 딜런에 대한 해외 석박사 논문을 살펴보면 결국 찾다가 포기하게 된다. 이유는 단순하다. '너무 많기' 때문이다. 정말이다. 한도 끝도 없이 나온다. 한국과 미국을 비교하면 밥 딜런의 위상은 천양지차다. 해외에는 '딜러놀로지Dylanology'라는 학문이 실제로 존재한다. 밥 딜런의 음악을 각 잡고 연구한 역사가 이미 오래다.

한국의 경우 일단 논문부터 몇 편 안 된다. 앨범 판매량도 처참하다. 마니아를 제외하고 대부분이 아는 노래를 꼽는다면 손가락 세 개, 많아야 다섯 개로 충분하다. 영화 제목 그대로 '컴플리트 언노운'이다. 게다가 〈컴플리트 언노운〉은 미국 영화다. 그것도 지극히 미국적인 영화다. 그렇다면 믿을 구석은 하나밖에 없다. 당대의 슈퍼스타가 주연을 맡았다는 것이다.

티모테 샬라메Timothée Chalamet에게 할 수 있는 최대의 찬사를 보내야 한다. 그는 이 영화에서 진짜 밥 딜런이 되었다. 영화에서 그는 밥 딜런처럼 말하고, 밥 딜런처럼 노래한다. 그냥 복제에 불과한 것 아니냐고 반문할 수 있을 것이다. 전혀 그렇지 않다. 이를테면 티모테 샬라메와 〈컴플리트 언노운〉은 밥 딜런이라는 역사에 대한 깊이 있는 주석이다. 주석은 원본을 뛰어넘지 못한다. 그러나 주석은 원본을 더 풍요롭게 해줄 수 있다. 바로 이 영화의, 더 나아가 잘 만든 전기 영화의 존재 이유다.

영화를 온전히 느끼고 싶다면 1960년대 미국 역사

공부는 선택이 아닌 필수다. 밥 딜런은 미네소타 히빙Hibbing 출신으로 그의 표현에 따르면 그곳은 "너무 추워서 반항조차 할 수 없는" 광산 마을이었다. 일찍이 이 후미진 마을을 탈출한 밥 딜런은 뉴욕에서 역사상 가장 단단한 신을 발견했다. 바로 그리니치빌리지의 포크 리바이벌 신이다. 이 신을 중심으로 수많은 포크 뮤지션이 활동하는 다양한 명소가 생겨났다. 그중 카페 와Café Wha?와 가스라이트The Gaslight, 포크 시티Folk City 등의 클럽이 중요하다. 이 클럽들에서 '후테나니스hootenannies'라고 불리던, 일종의 오픈 마이크의 밤이 열렸기 때문이다. 이 카페들과 후테나니스의 광경이 영화에 나온다.

오픈 마이크의 밤이 되면 비트족의 시詩와 포크 뮤지션의 노래가 공간을 수놓았다. 비단 시와 노래만은 아니다. 당시 포크 뮤지션 중 많은 수가 스탈린주의자 혹은 트로츠키주의자였다. 그들은 노래하다가도 한데 모여 언쟁을 벌였다. 영화 초반에 훗날 밥 딜런에게 기회의 문을 열어주는 포크 뮤지션 피트 시거Pete Seeger가 반국가 혐의로 재판받는 신이 나온다. 피트 시거는 공개적으로 자신이 공산주의자임을 밝힌 뮤지션이었다. 그의 거대한 존재감은 곧 어쿠스틱 포크 가수는 공산주의자라는 선입견을 낳았다. 이 재판은 이런 배경 때문에 벌어진 실제 사건이다. 영화 후반부에 피트 시거는 밥 딜런의 '전기화된electric' 포크에 격렬하게 저항하다 못해 도끼를 들고 전기선을 끊어버리려 한다. 아주 유명한 실화다.

피트 시거 역은 에드워드 노턴Edward Norton이 맡았다.

밥 딜런이 뉴욕으로 오자마자 찾아간 사람은 그가
존경해마지않던 포크의 전설 우디 거스리Woody Guthrie였다.
당시 우디 거스리는 육체적, 정신적으로 무너져 정신병원에
입원해 있었다. 끝까지 그의 곁을 지킨 인물이 피트 시거다.
우디 거스리의 경우 〈This Land Is Your Land〉라는
대표곡이 영화 속에서 흐른다. 조지 클루니George Clooney가
주연한 영화 〈인 디 에어〉(2009)의 오프닝에서 샤론 존스 &
더 댑-킹스Sharon Jones & The Dap-Kings의 연주와 목소리로
나왔던 그 곡이다. 피트 시거는 자신의 밴드 위버스The
Weavers를 통해 영화에도 나오는 〈The Lion Sleeps
Tonight(Wimoweh)〉을 세상에 소개했다. 애니메이션
〈라이언 킹〉으로 더 유명해진 그 노래다. 기실 〈The Lion
Sleeps Tonight(Wimoweh)〉은 아프리카 대륙을 향한 착취의
역사를 압축하고 있는 곡이다. 이 책에 노래의 배경을 자세히
설명했다(이 장 마지막 부분에 있다).

밥 딜런에 대해 얘기해야 할 차례다. 사실 밥 딜런은
정의하기 쉽지 않은 뮤지션이다. 일단 앨범을 엄청나게 많이
발표했다. 정규 앨범만 40장이다. 기독교 신앙을 표방한
앨범도 세 장이나 냈다. 지금까지 밥 딜런 관련 영화 중 가장
널리 알려진 작품은 〈아임 낫 데어〉(2007)일 것이다. 감독은
토드 헤인스Todd Haynes, 총 여섯 명의 배우가 밥 딜런 역할을
맡아 연기를 펼쳤다. 어떤 동료 가수는 밥 딜런을 이렇게

표현했다. "밥 딜런의 내부에는 12명의 밥 딜런이 있다." 쉽게 말해 정의할 수 없는 뮤지션이라는 것이다.

물론 밥 딜런의 역사를 간략하게나마 나눌 수 없는 건 아니다. 1960년대 초반 그는 포크 순수주의자로 출발했다. 영화에서 작곡하는 장면까지 나오는 대표곡 〈Blowin' in the Wind〉(1963)가 이 시절을 상징한다. 그러나 1960년대 중반 밥 딜런은 어쿠스틱 포크를 버리고 과감하게 포크 록을 시도했다. 〈컴플리트 언노운〉의 절정이 이때를 그린다. 영화에서 잠깐 언급되는 것처럼 그가 록을 선택한 데는 무엇보다 비틀스의 영향이 컸다. 비틀스 역시 밥 딜런을 존경했다. 특히 존 레넌은 존경을 넘어 거의 숭배했다고 전해진다. 그러던 차인 1964년 8월 28일, 당시 비틀스가 묵고 있던 뉴욕 델모니코 호텔에서 밥 딜런과 비틀스의 첫 만남이 이뤄졌다.

이때 자료를 보면 아주 재미있다. 요약하면 밥 딜런이 먼저 분위기를 풀기 위해 "내가 기가 막힌 대마초를 구해왔는데 함께 피자"고 제안했다. 비틀스는 당황했다고 한다. 그때까지 대마초를 해본 적이 없었기 때문이다. 그러니까 밥 딜런이 이렇게 물었다고 한다. "'high(대마초에 취하다)'라고 노래하는 곡이 있잖아요?" 〈I Want to Hold Your Hand〉의 노랫말 중 'hide'를 'high'로 잘못 알아들은 것이다.

어쨌든 이때부터 밥 딜런은 비틀스가 몰고 온 로큰롤 열풍을 자신의 음악에 섞기로 결심한다. 그런데 문제가 있었다. 당시 포크 신이 로큰롤을 전혀 좋아하지 않았다는 것이다.

포크 입장에서 비틀스의 로큰롤은 '애들이나 하는 상업적인 음악'이었다. 반면 포크는 '음악으로 사회에 긍정적인 변화와 진보를 이끌어내는 순수한 음악'이었다. 예전 클래식 음악가 중에는 대중음악의 '전기로 증폭한 사운드'가 음악의 순수성을 해친다고 생각하는 사람이 많았다. 이것과 똑같다. 어쿠스틱 악기만 고집했던 당시 포크 뮤지션들은 전기기타를 비롯해 음량을 인위적으로 증폭시킨 로큰롤을 조금도 인정하지 않았다.

밥 딜런은 1960년대 초반, 즉 비틀스와 로큰롤을 의식하기 전까지는 인권 운동, 전쟁 반대 운동과 강하게 연결됐다. 대표적으로 마틴 루서 킹 주니어Martin Luther King Jr. 목사가 'I Have a Dream' 연설을 한 바로 그날, 같은 공간에서 노래까지 불렀다. 그런데 이때부터 수많은 언론과 대중이 그를 시대의 목소리로 규정하고 떠받들기 시작했다. 처음에는 좀 좋았을 것이다. 마침내 원하던 성공을 손에 넣었으니 말이다. 그러나 점차 밥 딜런은 '나의 동의 없이 나를 규정하는 외부의 목소리'에 대해 반감을 느꼈다. 밥 딜런의 자서전을 보면 이렇게 쓰여 있다. "나는 어떤 세대에 내가 속해 있다고 생각해본 적 없고, 나를 대변자라고 부르는 한 세대가 있다고 생각해본 적도 없다." 1964년에 발표한 〈All I Really Want to Do〉의 가사도 비슷한 맥락에서 볼 수 있다. "너를 단순화하거나 분류하고 싶지 않다."

그는 스스로 신비를 창조한 인물이었다. 자신의 본명과

유대인이라는 사실을 주변에 거의 얘기하지 않았다. 영화에서 여자 친구가 "당신은 대체 누구야?"라는 식으로 불만을 터뜨린다. 실제로도 그랬다. 밥 딜런의 실존 여자 친구 수즈 로톨로Suze Rotolo는 결국 그가 "아무것도 말하지 않았다"는 점을 깨닫고는 그를 떠나버렸다. 영화에 나오는 여자 친구의 이름은 실비아. 엘 패닝Elle Fanning이 연기했는데 연인이었던 수즈 로톨로와 나중에 결혼하고 이혼하는 세라 로운즈Sara Lownds를 섞어놓은 가상의 캐릭터다. 10을 전체로 하면 수즈 로톨로가 9, 세라 로운즈는 1 정도 된다.

영화는 1965년 뉴포트 포크 페스티벌에서 밥 딜런이 일렉트릭 세트를 들고 나와서 충격을 준 무대로 강렬하게 마무리된다. 포스터를 한번 보기 바란다. 티모테 샬라메가 전기기타를 들고 있다. 지금이야 당연하게 받아들여지는 악기지만 앞서 강조한 것처럼 당시 포크 신에서 전기로 증폭된 음악을 한다는 건 있을 수 없는 일이었다. 한데 그걸 밥 딜런이 저질러버린 것이다.

역사는 결국 밥 딜런을 승자로 기록한다. 이때 선보인 노래 〈Like a Rolling Stone〉이 빌보드 싱글 차트 2위에 오르면서 대히트를 친 것이다. 지금까지도 이 곡은 음악 잡지에서 '역사상 가장 위대한 곡'을 꼽을 때 5위 안에는 무조건 드는 팝 고전으로 인정받는다.

만약 전기 영화의 첫 번째 미덕이 충실한 고증과 성실한 재현이라면 〈컴플리트 언노운〉은 적어도 음악적 측면에서 나무랄 구석이 없는 작품이다. 딜런은 지적 섬세함과 자기 파괴적 열망을 함께 지닌 예술가다. 1965년 포크 록 실험을 포함해 평생에 걸쳐 스스로를 낯설게 하는 균열적 방식으로 자신을 호명하고 분류하는 행위에 저항했다. 이 점을 기억하면 영화 보기에 분명 도움이 될 것이다. 그 모든 출발이 이 영화가 그리는 1965년 뉴포트 포크 페스티벌의 일렉트릭 세트에 위치한다.

신으로 추앙받던
과거의 재구성

: 에릭 클랩턴

'기타' 하면 떠오르는 연주자가 몇 있다. 에릭 클랩턴Eric Clapton이 그중 하나다. 그는 1960년대에 혜성처럼 등장해 "클랩턴은 신 god이다"라는 찬사를 받았다. 그의 나이 불과 23세 때의 일이었다. 후대에 미친 영향력 역시 타의 추종을 불허한다. 지미 헨드릭스Jimi Hendrix 정도를 제외하면 전기기타의 역사에서 에릭 클랩턴보다 거대한 존재는 없다. 그는 위대한 기타리스트이자 탁월한 작곡자였다. 괜찮은 보컬리스트이기도 했다.

그의 커리어에는 언제나 블루스가 있었다. 블루스는 기본적으로 흑인음악이다. 아프리카에서 강제로 끌려온 흑인 노예들이 미국 남부 목화밭에서 일하면서 부르던 음악이 블루스다. 이후 이 블루스가 대도시 시카고로 건너가면서 전기기타를 만나 '리듬 앤드 블루스'가 되고, 컨트리와 결합한 뒤에는 명칭이 자연스럽게 바뀐다. 우리가 '로큰롤'이라고 정의하는 그 음악이다.

에릭 클랩턴은 블루스 순수주의자였다. 그가 처음 주목받은 계기 역시 블루스 록 밴드 야드버즈를 통해서였다. 흥미로운 점이 있다. 그가 야드버즈를 탈퇴한 이유 역시 블루스 때문이었다는 거다. 야드버즈가 점점 '팝'으로 변하는 데 염증을 느낀 에릭 클랩턴은 밴드 하나를 더 거친 뒤 1966년 록 3인조 크림을 결성한다.

무엇보다 크림은 대중음악 역사상 처음 등장한 '슈퍼 그룹'으로 인정받는다. 당대 최고 연주자가 한데 모였다는 이유에서였다. 에릭 클랩턴 외에 베이시스트 잭 브루스Jack Bruce, 드러머 진저 베이커Ginger Baker가 그들이다. 이 셋이 연출한 무대는 1960년대 음악계에 전례 없는 충격을 던져줬다. 그중에서도 재즈처럼 즉흥연주를 10분 넘게 이어가는 방식은 기왕의 록에는 없던 새로운 도전이었다. 실제로 드러머 진저 베이커는 스스로를 록 아닌 재즈 드러머로 규정했다.

크림의 대표곡으로는 다음 셋을 꼽을 수 있다. 발매 순서대로 〈Sunshine of Your Love〉(1968), 〈White Room〉(1968), 그리고 〈Crossroads〉(1969)다. 〈Crossroads〉는 블루스 고전을 커버했다는 점에서 그들의 뿌리를 알 수 있는 곡이다. 〈Sunshine of Your Love〉는 창작이지만 진득한 블루스를 전면에 내세워 격찬을 이끌어냈다. 마지막으로 〈White Room〉은 블루스에 바탕을 두되 사이키델릭과 하드 록을 섞어 입체적인 사운드를 일궈낸 곡이다. 2019년 개봉한 영화 〈조커〉에 배경음악으로 쓰여 화제를 모으기도 했다.

세 곡의 공통점도 물론 있다. 당시 평범한 연주자는 꿈도 못 꿀 만큼 기술적이면서도 강렬한 연주를 들려줬다는 거다. 이게 바로 핵심이다. 우리는 보통 에릭 클랩턴을 '슬로 핸드'라고 부른다. 한데 앞의 세 곡만 감상해도 그의 연주가 전혀 '슬로'하지 않음을 알 수 있다.

또 다른 예는 얼마든지 더 있다. 여러분 중 많은 수가

〈Layla〉라는 곡을 알고 있을 것이다. 에릭 클랩턴이 데릭 & 더 도미노스Derek & The Dominos 시절인 1971년 발표한 곡이다. 들어보면 이 곡 역시 조금도 '슬로'하지 않다. 물론 곡 종결부에 '슬로'한 슬라이드 기타가 나오기는 한다. 이 연주는 에릭 클랩턴이 아닌 듀에인 올먼Duane Allman의 솜씨다. 그런데도 우리는 아주 오랫동안 에릭 클랩턴을 슬로 핸드라고 불렀다. 슬로 핸드는 1977년 발매한 에릭 클랩턴의 솔로 앨범 타이틀이기도 하다.

결론부터 적어본다. 에릭 클랩턴이 슬로 핸드라고 불린 건 연주가 슬로해서가 아니었다. 정말이다. 에릭 클랩턴이 직접 쓴 자서전에 나오는 내용이다. 그가 슬로 핸드라는 별명을 얻은 건 야드버즈 시절이다. 그는 공연 도중 기타 줄이 끊어지면 연주를 중단하고 기타 줄을 무대 위에서 '직접' 교체하는 습관이 있었다. 그러던 어느 날 시간이 꽤 소요되자 관객석에서 다 같이 손뼉을 천천히 쳤다. 짝. 짝. 짝. 짝. 요컨대 '공연을 다시 시작해달라'는 무언無言의 요청인 셈이다.

영국에서는 전통적으로 이걸 '슬로 핸드 클랩'이라고 부른다. 이 광경을 재미있게 구경하고 있던 동료 연주자가 이후 에릭 클랩턴을 슬로 핸드라 놀렸다고 한다. 즉 슬로 핸드는 연주 속도와는 아무런 상관이 없는 별명이다. 차라리 기타 줄 가는 게 너무 느려서 붙었다고 보는 게 맞는다.

그렇다면 왜 한국에서는 슬로 핸드가 잘못된 뜻으로 통했을까. 〈Wonderful Tonight〉이나 〈Tears in Heaven〉,

〈Let It Grow〉처럼 유독 템포가 느리고 분위기가 유장한 곡이 사랑받아서였을 확률이 높다. 일종의 근거 없는 '뇌피셜'이었던 셈이다.

어쨌든 에릭 클랩턴은 이 별명을 꽤 선호했다. 이후 아예 음반 제목으로 내건 이유이기도 하다. 자서전을 보면 미국 관객이 특히 슬로 핸드라는 수식을 좋아했다고 한다. 서부영화에 등장하는 총잡이 같은 인상을 줬기 때문인 듯하다고 적혀 있다. 그렇다. 적어도 이건 '뇌피셜'이 아니다. 신뢰해도 좋을 '본인피셜'이다.

이제 음악 외적인 측면을 한번 살펴보자. 에릭 클랩턴은 끊임없이 구설수에 올랐던 인물이다. 대표적으로 1976년 그는 지금도 회자되는 인종차별적 발언으로 비판받았다. 당시 에릭 클랩턴은 심각한 알코올의존자였다. 술에 취해 무대에 오른 그는 믿을 수 없는 발언을 쏟아냈다. 요약하면 "흑인과 이민자를 영국에서 쫓아내야 한다"는 것이었다.

심각한 역설이었다. 에릭 클랩턴 음악의 뿌리는 블루스다. 블루스란 무엇인가. 앞서 설명한 것처럼 흑인음악이다. 재즈와 함께 이후 모든 대중음악의 뿌리가 되는 원천 장르다. 실제로도 그는 자신의 음악 영웅으로 흑인 블루스 기타리스트를 여럿 꼽은 바 있다. 그랬던 그가 "흑인을 영국에서 추방해야 한다"라고 주장한 것이다. "Keep Britain White." 당시 그가 직접 외쳤던 구호다. 여기에 더해 에릭 클랩턴은 극우주의 정치가 이넉 파월Enoch Powell을 지지하면서 더 큰 충격을 던져줬다.

　　에릭 클랩턴의 말과 행동에 분노한 사람 중에는 이후 '인종차별에 반대하는 록Rock Against Racism' 캠페인 설립에 결정적인 영향을 준 사진작가 레드 손더스Red Saunders도 있었다. 그는 에릭 클랩턴의 인종차별적 발언과 관련해, 음악 전문지 〈NME New Musical Express〉를 통해 다음 같은 내용의 편지를 띄웠다.

> 대체 무슨 일이야 에릭? 뇌 손상이라도 입은 거야?
> 극우주의자 편을 들더니 영국이 흑인에 의해
> 식민지화됐다고? 요즘 왜 이래. 쓰레기 같은 소리를
> 너무 늘어놓고 있잖아. 잘못을 인정하라고. 네가 하는
> 음악의 절반 이상이 흑인음악이야. 너야말로 록 역사상
> 가장 거대한 식민주의자 아냐? 넌 훌륭한 뮤지션이지만
> 블루스와 R&B가 없었다면 뭐가 됐겠어?

　　몇 년 전에도 에릭 클랩턴은 논란의 중심에 섰다. 코로나 백신에 치명적인 독성 물질이 있다고 주장하는 안티 백신 음모론자 캠벨 매클로플린Cambel McLaughlin에게 후원금을 대는 것도 모자라 직접 안티 백신 송가 〈This Has Gotta Stop〉을 작곡해 발표한 것이다. 하나 더 있다. 텍사스주 주지사 그레그 애벗Greg Abbott과 활짝 웃는 얼굴로 함께 사진을 찍은 게 문제가 됐다. 그레그 애벗은 임신 6주

이상일 경우 강간에 의한 임신일지라도 낙태를 금지하는 법을 통과시킨 정치인이다.

얼마 전 음악 전문지 〈롤링 스톤〉은 '역사상 가장 위대한 곡과 앨범 500'의 최신 개정판을 발행했다. 이 리스트를 요약하면 흑인 뮤지션의 대약진이라고 정리할 수 있다. 따라서 이것은 '기타를 든 백인'의 전면적인 후퇴이기도 했다. 흐음. 기타를 든 백인이라. 〈롤링 스톤〉의 과거 음악에 대한 재평가와 에릭 클랩턴의 현재가 어쩐지 무관치 않은 것처럼 보인다. 과연 그렇다. 과거가 현재를 만들기도 하지만 현재가 과거를 또한 '재'구성하는 것이리라.

매력적으로 시끄러운
청각적 쾌감

: **오아시스** 《Definitely Maybe》

정확한 워딩은 기억나지 않는다. 그러나 노엘 갤러거Noel Gallagher가 강조하고자 했던 핵심을 추려보면 다음과 같다. "사람들이 온통 《(What's The Story) Morning Glory?》(1995)만 최고로 치는데 내 생각에는 《Definitely Maybe》(1994)가 더 훌륭하다." 대중적인 성공의 척도로만 재자면 《(What's The Story) Morning Glory?》가 1위일 것이다. 이건 볼 것도 없다. 그러나 적어도 당신이 오아시스의 '찐팬'이라면 노엘 갤러거가 말하고자 한 의도가 무엇인지 알 것이다. 뭐랄까. 《Definitely Maybe》라는 앨범은 오아시스 그 자체이기 때문이다.

도발적이다. 패기가 넘친다. 앨범의 처음부터 마지막까지, 조금도 타협하지 않겠다는 결기 같은 게 느껴진다. 이유라고 해봤자 별것 없다. 나는 젊고 야심에 차 있으며, 세상은 이미 내 장난감이 될 준비를 끝마친 것처럼 보이는 까닭이다. 이게 전부다. 그러니까 까불지 마라. 나는 영원의 생명을 누릴 로큰롤 스타다. 비틀스를 경험해보지 못한 세대여, 우리가 고한다. 걱정 따위는 집어치워라. 여기, 오아시스가 나가신다.

세다. 강력하다. 그들의 기반이 펑크임을 알 수 있는 기타 리프가 벼락처럼 내리친다. 〈Rock 'N' Roll Star〉말이다. 단지 펑크만은 아니다. 그들은 여기에 기가 막힌 멜로디를 심어놓았다. 이런 방향성을 극대화해 비틀스에 더욱 가까워진 결과물이 2집이라고 보면 된다. 그들은 로큰롤 스타답게 뻔뻔하기까지 하다. 음반에 실린 〈Shakermaker〉가 뉴 시커스The New Seekers의 곡 〈I'd like To Teach The World To Sing〉을 표절한 것으로 판명 나자 노엘 갤러거는 자신의 차용 미학에 대해 당당한 어조로 의견을 밝혔다. "어떤 것도 새로운 건 없다. 만약 비틀스가 셔를스The Shirelles로부터 뭔가를 갈취하지 않았다면 대체 뭘 할 수 있었겠나?"

괜히 흉내 내고 싶어지는 리엄 갤러거Liam Gallagher의 막가파 보컬은 또 어떤가. 그는 섹스 피스톨스The Sex Pistols의 프런트 맨 조니 로튼Johnny Rotten의 유일무이한 직계다. 그렇게 허리를 굽혀서 생목으로만 질러대면 성대 나가지 않겠냐고 묻지 마라. 내 몸은 내가 알아서 챙긴다. 평범한 인간은 오지도 않은 미래를 걱정하며 살지만 로큰롤 스타는 다르다. 로큰롤 스타는 오직 오늘만 산다.

정말 그랬다. 그들은 거침이 없었다. 후배든 선배든 걸리면 여지없었다. 물론 그것은 자신감으로 충만했기에 가능한 독설이었다. 그중에서도 다큐멘터리 〈슈퍼소닉〉에서 스팅과 필 콜린스Phil Collins를 입으로 '아작 냈던' 장면을 잊지 못한다. 그러면서 노엘 갤러거는 이렇게 당시를 회상한다. "실력은 좀 모자랐지만 우리에게는 기백이 있었고, 뭉쳤을 때 훨씬 강했어."

오아시스가 바닥에서 실력을 갈고닦을 때 영국에는 레이브rave 광풍이 불었다. 수많은 젊은이가 클럽에 가서 약을 먹고 춤을 췄다. 오아시스 멤버에게 유혹이 없었을 리 없다.

"친구들이 가자고 해도 우린 그냥 합주실에나 갔어. 클럽에서 나오는 음악, 나는 도저히 이해가 안 됐거든." 이후 같은 합주실을 쓰던 다른 밴드 멤버의 소개로 간 클럽 공연에서 저 유명한 앨런 맥기Alan McGee를 만나면서 오아시스라는 전설이 시작된다.

〈Married With Children〉을 제외한 수록곡 전부가 제목 그대로 'Supersonic'하다. '청각을 향해 돌격하는 소리의 대공습'이다. 쾌감으로 질주하는 로큰롤이다. 언급한 곡들 외에 절정을 꼽자면 〈Cigarettes & Alcohol〉이 대표적일 것이다. 〈슈퍼소닉〉 속 표현을 그대로 빌리자면 "악동 같고, 공격적이고, 성질 고약하게 들리는 사운드"다.

그렇다고 단지 드라이브를 강하게만 가져간 거라고 오해해서는 안 된다. 오아시스는 절묘하게 사운드 밸런스를 조정해 '매력적으로 시끄러운 톤'을 완성해냈다. 인터뷰에 따르면 리코딩 초기에는 소리를 잡느라 애를 먹었는데, 프로듀서 마크 코일Mark Coyle과 오웬 모리스Owen Morris가 엔지니어로 합류해 문제를 해결했다고 한다.

결국 음악만이 아닌 캐릭터 싸움에서 독보적인 위치를 점한 덕분이라고 생각한다. 오아시스의 음악은 당연히 좋은데, 갤러거 형제의 거침없는 언행이 더해져 팬들에게 통쾌함을 선물한 것이다. 과연 진정한 슈퍼스타는 음악만으로 만들어지지 않는다. 음악 외에 그 누구와도 다른 퍼스낼리티를 둘러야 슈퍼스타 반열에 오를 수 있다.

수많은 팬이 그들의 재결합을 바라고 있지만, 전망은 밝지 않은 듯 보인다. 리엄 갤러거의 다큐멘터리 〈As It Was〉를 본 팬이라면 동의할 것이다. 무엇보다 이 다큐멘터리에서는 오아시스의 음악을 만날 수 없다. 저작권자인 노엘 갤러거가 허락하지 않은 까닭이다.

이유는 하나 더 있다. 놀랍게도 리엄 갤러거는 자신의 솔로 1집 《As You Were》(2017)와 2집 《Why Me? Why Not.》(2019)을 통해 완벽하게 부활했다. 지금 영국의 10대와 20대는 이 옷 잘 입는 쿨한 중년 아저씨를 정말이지 좋아한다. 그의 공연장에 가면 30대 이상이 아니라 10대와 20대의 비중이 도리어 높다고 한다.

〈As It Was〉에서 나온 다음 멘트로 글을 맺는다. 노엘 갤러거에 대한 평가다. "노엘은 음악을 과대평가했어요. 그리고 리엄을 과소평가했죠."

오아시스야말로 완전체라는 걸 모르지 않는다. 그런데 재결합은 어려울 거 같다. 형과 동생 둘 모두 부족할 게 없는 상황이기 때문이다. 내 예측이 틀리기만 바랄 뿐인데, 아무래도 맞을 듯싶다.♫

♫ 아니나 다를까. 내 예측은
이번에도 틀렸다. 오아시스의
재결합은 결국 성사되었다.

아웃사이더의 반란

: **너바나** 〈Smells Like Teen Spirit〉

질문이다. 1990년대를 정의한 록 음악을 딱 세 곡만 꼽아야 한다면 어떤 선택을 할 것 같나. 글쎄, 확언할 순 없지만 다음 세 곡이 될 확률이 높지 않을까 싶다. 라디오헤드의 〈Creep〉, 오아시스의 〈Don't Look Back in Anger〉, 그리고 바로 이 곡, 너바나의 〈Smells Like Teen Spirit〉이다.

왕년에 록 좀 들었다고 하면 이 노래를 모르는 사람, 거의 없을 것이다. 한데 이 곡의 진정한 가치는 음악 자체에도 있지만 시대적 맥락에서 더 빛을 발한다는 걸 알아둘 필요가 있다. 너바나가 등장하기 전까지 대중음악을 지배했던 장르는 메인스트림 팝, 그도 아니면 '팝화化된 메탈'이었다. 인기는 여전했지만 그들이 거대 자본을 차곡차곡 쌓아가는 만큼 그에 대한 반감도 늘어갔다. 일군의 젊은이는 별천지에 사는 스타가 아닌, '자신을 대변해줄 목소리'를 찾길 원했다.

그때 나타난 존재가 너바나였다. 1992년 1월 11일 너바나의 통산 2집이자 이 곡이 실린 메이저 데뷔작인 《Nevermind》(1991)가 발매 4개월 만에 빌보드 앨범 차트 1위에 오르면서 '얼터너티브/그런지 록'의 세상이 열렸다. 한데 중요한 것은 《Nevermind》 직전에 정상에 있던 음반의 정체다. 다름 아닌 마이클 잭슨의 8집 《Dangerous》다. 요컨대 일차적 층위에서 그것은 '일개' 펑크 록 밴드가 팝계 최강의 '공룡'을 꺾어버린 역사적인 터닝 포인트였다.

심층적으로 파고들면 이건 단지 한 밴드와 한 뮤지션의 대역전극 혹은 바통 터치 정도가 아니었다. 대중음악

저널리스트 지나 아널드Gina Arnold가 선언한 것처럼 "우리가 마침내 승리한" 것이었다. 그렇다면 여기에서 '우리'는 대체 누구인가. 너바나의 전기《Come As You Are》를 집필한 마이클 애저래드Michael Azerrad에 따르면 '우리'는 바로 "상업적 팝에 찌든 메인스트림이 눈치채지 못하는 사이에 10여 년 전인 1980년대부터 꾸준히 성장해온 언더그라운드, 인디펜던트, 아웃사이더의 저변"이었다. 그러니까 너바나는 이 앨범으로 그러한 비주류 연대의 상징이자 주류의 '대안'으로 급부상한 것이었다. 바로 매체들이 앞다투어 그들에게 '얼터너티브alternative'라는 수식을 부여한 진짜 이유다. 참고로 그런지는 '먼지, 때'라는 뜻으로 그들의 지저분한 사운드를 표현하기 위해 붙인 용어다.

〈Smells Like Teen Spirit〉이 등장했을 때 한국의 몇몇 비평가는 이 곡을 '헤비메탈'로 정의하는 오류를 범했다. 아니다. 이 곡은 헤비메탈이 아닌 1970년대 후반 펑크에 젖줄을 대고 있다. 일단 음반 타이틀부터 이를 증명한다. 《Nevermind》는 전설적인 펑크 밴드 섹스 피스톨스의 데뷔작《Never Mind the Bollocks, Here's the Sex Pistols》(1977)에서 따온 것이다.

직접 연주하는 사람들은 다 알고 있지만 〈Smells Like Teen Spirit〉은 단련된 연주력을 갖추어야 겨우 칠 수 있는 헤비메탈과는 거리가 멀어도 한참 먼 곡이다. 이 지점에서 나는 1990년대 중반 내가 20대였던 시절의 풍경을 떠올릴 수밖에 없다. 당시 수많은 카피 밴드의 연주 목록에 반드시 포함된 음악이 몇 있다. 그린 데이Green Day의 〈Basket Case〉나 〈She〉(1994), 그리고 이 곡 〈Smells Like Teen Spirit〉이다. 이 곡들은 클럽에서 울려 퍼졌고, 학교 축제에서 아마추어 밴드의 연주를 통해 울려 퍼졌다. 이유는 별것 없다. 카피하기 쉬운 덕분이다.

곡 구조는 매우 단순하다. 단, 이 곡의 성취는 볼륨과 다이내믹에 있다고 해야 할 것이다. 도입부와 후렴구를 이펙트가 거의 걸리지 않은 상태에서 여러 번 반복하는 와중에 느닷없이 강력한 디스토션을 머금은 기타 사운드가 번개처럼 내리친다. 이렇듯 급격한 사운드의 변화를 통해 〈Smells Like Teen Spirit〉은 듣는 이에게 더할 나위 없을 쾌감을 안겨줬다. 멜로디 역시 언급해야 마땅하다. 커트 코베인에 따르면 그의 목표는 펑크가 아니었다. '궁극적인 팝ultimate pop'이었다. 실제로 그는 팝 밴드인 칩 트릭Cheap Trick이나 베이 시티 롤러스Bay City Rollers의 팬이었다.

즉 그 기저는 펑크에 두고 있었지만, 너바나의 그런지는 오리지널 펑크와 많이 달랐다. 우선 귀에 잘 들렸고, 그래서 상업적으로 광범위한 영향력을 발휘할 수 있었다.

마지막으로 록의 시대적 분류에 대한 설명으로 글을 마친다. 펑크는 록 역사에서 아주 중요한데, 그 이유는 거대한 분기점을 형성했기 때문이다. 일반적으로 펑크 이후의 음악을 통틀어 모던 록modern rock이라고 정의한다. 그 이전의 록은 클래식 록classic rock으로 분류된다. 예를 들어 본 조비Bon Jovi의 경우 빌보드 메인스트림 록 차트에는 이름을 올려도 모던 록 차트에는 포함되지 않는다. 클래식 록/메탈의 전통을 계승한 음악에 가까운 까닭이다.

반면 푸 파이터스Foo Fighters는 너바나의 데이브 그롤Dave Grohl이 결성한 밴드이므로 모던 록 차트에 그들의 곡을 올리는 동시에 메인스트림 록 차트에도 여러 히트곡을 남겼다. 푸 파이터스라는 밴드 자체가 1970년대 클래식 록(대표적으로 레드 제플린)의 영향을 받은 곡을 여럿 발표했기 때문이다.

그렇다면 너바나는 어떤 장르에 속할까. 당연히 모던 록이다. 미시적으로 분류하면 그런지/얼터너티브이고, 거시적으로는 펑크에 영향받았기 때문이다. 그들의 곡이 메인스트림 록 차트에 올라간 적이 없지는 않다. 상업적으로 크게 히트했을 경우, 두 차트에 다 올라가는 경우가 종종 있다.

승리의 찬가, 새로운 도약

: **콜드플레이** 〈Viva la Vida〉

콜드플레이Coldplay가 완성한 '승리의 찬가'다. 그들의
대표곡일 뿐 아니라 2000년대 이후 록 밴드가 거둔 가장
눈부신 성취이기도 하다. 영어로 풀면 'Long Live Life',
우리말로 해석하면 '인생 만세' 정도 된다.

널리 알려져 있다시피 프리다 칼로Frida Kahlo의
그림에서 영감을 얻은 결과물이다. 한데 이 그림은 육체적
고통 속에서도 삶을 찬미하는 예술적 아이러니를 담고 있다.
잘린 수박의 단면은 그녀가 통과해야 했던 고통을 상징한다.
크리스 마틴Chris Martin은 다음처럼 자신이 받은 인상을
밝혔다. "프리다 칼로는 많은 고통을 겪었지만 집에서 〈Viva la
Vida〉라는 그림을 그렸어요. 전 그녀가 보여준 용기, 대담함에
매료되었죠."

가사는 왕의 몰락과 비참한 최후, 혁명을 통한 민중의
승리 등으로 귀결될 수 있다. "세상을 지배했지/바다도
내 명령에 따랐어/이제 나는 아침에 혼자 잠들고/한때 내
것이었던 거리를 청소하네/내가 진군을 외치면/적들은
두려움에 떨었지/[하지만] 군중의 노래가 들리네/'이제 폭군은
죽었다, 새로운 왕 만세'."

이후 곡 주인공은 자신의 성이 "소금과 모래 기둥"으로
이루어졌다는 진실을 깨닫는다. 그러면서 자신을 위한 "검과
방패"가 되어줄 "예루살렘의 종소리"와 "로마 기병대의
합창"을 듣는다. 물론 환청이다. 마침내 주인공은 깨닫는다.
성 베드로Saint Peter가 천국의 문에 들어갈 자를 호명할 때

자신의 이름은 거기에 없을 거라는 사실을.

　　콜드플레이 역사상 가장 거대한 주제에 걸맞게 웅장한 스트링 연주가 곡 전체를 이끌고, 감정을 고양시키는 퍼커션 리듬이 듣는 이를 압도한다. 어디를 봐도 '작정하고 만들었구나'라는 느낌을 받을 수밖에 없는 곡이다. 만약 한 뮤지션/밴드에게 마치 운명과도 같은 순간이 존재한다면 콜드플레이에게 그것은 〈Viva la Vida〉일 것이다. 다른 대안은 있을 수 없다.

　　차트 성적과 상복 모두 대단했다. 빌보드 싱글 차트 1위에 올랐고, 그래미에서 '올해의 노래Song of the Year'를 거머쥐었다. 참고로 그래미 '올해의 노래'는 작사/작곡자에게 주는 상이다. 만약 가수와 작사/작곡자가 다르면 가수는 상의 주체가 되지 못한다. 노라 존스Norah Jones의 〈Don't Know Why〉가 대표적이다. 그래미에서 '올해의 레코드Record of the Year'와 '올해의 노래'를 모두 받았지만 작사/작곡에 참여하진 않았으므로 후자의 상은 노라 존스 수상으로 치지 않는다. 올해의 레코드는 한 장의 레코드(앨범이 아닌 곡을 말한다)에 참여한 사람 모두에게 수여하는 상이나. 예를 들어 기수뿐 아니라 엔지니어도 후보 자격을 얻는다.

　　어느덧 발매된 지 16년이 넘었음에도 〈Viva la Vida〉는 콜드플레이 역사의 분수령으로 거론된다. 이런 측면에서 이 곡과 앨범 《Viva la Vida or Death and All His Friends》에 프로듀서로 참여한 브라이언 이노Brian

Eno의 역할을 거론하지 않을 수 없다. 브라이언 이노는 1980년대에 그저 가능성 있는 포스트 펑크 밴드였던 U2의 음악적 변화를 이끌어내면서 그들을 세계 최정상으로 이끈 프로듀서다. 그는 콜드플레이에게 대놓고 이렇게 얘기했다고 한다. "당신들 노래는 너무 길고 반복적이다. 곡 쓰는 방식도 다 비슷하다. 사운드도 똑같다." 그가 권유한 접근법은 "더 프로그레시브progressive해질 것"이었다. 그 결과 뭔가 사운드적으로는 거창하고, 가사에서는 지성미가 느껴지는 이 곡이 탄생했다.

　　마이클 잭슨에게 퀸시 존스가 있었던 것처럼 콜드플레이에게 브라이언 이노가 없었다면 이 걸작은 어쩌면 탄생하지 못했을 수도 있다. 훌륭한 프로듀서가 꼭 필요한 이유다.

〈라이온 킹〉의 노래는
사실 착취의 역사를 상징한다

: **솔로몬 린다** 〈The Lion Sleeps Tonight(Mbube)〉

곧 아프리카로 출국한다. 나는 지금 존 콜트레인John Coltrane의 걸작 〈Africa〉를 감상하면서 마음의 준비를 하는 중이다. 아프리카, 당연히 낯선 땅일 수밖에 없다. 거리로 봐도 그렇고, 정서적으로도 그렇다. 아니다. 아프리카에 뿌리를 둔 음악을 들어왔으니 정서적으로는 좀 가깝다고 볼 수 있을까. 두려움이 없다고는 말하지 못한다. 부디 호기심이 두려움을 잘 다스려주길 바랄 뿐이다. 여행을 떠날 때마다 스스로에게 거는 주문이다.

'아프리카' 하면 떠오르는 노래를 조사한다면 어떨까. 두 곡 중 하나가 1위를 차지할 거라고 장담할 수 있다. 토토의 〈Africa〉, 그리고 그 유명한 〈The Lion Sleeps Tonight (Wimoweh)〉이다. 토토의 〈Africa〉는 정작 아프리카에 가보지도 않은 상태에서 작곡한 것이니 논외로 친다. 내가 해묵은 곡인 〈The Lion Sleeps Tonight(Wimoweh)〉에 대해 굳이 쓰려는 이유는 다음과 같다. 우리는 보통 아프리카를 부당하게 착취당한 자들의 대륙으로 기억한다. 이 착취의 역사를 상징하는 곡 중 하나가 〈The Lion Sleeps Tonight(Wimoweh)〉이다.

과정은 이렇다. 곡의 원래 제목은 'The Lion Sleeps Tonight(Wimoweh)'이 아니었다. 줄루족 언어로 1920년대에 처음 작곡되었는데 'Mbube'라고 불렸다. '사자'라는 뜻이다. 이 곡을 만든 솔로몬 린다Solomon Linda는 녹음 당시 이 곡이 앞으로 1,500만 달러 정도의 저작권 수익을 올릴 거라고는 상상하지 못했다. 하긴, 2000년대 중반까지 그와 그의 가족에게 돌아간 돈은 정확히 0원이었다. 가족의 증언에 따르면 그는 '노래로 돈을 벌 수 있다'는 개념조차 없는 인물이었다. 결정적으로, 그는 글을 읽지 못했다.

이후 스토리는 예상대로다. 곡의 가능성에 눈뜬 미국의 거대 음반사가 계약서를 자신들에게 유리하게 조작해 공짜로 사용한 것이다. 게다가 줄루족 언어에는 관심도 없었기에 'Mbube'를 잘못 듣고 'Wimoweh'라고 표기하는 무례도 저질렀다. 'Wimoweh'로 가장 처음 히트를 기록한 뮤지션은 포크의 전설 피트 시거다. 그가 속한 그룹 위버스는 이 곡으로 떼돈을 벌었다.

피트 시거는 약과였다. 그는 적어도 "원작자에게도 수익이 돌아가야 한다"고 음반사에 얘기라도 했던, 최소한의 양심은 있는 인물이었다. 기실 'Wimoweh'가 전 세계적으로 사랑받은 건 작사가 조지 데이비드 와이스George David Weiss가 1961년 이 곡을 'The Lion Sleeps Tonight'이라는 영어 제목으로 바꿔 공개하면서부터였다. 밴드 토큰스The Tokens는 이 곡으로 영국 차트 1위에 올랐고, 이 외에도 수많은 가수와 밴드가 커버했다. 그리고 무엇보다 1994년 디즈니 애니메이션 〈라이온 킹〉이 결정타였다.

솔로몬 린다의 후손과 디즈니의 최종 합의는 2017년에야 이뤄졌다. 보상금은 받았으되 추후 곡에 대한 권리에 있어서는 철저히 배제당한 반쪽짜리 결과물에 불과했다. 나는 지금 〈The Lion Sleeps Tonight(Wimoweh)〉을 듣지 말자거나, 〈라이온 킹〉을 봐서는 안 된다고 주장하려는 게 아니다. 적어도 이 정도는 알아두는 게 원작자에 대한 도리가 아닐까 싶어서다. 과연 아프리카에 직접 가서 듣는 〈The Lion Sleeps Tonight(Wimoweh)〉, 아니 〈Mbube〉는 어떤 느낌일지, 여행 잘 다녀와서 독후감을 써볼 생각이다.

다음은 여행을 마친 뒤 소셜 미디어에 썼던 짧은 글이다.

처음엔 망설였다. "아프리카 여행 가보시는 건 어때요?"라는 제안을 받았을 때 나를 지배한 감정은 두려움이었다. 어쩔 수 없다. 인간은 그것이 무엇이든 낯선 존재 앞에서 두려움을 느끼기 마련이니까. 그러나 경험해보고 싶었다. 겪어보지도 않고 판단하고 싶지 않았다. 호기심이 두려움을 잘 다스려주기를 바랐다. 결론부터 말하자면 아프리카 여행은 내 인생 여행이 되었다. 케냐에서 마주한 킬리만자로산과 암보셀리 국립공원의 장엄한 감동, 탄자니아 능귀 해변의 아름다움을 지금도 잊지 못한다. 아프리카 여행을 다녀온 후 나는 아프리카 여행 전도사가 되었다. "기회 되면 꼭 가보세요."

부디 내가 그랬던 것처럼 당신의 호기심이 두려움을 이겨내길 기원한다. 만약 그렇게 된다면 어느새 아프리카라는 타자를 환대하는 자신을 발견할 수 있을 것이다. 이하 이 글에 영감을 얻어 나중에 썼던 글을 붙인다.

현대사회의 수많은 문제가 타자를 환대하지 못하는 데서 비롯한다. 어느새 우리는 타인의 존재와 다름을 견디지 못하는 상태가 됐다. 기억해야 한다. 모두가 동일자인 매끈한 세계는 그저 지옥일 뿐이다. 미디어로 배달되는 타자는 가짜다. 나와 상관없는 세계일수록 더 밝고, 눈부신 것처럼 느껴질 테지만 그건 내 머릿속 이미지에 불과하다.

돌이켜 보면 그렇다. 누군가를 진정으로 알게 되면 가혹하게 대하거나 섣부르게 심판하고 싶은 마음이 사라진다. 누구에게나 각자의 진창이 있기 때문이다. 그러니까 용기를 내어 자아의 바깥으로 향해야 한다. 어쩌면 상처 입을 수 있을 것이다. 그러나 상처가 없다면 진리도 없다. 먼저 손 내밀 줄 아는 자에게 구원이 있으리라.

⑤

당신의
세계를
확장시키는
충격

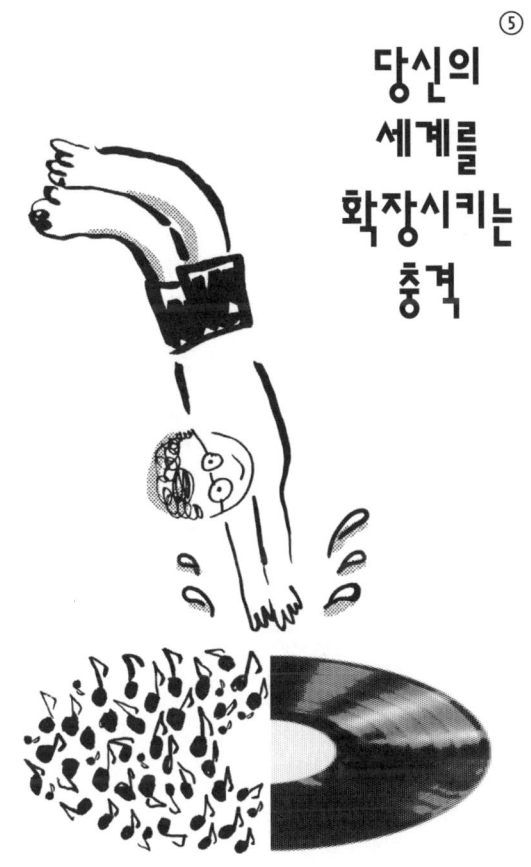

난 전부가 될 거야!

: **비욘세** 《Lemonade》

R&B? 글쎄. 솔? 뭐, 그럴 수도. 히트 팝? 뭔가 아귀가 안 맞는 것 같다. 노골적인 멜로디 라인이 도드라지지 않기 때문이다. 설마 록? 아주 틀리진 않다. 적어도 태도 면에서는 로커라고 평할 만하니까. 그러나 록적인 요소는 있을지언정 록이라고 잘라 말하기엔 음반이 장악하고 있는 광대한 영토가 눈에 밟힌다.

마지막으로 힙합? 하긴, 힙합 뮤지션이 'Rockstar'라는 제목으로 곡을 발표하는 시대다. 따라서 가장 그럴듯하지만 비욘세 스스로 밝힌 바 있다. "내 음악은 R&B도 아니고 전형적인 팝도 아니며 록도 아니다. 내가 좋아하는 것을 모두 섞은 것이다."♬ 이 인터뷰를 읽자마자 다음 선언이 떠올랐다. "난 전부가 될 거야!" 1884년 화가 마리 바시키르체프Marie Bashkirtseff는 자신의 일기에 이렇게 써서 후대 여성에게 엄청난 영향을 미쳤다. 비욘세는 우리 시대의 마리 바시키르체프다.

격찬, 그리고 또 격찬. 그럼에도 과하다는 느낌은 들지 않았다. 그럴 만한 성취를 일궈낸 앨범인 까닭이다. 불만이라고는 딱 하나뿐이었다. 그래미 '본상' 트로피였다. 솔직히 예상은 했다. 당시 그래미에는 안전하면서도 기존 권위를 보장할 카드가 하나 있었다. 바로 아델이다. 아델을 무시하는 게 아니다. 다만, '혁신'이라는 측면에서 아델은 결코 비욘세를 따라잡을 수 없다. 비욘세의 압승이다. 이 음반 《Lemonade》(2016)에서 비욘세는 판을 제대로 키웠다. 소리의

♬ 앨범 발매 후 itunes 라디오에 출연해 한 말이다.

곳곳이 긴장으로 팽팽하다.

　　일종의 격언이다. 삶이 당신에게 레몬(고통)을 준다면 레모네이드라도 만들라는 거다. 과연 그렇다. 언제나 괴로움은 선명하고, 위로는 더디게 찾아온다. 그건 슈퍼스타나 우리 같은 범인이나 다를 게 없다. 예를 들어 〈Pray You Catch Me〉에서 비욘세는 "너의 미소만큼 나를 아프게 하는 건 없어"라고 노래한다. 여기에서 '너'는 볼 것도 없이 남편인 제이지다. 증거는 또 있다. 이번에는 앨범과 함께 공개된 뮤직비디오 속 내레이션을 읽어봐야 한다. "넌 마법사 같았던 내 아빠를 떠올리게 해. 동시에 두 곳에 존재할 수 있다니 말이야."

　　용감한 발화다. 아무리 상대의 잘못을 폭로한다고 해도 비욘세급 슈퍼스타가 전 세계 대중을 상대로 자신의 치부를 가감 없이 드러내기란 어려운 법이다. 이런 기조는 음반 끝까지 이어진다. 우리는 보통 지나침을 단점으로 간주한다. 그러나 지나침도 때로는 미덕이 될 수 있다.

　　돌이켜 보면 그는 항상 지나치게 성실하고, 지나치게 노래를 잘했다. 〈Listen〉(2007)과 〈Love on Top〉(2011) 등의 보컬을 들어보라. 거의 고함에 가까운 성량으로 시대의 절창임을 짜릿하게 과시한다. 메시지도 지나치다 여겨질 만큼 직접적이다. 그중에서도 (흑인) 여성으로서의 주체성을 강조한 노래가 더욱 그랬다. 〈Independent Women, Part 1〉(2000)에서 시작된 이 흐름은 〈Single Ladies〉(2008)와 〈If I Were a Boy〉(2008), 〈Irreplaceable〉(2006) 등에서 정점을 찍었다. 《Lemonade》는 그것의 계승이자 총합이다.

장르에 대해 말해야 할 차례다. 앞서 언급했듯 《Lemonade》의 음악은 여러 장르가 교차하는 만듦새로 설계되어 있다. 레드 제플린의 명곡 〈When The Levee Breaks〉를 샘플링한 〈Don't Hurt Yourself〉에서는 기타리스트 잭 화이트Jack White와 함께 솔과 록의 연대를 시도하고, 〈Sorry〉에서는 일렉트로닉과 R&B를 섞어 매혹적인 후렴구를 길어낸다.

그런가 하면 〈Daddy Lessons〉에서는 크리올creole 음악과 컨트리의 그림자가 일렁이는데 이후 〈Old Town Road〉(2019)를 통해 센세이션을 일으킨 이햐 어젠다The Yeehaw Agenda의 기초를 닦아준 곡으로 평가받는다. 크리올은 스페인과 프랑스가 미국 남부를 정복하고 있던 시절 존재한 흑인과 유럽인 혼혈 및 그들의 문화를 뜻한다. 나중 비욘세는 또 다른 컨트리 곡 〈TEXAS HOLD 'EM〉을 발표하기도 했다.

음반의 베스트를 꼽자면 다음 세 곡이다. 순서대로 〈Sandcastles〉, 〈Freedom〉, 그리고 〈Formation〉. 〈Sandcastles〉에는 후회와 회한의 감정이 녹아 있는 반면 〈Freedom〉에는 "이게 비욘세지"라는 자신감으로 충만하다. 〈Formation〉은 어떤가. 뿌리 찾기인 동시에 그 뿌리에 대한 자긍심 넘치는 스왜그다.

좋은 앨범의 힘은 자연스러운 확장에서 나온다. 그녀는 고 이어령 선생의 말처럼 오직 자아를 통과한 예술만이 만인의

심장을 울릴 수 있음을 본능적으로 체득한 예술가다. 비욘세의
말을 들어보자.

> 우리 모두는 고통과 상실을 경험해요. 뮤직비디오와
> 앨범을 통해 우리의 고통과 투쟁, 우리 안에 깃든
> 어둠과 우리의 역사에 목소리를 선물하고 싶었어요.
> 이 목소리를 통해 우리를 불편하게 만드는 이슈들과
> 직면하게 하고 싶었죠.♫

무라카미 하루키의 표현을 빌리자면 "당신이
불편하다는 건 영감의 문턱까지 왔다는 걸 의미한다."♫♫
한 명의 예술가로서 비욘세에게는 이 불편함이 영감의
원천으로 작용한 셈이다. 어디 미국 사회뿐이겠나.
비욘세가 《Lemonade》를 통해 노래하는 바는 우리에게도
의미심장하다. 위대한 음악이 대개 이렇다. 시제 이동은
기본이요, 국경마저 훌쩍 뛰어넘는다.

♫ 2017년 그래미에서 말한 수상   ♫♫ 2007년 코스모폴리스
소감이다.   페스티벌Kosmopolis
                                        Festival에 참석해 한 말이다.

먹기 전에는
어떤 맛이 나올지 모르는 비스킷 통

: **블러**《13》

생생하게 기억난다. 1999년 나는 휴가를 나온
군인이었다. 지금이야 상황이 다르지만 당시만 해도 워크맨을
암묵적 합의하에 소지하려면 상병 5호봉 이상은 되어야 했다.
내가 정확히 상병 5호봉이었다. 이런저런 테이프를 슬쩍
들여와서 쉬는 시간만 되면 플레이했다. 폭설이 내리면 특히
좋았다. 몰래 이어폰 꽂고 음악 들으며 눈을 치우다 보면 시간도
금방 갔다. 그렇게 아끼던 테이프 중에 블러의 《13》이 있었다.

강원도 인제에서 서울로 오는 버스 안에서 《13》을
집중해서 감상했다. 놀라웠다. 우선 오프너부터 기존의
블러와는 달랐다. 과거의 1번 곡이 강렬하게 포문을 여는
식이었다면 《13》의 〈Tender〉는 제목 그대로 부드러웠다.
포근하게 듣는 이를 감싸는 가스펠 하모니를 전면에 내세워
도리어 충격을 줬다. 노랫말의 중심을 이루는 구절 "Tender
is the night"은 스콧 피츠제럴드 Scott Fitzgerald의 소설
《밤은 부드러워라》를 인용한 것이다. 예술학도로서 데이먼
앨번 Damon Albarn의 취향을 짐작할 수 있는 부분이다.

현재 시제로 돌아와 다시 음반을 틀어본다.
〈Bugman〉은 〈Tender〉와 정반대다. 찌그러진 기타가
시종일관 지글대고 자글댄다. 노이즈 록이다. 그러면서도
일렉트로 비트를 절묘하게 집어넣어 모던하다는 인상을 준다.
나는 이게 블러 음악의 주요한 성취라고 생각한다. 예를 들어
5집의 히트 싱글 〈Song 2〉만 봐도 그들은 무턱대고 노이즈를
남발하지 않는다. 노이즈를 '들리게 만드는' 재능이랄까.

블러는 가히 당대에 가장 탁월한 소음 제련사였다. 이거 하나만큼은 그들을 따라올 자가 없었다.

기실 이런 변화는 5집 《Blur》부터 시작된 것이었다. 5집 수록곡 〈Song 2〉를 먼저 언급한 이유다. 수원지는 미국 로파이 인디 밴드 페이브먼트였다. 블러는 페이브먼트로부터 학습한 로파이 노이즈를 하이파이의 영역으로 끌어올렸다. 5집의 〈Song 2〉, 이 앨범의 〈Bugman〉 혹은 〈Swamp Song〉이 증명한다. 거칠게 굴러가는 와중에 직관적으로 꽂히는 맛이 대단하다.

물론 대중에게 압도적인 사랑을 받은 싱글은 단연 〈Coffee & TV〉다. 알코올의존증 환자의 일상을 묘사한 자기 고백적 가사와 우유 팩 '밀키'의 대모험을 묘사한 뮤직비디오는 지금 봐도 그저 사랑스럽다. 여담이지만 오아시스의 〈Don't Look Back In Anger〉와 이 곡은 각 밴드를 대표하는 노래라고 할 수 있는데, 공통점이 하나 있다. 둘 다 메인 보컬이 부르지 않았다는 것이다.

앞에서 언급한 곡들을 제외하면 《13》의 수록곡은 대부분이 다운템포다. 차분한 걸 넘어서 분위기가 축 가라앉은 곡이 많다. 반복적으로 진동하는 기타 연주와 노이즈로 5분 30초를 꽉 채워내는 〈1992〉를 비롯해 어쿠스틱과 전자음을 소박하게 결합한 〈Mellow Song〉, 몽환적이고 신비롭게 소리의 우주를 탐험하다가 마지막에는 기타 록으로 급격하게 전환되는 〈Caramel〉 등 우울하고 어두운 정서의 곡이 쭉

이어진다. 〈Caramel〉 뒤에 흐르는 노이즈 록 〈Trimm Trabb〉은 사운드 성취 면에서 베스트로 꼽을 만한데 "And I can't go back/Let it flow/Just the way it is"라는 가사가 핵심이다. 이를 통해 우리는 데이먼 앨번이 겪어야 했던 이별 후유증을 짐작할 수 있다.

장르로 봤을 때 블러의 음악은 마치 각종 비스킷이 담긴 통 같다. 어떤 맛이 나올지 예측 불가, 먹기 전에는 도무지 알 수 없기 때문이다. 그중에서도 《13》은 노이즈 록과 일렉트로니카 외에 블루스, 가스펠, 아트 록, 펑크, 포크 등 장르 미식가로서 블러의 정교한 취향을 가장 매혹적으로 드러낸다.

이렇게 정리할 수 있을 것이다. 블러의 세계관에 일관성이 하나 있다면 일관성이 없다는 점이라고. 하긴, 음악적으로 다채로운 기동전을 추구하려면 확고한 세계관은 불필요한 짐짝이 될 수 있다. 예술에서 지나친 일관성은 때로 따분한 놀이터 이상이 되지 못한다.

모든 매력적인 이야기에는
아이러니가 서려 있다

: **쏜애플**《계몽》

듣다 보면 자꾸 뭔가가 묘하게 어긋난다는 인상을 받는다. 익숙한 전개를 예상하는 와중에 '갑툭튀'를 시전하고, 예측 불허를 내달리다가도 갑자기 안정기에 접어들더니 귀에 쫙쫙 붙는 멜로디 라인을 뽑아낸다. 음악 속 화자와 그가 속한 세계 역시 그러하다. 쏜애플의 음악에서 둘은 어긋나고 합쳐짐을 반복한다. 균열인 동시에 통합이다.

바꿔 말하면 슬픔과 우울의 늪에서 쾌락을 길어 올리는 음악이라고 할 수 있겠다. 요컨대 모순이요, 아이러니다. 기억하길 바란다. 그것이 책이든 음악이든 영화든 모순과 아이러니 없이 생각의 보트를 뒤흔들 수는 없다. 이 세상 모든 매력적인 이야기가 그렇듯 쏜애플의 음악에는 모순과 아이러니가 서려 있다.

상징으로 가득한 노랫말은 여전하다. 낱말과 문장을 골똘히 바라봐야 한다. 그럼에도 의미를 파악하지 못할 정도는 아니다. 지금껏 그들이 다뤄온 주제는 기본적으로 소통의 단절과 존재의 불안이었다. 《계몽》도 마찬가지다. 다만 그것이 좀 더 체계화된 것처럼 보인다. 예전에는 횡설수설에 그쳤구나 싶었던 구석이 싹 사라졌다. 〈위에서 그러했듯이 아래에서도〉의 다음 가사는 과연 의미심장하다. "배를 바짝 붙이고 엎드려라/우리는 하나같이 너의 왕이니/마침내 질려버렸네/남은 뼈들은 저기/개한테 던져줘." 더 나아가 〈2월〉의 다음 노랫말은 쏜애플의 세계를 함축적으로 전시한다. "목을 꺾어 뒤를 봐요/잊고 싶은 일들이 한가득 있어/몸을 돌려 앞을 봐요/하고 싶은 일들이 한가득 있어."

　　그렇다고 단어 하나하나에 라벨을 붙일 필요는
없다. 그러면 생명력 자체가 사라질 테니까. 음악은 일종의
블랙박스다. 살아 있는 생물이다. 누가 건드리느냐에 따라
각기 다른 이야기가 튀어나온다. 그럼에도 타인과 세계에 대한
좌절과 갈망이 서로 충돌한다는 점만큼은 확언할 수 있다.
쏜애플, 구체적으로 윤성현이라는 음악가는 소통을 간절히
바라면서도 끝내 자기를 유폐한다. 스스로를 갉아먹다가도
창문 너머를 응시한다. 그리하여 그가 창조한 음악은 어디에도
이르지 못하고 결여되는데, 그럼으로써 감수성의 탱크를
단번에 채운다. 공백과 완성. 전무를 경유해 전부로. 역시나
모순이다.

　　특유의 밀도 높은 사운드와 입체적인 곡 전개 방식은
상징적인 가사와 함께 단단하게 붙어 있다. 무엇보다 그들은
서사적인 트릭을 얕은 반전이나 깜짝 파티 정도로 소비하지
않는다. 앞에서도 언급했듯 쏜애플은 어긋나는 와중에
합쳐진다. 합쳐지는 과정에서 어긋난다. 〈수성의 하루〉가
대표적이다. 서정적인 선율이 먼지 등장하고, 강렬하게
몰아치는 와중에 빼어난 완급 조절로 드라마틱한 구성을
들려준다. 부자연스러운 느낌이라고는 없다. 어긋남과 합쳐짐
사이에 절묘하게 다리를 놓을 줄 아는 재능 덕분이다.

　　좋은 선율이 있고, 탁월한 리듬이 있다. 깊은 고민 끝에
썼을 것이 분명한 가사도 있다. 이것들은 때로 어긋나기도

하고 합쳐지기도 하면서 듣는 이를 10번 트랙까지 쭉 끌고
간다. 누군가는 쏜애플의 음악을 '과잉'이라며 비판한다.
존중받아야 할 의견이다. 그러나 그들은 과잉으로 어떤 패턴을
만든 뒤 그것을 장점으로 전환해 끝내 그 과잉에 주목하게
한다. 이 능력만큼은 비판하는 진영에서도 부정할 수 없을
것이다.

언제나 새로운 지평으로

: **시규어 로스** 《Hvarf/Heim》

처음 시규어 로스Sigur Rós(시우르 로스라고도 쓰지만 시규어 로스로 통일)의 존재를 알게 되었을 때를 기억한다. 뭐랄까. 그들의 2집 《Ágætis byrjun(좋은 시작)》(1999)은 그 어떤 연고도 없이, 사고처럼 불쑥 튀어나왔다. 한국에 알려진 아이슬란드 출신 뮤지션이라고는 비외르크 외에 거의 전무했던 그 시절, 시규어 로스는 아이슬란드라는 국가에 대한 궁금증까지 불러일으킨 존재였다.

그들을 필두로 여러 아이슬란드 뮤지션/밴드가 이름을 알렸다. 예를 들어 오브 몬스터스 앤드 멘Of Monsters and Men, 칼레오Kaleo, 아우스게이르Ásgeir, 오울라퀴르 아르날스Ólafur Arnalds 등의 면면을 봐도 시규어 로스의 거대한 영향력을 알 수 있다. 그러니까, 시규어 로스는 위대한 선구자였다. 그들은 아이슬란드라는 미증유의 땅으로 우리를 인도해준 최초의 메신저였다.

당신이 만약 시규어 로스의 팬이라면 어떤 앨범을 최애로 꼽을지 고민될 것이다. 나 역시 그렇다. 《Ágætis byrjun》은 커리어라는 맥락을 고려하면 단연코 영순위가 될 만하다. 그들의 이름을 아이슬란드를 넘어 세계에 널리 알린 공로를 인정할 수밖에 없는 까닭이다. 그렇다면 〈( )〉(2002)는 어떤가. 수많은 매체에서 일관된 격찬이 쏟아졌다. 더욱 확장된 사운드스케이프로 압도적인 청취 경험을 이끌어냈다.

《Takk…(고마워요)》(2005)를 선호하는 팬도 많다. 한국에서는 더욱 그렇다. 그중 〈무한도전〉 덕을 단단히

본 〈Hoppípolla〉는 한국에서 가장 사랑받은 레퍼토리일 것이다. 이후 시규어 로스는 《Með Suð Í eyrum við spilum endalaust(귓가에 남은 잔향 속에서 우리는 끝없이 연주한다)》(2008)를 통해 팝적인 접근법을 시도했고, 2013년 작품 《Kveikur(심지)》에서는 전례 없이 섬뜩한 음악을 시도해 충격을 줬다. 아이슬란드 로드 투어 프로그램의 사운드트랙 《Route One》(2018) 또한 포스트 록의 수작이다.

만약 나에게 하나만 골라야 한다고 한다면 장고 끝에 《Hvarf/Heim》(2007)을 선택할 것이다. 무엇보다 내가 가장 사랑하는 시규어 로스의 곡인 〈Hljómalind〉가 수록되어 있기 때문이다. 이유는 더 있다. 라이브를 수록한 다큐멘터리 〈Heima〉(CD로는 〈Heim〉)의 감동을 여전히 잊지 못해서다.

《Hvarf/Heim》과 〈Heima〉가 발매된 해는 2007년이다. 당시 나는 아직 시규어 로스의 라이브를 직접 보진 못한 상태였다. 이런 이유로 이 앨범과 영상을 감상하면서 그들의 라이브를 언젠가 보게 되면 어떨지 상상해봤다. 비록 아이슬란드에 가본 적은 없지만 그들의 음악을 플레이하면서 그곳의 자연 풍광이 어떨지 그려보기도 했다. 이 점이 중요하다고 본다. 시규어 로스의 음악을 얘기할 때 항상 동행하는 단어가 하나 있음을 우리는 잘 알고 있다. 바로 (아이슬란드의) 자연이다.

이 다큐멘터리가 특별했던 이유가 여기에 있다. 그것은 감독을 맡은 딘 드블루아 Dean DeBlois의 정의 그대로

"밴드의 다큐멘터리인 동시에 아이슬란드라는 나라의 다큐멘터리"처럼 보였다. 요컨대 시규어 로스의 라이브를 아이슬란드라는 공간을 표현하기 위한 사운드트랙처럼 활용한 셈이다. 이 다큐멘터리를 보면서 아이슬란드 여행을 동경했던 사람이 비단 나만은 아니었을 것이다.

이후 시규어 로스의 라이브를 직접 본 나는 동사動詞를 먼저 수정해야 마땅하다고 확신했다. 그들의 라이브는 보는 것이 아니라 경험하는 것이었다. 경험을 넘어 그들이 연출하는, 때로는 노이즈마저 서정의 층위로 쭉 밀어 올리는 소리의 파노라마를 체험하는 것이었다.

과장이 아니다. 아이슬란드의 삶과 자연이 밀물처럼 몸 안으로 밀려 들어와 충만해지는 것 같던 그 느낌을 잊지 못한다. 그것은 자아와 세계의 경계가 자연스럽게 지워지는 몰아의 경지였다. 나는 그들의 음악에 녹아 있는 추상성을 사랑한다. 우리에게는 때로 이런 추상이 필요하다. 삶의 비루함을 불태울 수 있는 추상을 통해 우리는 벅찬 감동을 넘어 구원의 순간을 맞이할 수 있다.

시규어 로스는 관습적인 남근男根 록과는 대척점에 위치하는 포스트 록 밴드다. 음반에서건 라이브에서건 그들은 음악을 직접적으로 기술하지 않는다. 차라리 그들은 음악이 거주할 수 있는 소리의 구조물을 건축하는 밴드다. 시규어 로스는 때로는 한없이 섬세한 톤으로, 때로는 놀라우리만치 광폭한 연주로 자신의 건축물을 창조하고, 파괴하고,

재구축한다. 달리 말하면 남근 록처럼 하나의 소실점에
수렴하는 것이 아니라 불확실한 시점이 계속 출현했다
소멸하는 음악이라고 말할 수 있다. 이런 과정을 반복하면서
그들은 공간과 시간의 속박을 떨쳐내고 새로운 지평으로
월경越境한다.

그래서일까. 그들의 음악은 마치 허공을 떠돌다가
사라지는 주문처럼 들린다. 그러는 와중에 체험하는 자의 기억
속에 지워지지 않을 흔적을 남긴다. 순간의 영원이라는 역설,
노래의 운명이다. 어느새 흔적도 없이 증발해버리는 대신 듣는
이의 체험을 강화하고, 증폭하는 것이다. 시규어 로스는 이렇게
말했다.

우리는 슈퍼스타나 백만장자가 되고 싶지는 않았어요.
단지 우리가 원한 건 음악을 영원히 변화시키는 것,
그래서 사람들이 음악에 대해 생각하는 방식에 변화를
주는 거였어요. ♬

부록
1. 시규어 로스를 사랑하는 스타들: 〈The X-Files〉의
주연 질리언 앤더슨Gillian Anderson은 시규어 로스 음악이
요가할 때 최고라고 밝혔다. 귀네스 펠트로Gwyneth Paltrow는
시규어 로스 음악으로 태교했다.

♬　시규어 로스 다큐멘터리
〈Heima〉에서 말한 내용이다.

2. 시규어 로스는 발레 음악도 만들었다. 〈Split Sides〉(2003)라는 작품에는 총 두 곡이 배경음악으로 흐르는데, 다른 한 곡을 창작한 주역 역시 중요하다. 라디오헤드다. 라디오헤드와 시규어 로스라니, 누구나 납득할 만한 라인업이다.

3. 시규어 로스는 소규모 공동체 기반의 삶을 중요하게 여긴다. 일단 시규어 로스라는 이름이 욘시Jónsi의 여동생 이름에서 가져온 것이다. 그들의 곡 〈Salka〉는 베이시스트 게오르그 홀름Georg Holm의 양녀 이름이다. 정작 욘시의 여동생은 시규어 로스가 아닌 저스틴 팀벌레이크Justin Timberlake의 팬이라고 한다.

4. 〈Heima〉의 감독 딘 드블루아는 그들이 인간적으로 어떤 사람인지를 다음처럼 증언했다. "정말 겸손한 사람들이에요. 록 스타다운 구석이라고는 없죠. 비교적 작은 마을에서, 주민 모두 서로를 아는 곳에서 자랐고, 살고 있잖아요. 록 스타답지 않은 이유가 아마 여기 있을 거예요."

경박함에서 이끌어낸 심각함,
저급하고 외설적인 주제에서 탄생한 고상함

: **펄프** 《Different Class》

영국이라는 사회에 대한 짤막한 상식 하나로 시작한다. 혹시 영국에 '방언'이 몇 개나 존재하는지 알고 있나. 무려 30개가 훌쩍 넘는다. 방언 아닌 표준 영어의 경우 'Received Pronunciation(줄여서 RP)'라고 칭한다. 그러나 RP를 쓰는 인구는 영국 인구의 3퍼센트에 불과하다. 영국 최상류층이 그들이다. 그러니까, 달랑 3퍼센트가 구사하는 발음이 '(널리) 받아들여진다'는 수식을 얻은 셈이다.

그렇다. 언어는 곧 계급이다. 대한민국 역시 마찬가지(였)다. 우리에게도 서울말을 써야 한다는 강박관념 같은 게 존재했음을 부인할 수 없다. 한데 영국은 언어로 계급이 갈리는 정도가 훨씬 심한 사회다. 발화가 시작되는 순간 곧장 출신 성분이 드러난다고 보면 된다. 펄프 Pulp의 리더 자비스 코커 Jarvis Cocker에겐 이게 영 불만이었던 것 같다. 그는 《Different Class》를 통해 영국이라는 계급사회를 날카로운 유머로 성찰한다.

대표곡이라 할 〈Common People〉을 한번 들여다보자. 이야기 속 화자는 평범한 남자다. 자비스 코커의 분신이라고 봐야 할 것이다. 가사는 이렇다. "그녀는 그리스 출신이지/지식에 목말라 있는/세인트 마틴스 칼리지의 조각 전공생이었어."

곡에서 노동계급 출신 남자는 부유한 미대 출신 여자를 만난다. 여자는 말한다. "평범한 사람들과 어울려보고 싶어." 이건 일종의 관음이다. 그녀는 평범한 삶을 들여다보면서

'나는 일반적인 부자와는 다르다'는 자의식을 획득하길 원한다. 곡의 마지막에 가서 자비스 코커는 그녀의 위선과 속물근성을 냉소하고 풍자한다. "하지만 넌 이해 못할 거야/자려고 침대에 누웠을 때/바퀴벌레가 벽에 있는 걸 본다면/아빠에게 전화해서 해결해달라고 하면 될 테니까."

당시 영국은 실제로 '계급 전쟁' 중이었다. 북부 태생 오아시스와 런던에서 결성된 블러 간의 충돌이 워낙 거대해 문화적으로 거의 분단 상태나 마찬가지였다. 그러나 적어도 계급에 관한 음악적 논평에서라면 펄프의 《Different Class》, 그중에서도 〈Common People〉이 왕의 자리를 허락받는다. 이 곡은 '최고의 브릿팝'을 꼽는 BBC 라디오의 독자 투표와 음악 전문지 〈롤링 스톤〉의 독자 투표에서 모두 1위에 올랐다.

장르적으로 구분하면 신스팝에 속한다. 건반을 강하게 강조하고, 빈 공간을 기타 리프가 공격적으로 침투하는 식이다. 전체적인 기조는 가볍고 날랜 인상인데 그런 와중에 록의 타격감을 잃지 않는다. 아방가르드/아트/글램 록과의 관련성도 빼놓을 수 없다. 브릿팝 신에서 데이비드 보위, 티렉스T. Rex, 루 리드Lou Reed, 토킹 헤즈Talking Heads의 흐름을 잇는 직계를 꼽으라면 영순위는 펄프가 되어야 마땅하다.

이에 걸맞게 수록곡들은 키치와 퇴폐 사이를 능글맞게 유영하면서 듣는 이를 잡아당긴다. 노동계급 청년의 절망을 코믹한 노랫말과 번쩍거리는 디스코 리듬으로 풀어낸

⟨Disco 2000⟩은 ⟨Common People⟩과 함께 펄프 열풍을 진두지휘했고, ⟨I Spy⟩는 자비스 코커가 천착해온 섹스와 관음이라는 주제를 음란하기 짝이 없는 서사로 풀어내 찬사를 받았다.

자비스 코커는 발가벗겨지기를 두려워하지 않는 천생 예술가다. 영국 계급사회에 현미경을 들이댄 이 앨범에서 그는 관찰자에만 머물지 않는다. 거의 1인칭에 가까운 서술로 자신도 그 일부임을 인정하고, 거기에 예술적인 해석을 더한다. 그의 예술은 수직적인 층위에서 쓰인 것이 아니다. 그의 예술은 이를테면 전당이 아닌 거리의 예술이다. 그러면서도 무릎을 탁 치게 하는 노랫말로 감탄을 불러온다.

펄프의 음악을 경박하다고 보는 관점도 있는데, 정확하다. 다음은 자비스 코커의 말이다. "팝은 싸구려 전율에 관한 것이다. 음악이 자신을 심각하게 여기고 스스로 중요성을 부가한다면 우스운 일이다. 팝이 심오해지는 순간은 단지 표면을 건드리고 잡음을 만들어낼 때뿐이다."♬ 그는 영국 사회를 예리한 시선으로 바라보되 진지충의 자세와는 거리를 둔다. 그는 경박을 경유해 심각에 다다르고, 저급하고 외설적인 주제에서 기묘한 고상함을 끌어낸다.

비평가 가레스 머피 Gareth Murphy의 진단을 듣는다. "이민자 국가인 미국과 달리 영국은 뿌리 깊은 계급사회다. 사회 풍자에 대한 영국의 약간 장난스러운 욕구는 최소 셰익스피어까지 거슬러 올라간다. 오늘날까지도 영국은 여전히 계급을 풍자하는 팝을 애호한다. 비록 이런 특성으로 인해 수출하기에는 어렵지만 말이다."♫♫ 이것이 바로 펄프에게 브릿팝 왕좌가 허락된 이유다. 그들의 음악이 미국 시장에서 전혀 먹히지 않은 이유이기도 하다.

♫ 1995년 〈The Face〉와의 인터뷰에서 언급한 내용이다.

♫♫ 《레코드 맨》(가레스 머피 저, 배순탁 옮김, 그래서음악, 2025)에서 인용했다.

지식보다는 상상력

: 토킹 헤즈 〈스톱 메이킹 센스〉

1980년대 뉴웨이브는 원래 1970년대 중반 펑크를
수식하는 용어로 쓰였다. 기존 록과 다른 흐름이라는 의미다.
이후 뉴웨이브는 후기 펑크, 신스팝으로 세분되면서 폭발했다.
듀란 듀란Duran Duran, 컬처 클럽, 펫 숍 보이스Pet Shop Boys,
아하A-ha 등등. 그중 대중적으로는 덜 조명받았지만,
예술적으로 가장 높이 날아오른 밴드가 있다. 1974년
데이비드 번David Byrne과 예술 학교 동창 두 명을 중심으로
결성된 토킹 헤즈Talking Heads다.

독특한 이름이다. 영상 쪽에서 쓰는 용어로 '머리를
클로즈업한 말하는 사람'을 의미한다. 인터뷰에 따르면
"음악적인 느낌이 없는" 간판을 원했다고 한다. 실제로도
그랬다. 토킹 헤즈의 멤버들은 탁월한 연주자가 아니었다.
심지어 베이시스트는 베이스를 쳐본 적도 없었다. 한데 바로
이런 이유로 토킹 헤즈는 역사상 가장 독창적인 밴드 중
하나가 될 수 있었다.

이른바 무지에서 오는 창조성이다. 지식은 기쁨을
증폭할 수도 있지만 분산시킬 수도 있다. 때로 지식보다
중요한 건 생각의 보트를 뒤흔드는 상상력이다. 따라서 그들의
음악에서 일관성을 기대해서는 안 된다. 일관성은 재미라고는
없는 놀이터가 될 수 있다. 그럼에도 토킹 헤즈의 음악을
설명해야 한다면 이렇다. 그들은 최소주의를 지향하면서도
아프리카 리듬을 도입하는 등 록의 새로운 지평을 연 성취를
인정받는다.

음악이 궁금하면 막 개봉한 영화 〈스톱 메이킹 센스 Stop Making Sense〉를 추천한다. 이 작품은 다큐멘터리가 아니다. 1983년 라이브를 찍은 콘서트 필름이다. 감독은 이후 〈양들의 침묵〉을 연출한 조너선 드미Jonathan Demme가 맡았다. 장담할 수 있다. 세상 어디에서도 볼 수 없는 진귀한 무대를 만날 수 있을 것이다. 일관성 없음이 도리어 매력이 되는 '갑툭튀'의 즐거움을 누릴 수 있을 것이다. 영화 타이틀 그대로다. 이해하려 하지 말고 느끼면 된다. 지식이 아닌 상상력을 발휘하라.

지루한 평화보다 논란의 핵심으로

: **넥스트**《The Return of N.EX.T Part 2: World》

지금까지 이런저런 명반 선정에 참여했다. 작업은 대개 다음처럼 이뤄진다. 만약 100장을 꼽는다면 각자 100장을 선택하고, 점수를 합산하는 식이다.

제법 공평한 방식이라고 볼 수 있다. 이보다 더 나은 방식을 상상하기 어렵다. 불만이 없지는 않다. 투표에 밀려 동일한 밴드의 내 선택과는 다른 앨범이, 그것도 어김없이 선정되었다는 것이다. 넥스트 N.EX.T가 그런 경우다.

수백 번을 곱씹어도 (신해철 솔로를 제외하면) 넥스트 최고작은 《The Return of N.EX.T Part 2: World》라고 확신한다. 그럼에도, 결과는 항상 전작인 《The Return of N.EX.T Part 1: The Being》(1994)의 몫이었다. 나도 안다. 하중을 따지는 게 무의미할 만큼 두 앨범 다 걸작이다. 그러나 인류 역사상 가장 오래된 놀이 중 하나가 '최애 픽'이라는 점을 잊어서는 안 된다. 선택지가 아무리 많더라도, 팝송 제목 그대로 인류는 기어이 'My Favorite Thing'을 뽑았다.

우선 신해철이 직접 남긴 언급을 거론하지 않을 수 없다. 그에 따르면 《The Return of N.EX.T Part 1: The Being》은 일종의 미완이었다. 멜론과 공동 진행한 '한국 대중음악 명반 100'에도 썼듯 《The Return of N.EX.T Part 1: The Being》은 밴드라기보다 신해철 솔로에 보다 가까운 결과물이다.

증거는 충분하다. 〈이중인격자〉의 경우, 마땅한 연주자를 구하지 못해 신해철 본인이 기타를 잡은 것이었고,

드러머로 표기된 이수용은 녹음이 거의 끝난 상태에서
들어왔다는 게 팩트다. 베이스 역시 신해철이 '줄 하나로'
친 트랙이 여럿이다. 즉 신해철 개인 아닌 밴드 넥스트의
넘버원을 뽑는다는 점을 전제로 할 때 모순이라는 인상을
지우기 어렵다. "사람들이 《The Return of N.EX.T Part 1:
The Being》이 명반이라고 하면 좀 갑갑하긴 하다."♫ 그가
생전 음악평론가 성우진 씨와 했던 인터뷰 중 일부다.

그에 반해 《The Return of N.EX.T Part 2: World》는
신해철이 구상해온 드림 팀이 일궈낸 첫 작품이었다. 그중
기타리스트 김세황의 존재감은 절대적인데 《The Return
of N.EX.T Part 2: World》에서 신해철의 목표는 '김세황을
중심으로 모조리 시도해본다'였음이 분명하다. 신해철은
탁월한 창작자이기 전에 엄청난 헤비 리스너였다. 그러니까
《The Return of N.EX.T Part 2: World》는 장르 따위 가리지
않고 닥치는 대로 음악을 빨아들인 그의 이력을 정확히
반영한다. 그 결과 음반에는 팝, 록, 펑크funk에 가까운 리듬,
프로그레시브 메탈, 전자음악, 기타 중심의 연주곡 등이 싹 다
담겼다.

무엇보다 두 개의 파트로 구성된 9분 32초짜리 대곡
〈세계의 문〉을 서두에 배치한 점이 이를 증명한다. 서정적인
전반부에 이어 강력하면서도 속도감으로 넘치는 후반부가
벼락처럼 내리치고, 이내 화려하게 비상하는 구성을 통해
신해철은 마침내 넥스트라는 최종 병기가 완성되었음을

♫   2008년 〈경향신문〉이 주관한
    '한국 대중음악 100대 명반'
    인터뷰에서 말했다.

알리고 싶었을 것이다. 그렇다. 이것은 강력한 선포다. 강렬하기 그지없는 성명서다. "한국 록 역사에 길이 빛날 밴드가 드디어 탄생했다."

발매 당시 백화점식 진열을 연상시킨다며 지적한 비평가가 몇 있었음을 기억한다. 그러나 나는 이게 도리어 《The Return of N.EX.T Part 2: World》의 가장 큰 성취라고 본다. 신해철이 인터뷰를 통해 여러 번 강조했던 자신의 '개짬뽕 계보'를 이 앨범만큼 탁월하게 반영한 사례는 없는 까닭이다. 음반에서 넥스트는 장르를 종횡무진하면서 음악적 성취를 일궈내는 동시에 히트도 기록했다. 싱글로는 파워 발라드 〈힘겨워하는 연인들을 위하여〉가 인기를 누렸고, 국악을 접목한 〈Komerican Blues〉와 물질만능주의를 비판한 〈Money〉도 많은 사랑을 받았다. 힘들었던 시절 용기를 준 〈Hope〉 역시 빼놓을 수 없다.

세상에 대한 신해철의 태도에 대해 적고 마무리하려 한다. 그는 설령 논란이 있더라도 지루한 평화에 안주하는 대신 논란의 핵심으로 다가서기를 주저하지 않았다. 스스로에게 정직하게 행동함으로써 일부에게는 불편을 야기할 수도 있다는 숙명을 당당하게 받아들인 결과였다. 더불어 내 경험에 의거해 말하면 사석에서 그는 누구보다 유머 감각 넘치고, 가족을 사랑하는 사람이었다. 그가 진행한 라디오 애청자라면 동의할 것이다.

신해철은 "만약 두 앨범이 합본으로 나왔다면 끝 곡은

〈The Ocean: 불멸에 관하여〉 차지였을 것"이라고 말했다. 완전하게 동의한다. 앨범으로는 《The Return of N.EX.T Part 2: World》가 최고지만 곡으로는 〈The Ocean: 불멸에 관하여〉가 영순위일 테니까.

연륜 깊은 밴드가 펼쳐 보인
실험적인 최신 음악

: **YB**《Odyssey》

젠트djent라는 장르가 있다. 웬만한 음악 마니아 아니고서는 알 수 없는 장르다. 젠트는 헤비메탈의 하위 장르다. 2000년대 말부터 떠오른 흐름으로 시원하게 뻗는 저음역대를 특히 강조한다. 이게 핵심이다. 그냥 저음만 연출하는 건 어렵지 않다. 젠트는 특유의 저음을 구현하기 위해 복잡한 악기 세팅을 요구한다. 계측기처럼 정확하면서도 기술적인 연주 또한 젠트의 특징이다.

최근 이런 젠트를 음악에 녹여낸 밴드가 등장했다. 어떤 독자는 긴장할 것이다. 헤비메탈도 익숙지 않은데 젠트는 또 뭔가 싶을 것이다. 괜찮다. 밴드의 존재가 안정감을 줄 것이기 때문이다. 아무리 록을 듣지 않았어도 알 수밖에 없는 그 밴드의 정체, 바로 YB다.

이렇게 생각하면 된다. 굳이 분류하면 YB는 대중 친화적 록 밴드다. 히트곡을 여럿 발표했고, 두꺼운 팬층을 자랑한다. 요컨대 지금껏 쌓아온 경력을 유지하기만 해도 뭐라 할 사람 하나 없다. 그들이 새 영역에 도전하지 않았던 건 아니다. 예를 들어 10집 《Twilight State》(2019)는 밴드 역사를 통틀어 가장 다채로운 록의 팔레트를 담아낸 작품이었다.

신보 《Odyssey》는 그럼에도 명백하게 다르다. 낮고, 무거운 기타 리프와 윤도현의 으르렁대는 보컬만 들어봐도 곧장 느낄 수 있을 것이다. 앨범에서 YB는 마치 신탁을 받은 듯 진짜배기 메탈 밴드가 됐다. 일시적 포즈가 아닌 메탈이 그들의 숙명인 것처럼 노래와 연주를 통해 사자후를 쩌렁쩌렁하게 울린다.

보이 밴드 엑스디너리 히어로즈 Xdinary Heroes를
피처링한 〈Rebellion〉이 대표적이다. 이 곡은 유튜브와
쇼츠를 통해 10대와 20대도 아는 히트곡이 됐다. YB는
이를 바탕으로 2025년 대학 축제를 휩쓸었다. 밴드 역사상
가장 마니아적인 음악을 추구했음에도 근 10년간 대중적/
비평적으로 가장 큰 주목을 이끌어낸 것이다.

무엇보다 YB는 가장 최신이라 할 젠트를 내세웠다.
이 점이 중요하다. 젠트, 더 나아가 헤비메탈은 죽지 않았다.
기실 헤비메탈이야말로 음악적인 실험이 빈번하게 이뤄지는
장르다. 2010년대 이후만 해도 젠트, 데스코어 deathcore,
매스코어 mathcore 등이 연이어 등장했다. 물론 당신은 몰라도
상관없다. 딱 하나만 기억하면 된다. 장고 Django의 d가 그런
것처럼 젠트의 d는 묵음이다.

'무심함'과 '툭'으로 설명되는 음악 세계

: 장기하와 얼굴들

그것은 거의 광풍이었다. 갑작스럽게 우리에게 불어온 유쾌한 농담이기도 했다. 어떤 곡이 하나의 현상으로 작용했는지 알아보려면 아주 쉬운 방법이 있다. 밑에 달린 주석의 양을 보면 된다. 그렇다면 이 곡은 가히 하나의 거대한 현상이었다. 대체 이 곡이 어디에서부터 비롯되었고, 어떤 의미를 우리에게 던지는지에 대한 수많은 독후감과 비평이 줄줄이 따라왔기 때문이다.

2008년 《싸구려 커피》 발매 이후 장기하와 얼굴들은 총 다섯 장의 앨범을 발표했다. 그러고는 "밴드로서 이보다 더 좋은 음악을 상상하기 어렵다"면서 해체를 선언했다. 이 과정에서 내가 주목한 건 그들의 '표정'이었다. 해체 당시 (속마음은 짐작하기 어렵지만) 장기하와 얼굴들의 표정은 참으로 무심해 보였다. 해체하는 과정 역시 그들의 음악을 꼭 닮은 구석이 있었다. 장기하와 얼굴들은 그들의 음악처럼 '툭' 하고 뿔뿔이 흩어졌다.

'무심함'과 '툭'은 장기하의 음악 세계를 설명하는 데 아주 중요한 키워드다. 〈싸구려 커피〉만은 아니다. 장기하와 얼굴들 시절의 히트곡, 예를 들어 〈별일 없이 산다〉 같은 곡을 들어보라. 그들은 결코 감정적으로 과잉을 지향하지 않는다. 도리어 지양한다. 요컨대 이별 앞에서 울고불고를 넘어 고통 속에 몸부림치는 대중음악의 통속성과는 한참 거리가 멀다. 청승의 습기는 조금도 없다. 그들의 음악에서는 이별마저도 '툭' 하고 온다.

진지함 따위를 기대해서는 안 된다. 니체가 말한 것처럼 그에게 "진지함이란 곧 둔한 정신의 분명한 징후"♩일 테니까. 따라서 그는 선구자 같은 뮤지션이기도 하다. 그가 데뷔했을 때 (지금도 그렇지만) 대한민국은 과한 엄숙주의가 지배하는 나라였다. 이런 세계에서 "심각함은 그 자체로 웃어야 할 이유가 된다. 심각함이 커질수록 웃음은 고조된다."♩♩ 그리하여 웃음은 인생이라는 화마를 잡기 위한 필사의 맞불이 된다.

굳이 니체까지 끌어오지 않아도 정신적 속박에서 탈주하기 위해 우리는 농담을 한다. 장기하(와 얼굴들)의 음악이 바로 그렇다. 거기에 답답함이라고는 없다. 가볍고, 날래고, 유연하다. 이렇듯 무심한 기조가 역설적으로 음악 팬의 열광을 낳았다는 점은 흥미롭다. 장기하와 얼굴들은 2집 《장기하와 얼굴들》로 한국대중음악상 '올해의 음반상'을 거머쥐었고, 이후 음반에서도 꾸준히 히트곡을 내면서 대한민국 록 역사를 대표하는 존재로 떠올랐다. 그들의 음악이 상업적으로만 기세를 올린 건 아니다. 비평적으로도 큰 찬사를 얻었다. 그렇다. 이제 우리는 그들을 향한 상징적인 수식에 대해 말해야 한다. '한국 대중음악의 오래된 미래'라는 표현이다.

뜻은 다음과 같다. 장기하 스스로 밝혔듯이 그들의 음악은 정확히 두 밴드에게 영향받았다. 산울림과 송골매다. 굳이 분류해야 한다면 독창적인 발상은 산울림에게, 말하듯 노래하는 스타일은 송골매(그중에서도 배철수)에게 뿌리를

♩, ♩♩
《우상의 황혼 Götzen-Dämmerung》에 나오는 구절이다.

둔다고 정리할 수 있다. 그러면서도 이 둘과 다르다. 그의 음악은 단지 과거의 메아리에 그치지 않는다. 박제되지 않은 채 시선은 미래를 향한다. 이제 당신은 '한국 대중음악의 오래된 미래'가 어떤 의미인지 어렴풋이 이해할 수 있을 것이다.

　　해체 이후 '별일 없이 사는 것 같았던' 장기하는 2022년 솔로 싱글 〈2022년 2월 22일〉과 EP 《공중부양》을 '툭' 하고 발매했다. 음반을 관통하는 핵심은 제목에 다 들어 있다. 의도치 않게 베이스 연주를 빼게 되었는데 다 완성하고 보니 음악이 뭔가 둥둥 떠다니는 인상을 받았다고 한다. 그래서 제목이 《공중부양》.

　　사람들은 보통 장기하가 창조한 음악의 말'맛'이 끝내준다고 말한다. 이것이 진실이라면 《공중부양》은 그의 디스코그래피 중에서도 최선의 선택지다. 곡으로는 〈부럽지가 않어〉와 〈가만있으면 되는데 자꾸만 뭘 그렇게 할라 그래〉를 꼽고 싶다.

　　이거 참 별난 음악이다. 대체 어디서 '갑툭튀'한 건지 도무지 파악할 수 없다. 무엇보다 '반주'가 그렇다. 이 단어에 주목하기 바란다. 나는 '연주'라고 적지 않고 '반주'라고 썼다. 가수의 목소리를 뺀 나머지를 감상하면 이건 연주 아닌 영락없는 반주다. 그것도 초보자가 재미로 해본 것 아닌가 의심이 들 정도로 엉성하고, 성긴 반주가 전곡에 걸쳐 계속된다.

단순히 '비워냈다'는 표현으로는 한참 부족하다. 순서를 바꿔야 한다. 이것은 음악이 선先인 결과물이 아니다. 차라리 가사를 더욱 효과적으로 전달하기 위한 장치 정도로 봐야 한다. 그런데 기묘하다. 자꾸 듣게 된다. 장기하가 써 내려간 노랫말에 집중해 감상하다 보면 어느새 음반의 끝자락에 다다른다. 이런 측면에서 장기하는 브리콜뢰르적인 뮤지션이다. 그는 언어라는 도구의 범용성과 잠재력에 최선의 관심을 기울인다.

어떤 사람은 '대체 이게 뭐야' 싶을 수 있다. 이걸 부정하지 않는다. 그러나 음악의 즐거움이 사운드만이 아닌 '말맛'에서도 나올 수 있다는 걸 아는 사람이라면 어쩌면 쾌감을 넘어선 희열을 느낄 수 있을 것이다. 그의 세계를 총체적으로 맛보고 싶다면 2025년 발매한 《하기장기하》를 플레이하면 된다. 장기하와 얼굴들 시절을 포함해 그의 역사를 두루 포괄한 라이브 앨범이다.

글쎄. 현재 대중음악에서 유사종을 찾기란 거의 불가능에 가깝다고 봐야 하지 않을까. 따라서 그의 음악을 수식할 수 있는 표현은 딱 하나로 수렴된다. 장기하류流다. 놀라지 마시라. 장기하류를 수련하면 공중부양도 불가능한 꿈이 아니다.

샤먼이 된 아티스트

: 추다혜차지스《소수민족》

〈타이니 데스크Tiny Desk〉라는 음악 라이브 쇼가 있다. 유튜브에 업로드되면 수백만 회 조회 수를 기록하는 유명 채널이다. 2017년쯤 〈타이니 데스크〉는 한국에서 무명이나 마찬가지였다. 이런 〈타이니 데스크〉를 한국에 널리 퍼뜨린 존재가 있다. 밴드 씽씽SsingSsing이다. 2025년 9월 현재까지 씽씽이 출연한 회차의 조회 수는 900만 회에 육박한다.

세 명의 국악 소리꾼에 세 명의 서양 악기 연주자로 이뤄진 밴드다. 민요에 록, 펑크funk, 사이키델릭을 섞은 독창적인 음악으로 주목받았다. 그러나 1년 뒤인 2018년 씽씽은 돌연 해체했다. 맥이 끊긴 건 아니다. 음악 감독 장영규는 이날치를 결성해 〈범 내려온다〉를 세상에 내놨다. 이희문은 대중음악과 국악계를 넘나들면서 활동 중이다. 그리고 2025년, 새 앨범을 발표한 추다혜가 있다.

밴드 추다혜차지스의 2집 《소수민족》은 장르를 정의하는 것 자체가 불가능한 앨범이다. 한국 전통 무가巫歌를 바탕에 두되 여러 서양 장르를 해체하고, 뒤섞고, 재창조한 까닭이다. 그러면서도 중심이 단단하게 잡혀 있다. 멤버 각자의 역량이 탁월한 덕분이다. 대표적으로 〈사이에서〉의 저역대 베이스 연주와 추다혜의 주술적인 가창은 마치 샤먼이 노래하는 사이키델릭 솔/펑크funk처럼 들린다. 추다혜는 이 앨범에 대해 이렇게 말한다. "굿에서 풍기는 무드와 펑키함을 전달하고 싶었어요. 사실 아티스트가 샤먼의 역할을 하는 거잖아요."

《소수민족》에서 추다혜는 서도민요 전공자답게
콧소리와 속소리를 두루 아우르면서 전통과 현대의 맥을
잇고, 충돌과 융합의 과정 속에 장르의 경계를 와르르 허문다.
어떻게 보든 인위적으로 나눈 범주 따위 의식하지 않은
음악임이 분명하다. 추다혜차지스의 세계 안에서 장르의
세목細目은 음악이라는 더 큰 존재 아래 공평한 자리를
부여받고, 끝내 무화無化된다. 모든 곡에서 추다혜는 강렬한
극화를 완성하는데, 거기에는 그가 어떤 역할을 하고 있다는
느낌조차 없다. 과연 진짜배기 접신이란 이런 것이리라.
    하나 더 있다. 다양성과 질서는 모순된 개념이 아니다.
우리는 자유롭고 개방적이면서도 기반이 탄탄한 네트워크를
얼마든지 구축할 수 있다. 비유하자면 통풍 잘되는 유기적인
공동 신체 같은 것이다. 장담할 수 있다. 《소수민족》은 2025년
연말 결산에서 반드시 거론될 것이다. 그만큼 압도적인
설득력으로 듣는 이를 사로잡는 작품이다.

끝없이 추락하며 닿은,
마침내 기지개 켤 수 있는 어딘가

: **한로로** 〈입춘〉 〈도망〉

가끔 음악 관련 심사를 맡는다. 이유는 명확하다. 새로운 재능을 먼저 포착할 기회이기 때문이다. 최근 5년간 심사를 통해 여러 뮤지션을 만났다. 그중 이 가수를 처음 접한 순간을 잊지 못한다. 〈입춘〉(2022)이라는 곡으로 널리 알려진 한로로다.

인터뷰에 따르면 '입춘'의 주인공은 '우리'다. 그러나 제목과 달리 내용은 설렘과 거리가 멀다. 곡에서 주인공은 "아슬히 고개 내민" 자신에게 봄 인사 건네줄 누군가를 기다린다. 한로로의 말에 따르면 "넘어지더라도 꽃피우고 싶은 우리를 따뜻하게 감싸달라는 의도다." 한로로는 후렴구의 폭주하는 록 기타 연주를 통해 화자의 간절함을 인상적으로 표현한다. 그가 Z세대의 록 스타로 불리는 가장 큰 바탕이다.

얼마 전 한로로의 신곡 〈도망〉이 공개됐다. 주제는 〈입춘〉 때와 유사하다. 밝아오는 천국은 우리와 아무 상관없다. 추락은 고통이지만 그것이 "끝없는 추락"이라면 고통 또한 없을 것이다. 롤랑 바르트식으로 말하면 그녀에게 세계는 곧 무딘 의미다. 종잡을 수 없고, 미끌미끌해서 끝내 닿을 수도, 잡을 수도 없는 세계다. 이런 주제를 한로로는 서정적인 멜로디와 강렬한 록 기타 연주로 실어 나른다. 작은 체구에서 뿜어져 나오는 에너지에 여러 비평가와 팬이 찬사를 보냈다.

그녀의 음악에 흐르는 정서 중 하나는 분노다. 그러나 한로로의 분노는 폭력적인 흑백논리가 지배하는 공간 너머 정신이 마침내 기지개 켤 수 있는 어딘가를 꿈꾼다. 그렇다. 타자를 악마화할 뿐인 분노는 그저 허망하다. 그것은 돌고 돌아 결국 자기 자신을 해친다. 따라서 우리는 분노가 우리를 분열시키지 못하도록 세밀히 조율하고, 경영하는 법을 배워야 한다. 일상에서의 용기와 통찰을 위한 밑거름으로 삼을 줄 알아야 한다. 분노가 지닌 변화의 힘을 믿어야 한다. 오스카 와일드가 쓴 것처럼 "진정으로 무서운 것은 마음을 돌덩이로 만드는 것"일 테니까.♬

　　무언가에 분노할 힘도 없는 사람은 무언가를 사랑할 능력도 없다. 한로로와 그녀의 음악에서 이 능력의 원천을 본다.

♬　오스카 와일드의 책
《심연으로부터 De Profundis》에
나온다.

⑥

음악과
다른 예술이
만날 때

이것은 음악평론이 아니다

쏟아지는 비마저 연출로 만들어버린
하프타임 쇼,
그리고 콩글리시

미국의 국민 스포츠는 미식축구다. 미식축구 시장 규모는 유럽 축구 4대 리그(잉글랜드, 스페인, 독일, 이탈리아)를 합친 것보다 크다. 따라서 가장 거대한 스포츠 이벤트는 미식축구 결승전인 슈퍼볼이라 할 수 있다.

음악계에서도 슈퍼볼은 매년 화제다. 전·후반 중간에 펼쳐지는 하프타임 쇼 때문이다. 2025년의 주인공은 켄드릭 라마Kendrick Lamar였다. 솔직히 큰 인상은 못 받았다. 켄드릭 라마는 현대 힙합의 왕이다. 이걸 부정할 사람은 없다. 나역시 그의 음악을 높이 평가하고 자주 듣는다. 그러나 장르가 무엇이든, 메시지가 어떻든 반주 테이프 틀고 하는 라이브에 별 감흥을 느끼지 못한다. 같은 힙합이라면 닥터 드레Dr. Dre, 스눕 독Snoop Dogg, 에미넘Eminem, 켄드릭 라마가 함께 나온 2022년 하프타임 쇼가 훨씬 근사했다.

한국에서는 반주 테이프를 MR이라고 한다. 콩글리시다. 잘 만든 콩글리시이기도 하다. 뮤직 리코디드music recorded를 줄인 말인데, 그럴듯하다. 정확한 표현은 인스트루멘털instrumental이다. 녹음된 연주로 해석하면 맞다. 하나 더. 한국에서는 recording과 recorded를 레코딩, 레코디드로 표기하는데 틀렸다. 동사 기반이므로 리코딩, 리코디드라고 해야 한다.

원래 하프타임 쇼의 성격은 지금과 달랐다. 프로 아닌 아마추어의 영역이었고 대학 마칭 밴드나 군악대가 출연했다. 하프타임 쇼가 미국을 넘어 세계적 화제를 모으기 시작한 건 1993년부터다. 다름 아닌 마이클 잭슨이 하프타임 쇼를 맡았던 해다. 동 시간대 우위를 점하기 위해 당대 최고 팝 스타를 섭외한 것이다. 지금도 전설로 회자되는 마이클 잭슨의 하프타임 쇼에 견줄 수 있는 존재는 오직 하나, 2007년의 프린스뿐이다.

비평가 하닙 압두라킵Hanif Abdurraqib은 프린스의 하프타임 쇼를 다음처럼 표현한 바 있다. "내게 41회 슈퍼볼은 오로지 하프타임에 벌어졌던 일로만 기억될 것이다. 그 전에, 그 뒤에 무슨 일이 있었는지는 전혀 기억나지 않는다."♬

하프타임 쇼 당일 비가 오자 프로듀서가 물었다고 한다. "비 오는데 괜찮겠어요?" 프린스의 대답이 걸작이다. "비 더 내리게 할 수 있어요?" 그리고 프린스는 역사에 길이 남을 〈Purple Rain〉 라이브를 선보였다. 이런 에피소드도 있다. "세계 최고 기타리스트는?"이라는 질문에 에릭 클랩턴이 "프린스에게 물어봐요"라고 했다는 것이다. 도시 전설이다. 에릭 클랩턴은 이런 말을 한 적이 없다. 참고로 도시 전설을 영어로 하면 어번 레전드urban legend다. 이것은 콩글리시가 아니다.

♬ 《죽이기 전까진 죽지 않아》
(하닙 압두라킵 저, 최민우 옮김, 카라칼, 2022)에 나온다.

응원가와 함께 더 유쾌하게
해외 축구 즐기기

축구를 좋아한다. 음악 빼면 축구가 제일이다. 지난주 유로파 리그 결승이 열렸다. 손흥민이 아시아인 최초로 유럽 메이저 대항전 우승을 이끈 주장이 됐다. 토트넘 홋스퍼는 17년 무관의 세월을 마침내 끝냈다.

토트넘 경기를 볼 때마다 미국 뉴올리언스가 떠오른다. 5년 전 뉴올리언스 여행 때 거리에서 내내 들렸던 노래 〈When The Saints Go Marching In〉 때문이다. 뉴올리언스 주가州歌인 이 곡은 작자 미상의 흑인 가스펠이다. 구전으로 전해지다가 악보의 시대가 열리면서 많은 음악가가 다시 불렀다. 루이 암스트롱 버전이 가장 유명하다. 노랫말은 어렵지 않다. "성자들이 행진할 때 나도 끼어서 천국 가고 싶다"라는 내용이 거의 전부다.

하나 더 있다. 이 곡은 토트넘 홋스퍼의 응원가로 경기장에서 커다랗게 울려 퍼진다. TV 스피커를 뚫고 들릴 정도다. 합창하기는 쉽다. 'Saints'를 토트넘 홋스퍼의 애칭인 'Spurs'로 바꾸면 응원 준비 끝이다. 당연한 말이지만 이외에도 축구 응원가는 무진장 많다. 그중 잘 모를 만한 곡 몇 개를 소개한다.

프라텔리스 〈Chelsea Dagger〉(2006)

이름을 처음 접하는 사람도 있을 것이다. 스코틀랜드 출신으로 존 프라텔리 Jon Fratelli가 이끄는 3인조 밴드다. 다른 두 명의 이름은 배리 프라텔리 Barry Fratelli와 민스 프라텔리Mince Fratelli. 가족일 거라고 추측하면 오산이다.
리더의 본명에 맞춰 가명을 똑같이 지은 것이다. 과거
라몬스Ramones라는 밴드가 썼던 방법이다.

이 곡은 스코틀랜드 최강 팀인 셀틱 FC의 응원가로
오랫동안 불렸다. 후렴구를 들어보면 "이 곡 알지"라고
할 확률이 아주 높다. 광고 음악으로 많은 사랑을 받았기
때문이다. 제목은 존 프라텔리 아내의 별명에서 따온 것이다.
전직 댄서인데 활동명이 '첼시 대거'였다고 한다. 그러나 정작
첼시 FC에서 응원가로 사용한 적은 없다.

카이저 치프스 〈I Predict a Riot〉(2004)

'리즈 시절'이라는 말, 다들 알고 있을 것이다. 바로
리즈 유나이티드 FCLeeds United FC라는 축구 클럽에 기원을
둔 표현이다. 예전에 앨런 스미스Alan Smith라는 축구 선수가
있었다. 리즈 유나이티드 FC 소속으로 실력이 꽤 좋아서 당시
박지성 선수가 뛰고 있던 빅 클럽 맨체스터 유나이티드로
전격 이적했다. 그런데 희한하게 이때부터 부상 및 부진으로
실력이 하락세를 걸었다. 그러면서 국내 팬들이 "저 친구의
리즈 시절이 있었지"라고 빗댄 것이다. 물론 영국에서는 전혀
사용하지 않는 콩글리시다.

〈I Predict a Riot〉은 리즈 팬의 응원가다.
시원시원하게 질주하는 후렴구를 반복해서 '떼창' 한다. 이
노래를 응원가 삼은 이유는 기실 별것 없다. 이 곡을 발표한

카이저 치프스Kaiser Chiefs가 리즈에서 결성된 밴드이기
때문이다.

로비 윌리엄스 〈It's Only Us〉(1999)

팝을 어느 정도 들었다면 이 곡을 모를 수 없다. 나 같은
겜돌이에게는 더욱 그렇다. 이 곡은 로비 윌리엄스Robbie
Williams가 게임 주제가로 발표해 화제를 모았다. 바로 축구
게임 〈피파 2000〉이다.

원래 로비 윌리엄스는 게임 음악을 만들 생각이 조금도
없었다고 한다. 게임 회사 측에서 삼고초려를 하자 결국 다음
같은 조건을 내걸었다. 첫째, 1부 리그에는 없지만 자신이
응원하는 팀인 포트 베일 FC Port Vale FC를 게임에 구현해달라.
둘째, 바로 나, 로비 윌리엄스도 게임에 구현해달라. 놀랍게도
게임 회사가 이를 승낙했다고 한다. 이런 과정을 거쳐 발매된
〈It's Only Us〉는 영국 싱글 차트 1위에 오르면서 엄청나게
히트했다. 서로에게 윈윈이었던 셈이다.

《기사단장 죽이기》에 넘쳐흐르는 음악
: **무라카미 하루키** 《기사단장 죽이기》

무라카미 하루키 팬이라면 그가 오랜 음악광이라는 걸 모를 수 없다. 그는 자타공인 골수 레코드 컬렉터이자 음악 마니아다. 음악에 대한 애정 역시 시대와 장르를 훌쩍 뛰어넘는다. 클래식과 재즈는 기본, 대중음악에 대한 지식도 상당해서 그의 작품을 읽으면 수많은 음악가의 이름을 접할 수 있다. 1990년대는 보통 취향의 시대로 정의된다. 무라카미 하루키는 그런 경향을 주도한 작가였다. 그는 자신의 취향을 음악을 통해 꽤 직접적인 각인으로 새겨 넣는다. 《기사단장 죽이기》도 예외는 아니다.

작품을 통해 우리는 클래식과 재즈, 팝, 록을 넘나드는 음악을 만날 수 있다. 중심축이 되는 장르는 클래식이다. 즉 전작 《1Q84》와 어느 정도는 닮은꼴인 셈이다. 더 나아가 《기사단장 죽이기》는 구성에서도 《1Q84》를 떠올리게 하는 구석이 많다.

차이가 없지는 않다. 《1Q84》에서 주제가 비슷하게 쓰이는 레오시 야나체크Leoš Janáček의 관현악곡 〈신포니에타〉는 어지간한 클래식 팬 아니고서는 낯선 이름이다. 그러나 소설을 읽은 사람이라면 아오마메가 표적이 된 남자를 아이스 픽으로 찔러 죽일 때 소설 속에 흐르는 것으로 묘사되는 이 곡을 잊을 수 없다.

《기사단장 죽이기》는 좀 다르다. 소설에 등장하는 클래식 음악가를 모르는 독자는 거의 없을 것이다. 이유는 단순하다. 엄청나게 유명한 이름이 호명되기 때문이다.

이를테면 유명한 모차르트의 오페라 〈돈 조반니〉가 그렇다. 무라카미 하루키는 〈돈 조반니〉에서 책의 주요 테마를 가져왔다.

　　　그래서 주인공인 나와 주연에 가까운 조연이라 할 멘시키가 〈돈 조반니〉를 감상하는 장면이 자주 등장한다. 둘 중 이 오페라를 프라하의 작은 가극장에서 직접 봤다고 말하는 멘시키는 모차르트의 오페라와 같은 작품에 필요한 것은 "실내악적인 친밀함"이라는 견해를 덧붙인다. 그런 의미에서 가수건 지휘자건 전부 처음 보는 사람들이었지만 프라하의 가극장에서 본 〈돈 조반니〉가 어쩌면 가장 이상적인 〈돈 조반니〉였는지도 모른다고 말한다. 무라카미 하루키 본인의 의견이라 해도 틀린 말은 아닐 터다.

　　　실내악적인 친밀함이라. 마땅한 사례가 떠오르지 않아 클래식에 정통한 지인에게 자문을 구했다. 잠시 고민한 뒤 그가 내놓은 대답은 글라인드본 음악제The Glyndebourne Festival 초창기에 연주된 〈돈 조반니〉가 가장 이상적이지 않을까 싶다는 것이었다. 지금이야 규모가 매우 큰 (어쩌면 상업적이라 할) 축제로 변했지만, 그의 말마따나 프리츠 부슈Fritz Busch가 1936년 지휘한 〈돈 조반니〉를 감상하면 실내악적 친밀함이라는 게 어떤 의미인지 조금은 느낄 수 있을 것이다. 한데 굳이 글라인드본 음악제를 언급한 데는 이유가 있다. 소설에서 〈돈 조반니〉만큼이나 자주 등장하는 리하르트 슈트라우스Richard Strauss의 〈장미의 기사〉 때문이다.

무명의 여러 음악가에 의해 연주된 것으로 나오는 〈돈 조반니〉와 달리 《기사단장 죽이기》에서 〈장미의 기사〉는 제법 구체적으로 묘사된다. 지휘는 게오르그 솔티Georg Solti, 노래는 레진 크레스팽Régine Crespin과 이본 민턴Yvonne Minton. 솔티가 지휘봉을 잡은 〈장미의 기사〉는 영국 〈그라모폰〉으로부터 초기 스테레오 시대의 마스터피스로 인정받은 작품이다. 이를 포함해 헤르베르트 폰 카라얀Herbert von Karajan과 에리히 클라이버Erich Kleiber 등이 초기 스테레오 시대를 정의한 〈장미의 기사〉 삼대 걸작으로 거론된다. 카라얀과 클라이버가 지휘한 〈장미의 기사〉의 경우, 작품에서 멘시키가 '이미 들어봤다'는 식으로 언급된다. 여기에 더해 게오르그 솔티는 1954년 글라인드본 음악제에 〈돈 조반니〉를 올린 적이 있다. 글라인드본 음악제를 이 글에 언급한 또 다른 이유다.

클래식 외에 대중음악이 빠질 수 없다. 우선 셰릴 크로Sheryl Crow가 등장한다. 주인공이 차를 타고 여행할 때 침묵을 깨기 위해 셰릴 크로의 1993년 1집 《Tuesday Night Music Club》을 틀어놓는 장면이다. 《Tuesday Night Music Club》은 팝 팬이라면 모를 수가 없는 초대형 히트작이다. 1,000만 장 이상의 판매고, 그래미 시상식 총 세 개 부문 수상 등이 이를 증명한다. 그러나 주인공은 세 번째 곡까지만 듣고 플레이를 중지한다. 심란한 마음에 음악이 너무 시끄럽게 느껴진 까닭이다.

스포일러를 방지하기 위해 주인공의 심리를 밝힐 수는 없지만 나라도 스톱 버튼을 눌렀을 것 같다. 이후 주인공은 셰릴 크로 대신 MJQ Modern Jazz Quartet의 앨범 《Pyramid》(1960)를 들으며 마음을 다잡는다. 확실히 이편이 효과가 좋을 듯싶다. 주인공의 표현대로 "밀트 잭슨 Milt Jackson의 기분 좋은 블루스 솔로"를 직접 만끽해보길 바란다. 그는 역사상 가장 위대한 비브라폰 연주자 중 하나다.

주인공인 '나'가 애호한 재즈 뮤지션은 또 있다. 무라카미 하루키의 '최애'이기도 한 피아니스트 텔로니어스 멍크 Thelonious Monk다. 책에서 무라카미 하루키는 텔로니어스 멍크의 그 기이한 화음이 조리나 논리에 맞춰 생각해낸 게 아니라고 강조한다. 그의 표현에 따르면 멍크의 화음은 그저 두 눈을 크게 뜨고 의식의 암흑 속에서 두 손으로 건져 올린 것이다.

다음 차례는 브루스 스프링스틴 Bruce Springsteen이다. 《의미가 없다면 스윙은 없다》에 직접 쓴 것처럼 무라카미 하루키는 브루스 스프링스틴에 대해 특별한 감정을 품고 있는 게 틀림없다. 《기사단장 죽이기》에서는 주인공이 대표작이라 할 《The River》(1980)를 굳이 LP로 구입한다. LP는 A면과 B면이 나뉘어 있기 때문이다. 즉 A면 마지막 곡인 〈Independence Day〉를 듣고 판을 뒤집은 뒤 B면 1번인 〈Hungry Heart〉를 플레이하는 게 '제대로 된 감상법'이라는 것이다. 실제로 《의미가 없다면 스윙은 없다》에서 무라카미 하루키는 《The River》를 "자주 들었고, 거기에 수록된 〈Hungry Heart〉를 특히 좋아했다"라며 고백했다.

이 외에도 《기사단장 죽이기》에 나오는 음악은 부지기수다. 정확히 세어볼 순 없지만 무라카미 하루키의 비블리오그래피 중에서도 숫자 면에서 최다가 아닐까 싶다. 앞에서 거론한 이름 외에 우리는 베르디, 푸치니, 슈베르트, 베토벤과 만날 수 있고, 도어스의 데뷔작《The Doors》(1967)와 밥 딜런의 컨트리 시절 명반인 《Nashville Skyline》(1969) 등이 그의 애청 목록에 있을 거라고 추측할 수 있다.

어디 이뿐인가. 로버타 플랙Roberta Flack과 도니 해서웨이Donny Hathaway의 듀엣 앨범 《Roberta Flack & Donny Hathaway》(1972)에서 왜 굳이 〈For All We Know〉를 꼭 집어 "멋진 보컬"이라고 써놓았는지, 직접 찾아 듣지 않고서는 알 수 없다. 주인공의 절친이 차에서 트는 뮤지션도 중요하다. 듀란 듀란, 휴이 루이스Huey Lewis, ABC, 바나나라마Bananarama, 고고스Go-Go's 등등. 모조리 1980년대 뉴웨이브/신스팝으로 이뤄진 이 날렵하면서도 경쾌한 플레이리스트는 주인공 친구가 그의 아버지와 전혀 다른 성향의 인물임을 음악적으로 암시한다. 그것은 아버지라는 상징으로부터 해방되기 위해 그가 무의식적으로 구성한 게 아닐까 싶은 음악 취향처럼 여겨졌다.

기실 음악을 잘 몰라도 상관없다고 생각한다. 무라카미

하루키의 세계에서 음악은 어디까지나 엑스트라 역할에 불과할 뿐이니까. 그러나 이 수많은 음악을 챙기지 않는다면 당신은 무라카미 하루키의 세계에서 가장 내밀한 포인트를 놓치는 것일지도 모른다. 시간과 품을 들여서라도 꼭 찾아서 감상해보길 바라는 이유다. 어디선가 하루키의 문학 세계를 '테마파크'라고 정리한 글을 봤다. 요컨대 이 테마파크에서 가장 재밌는 놀이기구 중 하나, 그게 바로 음악인 것이다.

누군가를 이해하는 것과 '더 잘' 이해하는 것 사이에는 꽤 큰 격차가 있다고 믿는다. 그리고 무라카미 하루키의 세계를 이해하는 데 '더 잘'이라는 수식을 가능케 해주는 요소는 단연코 음악이리라.

음악 만화 보면서
음악 들어봤어?

만화책이 꽤 많다. 최소 5,000권은 넘는다. 어린 시절부터 만화책을 좋아했고, 꾸준히 모으는 중이다. 간단하게, '초유명한 만화' 중 대부분이 내 책장에 꽂혀 있다.

초유명 만화 외에 내가 꼭 사서 읽는 만화도 많다. 장르로 구분하면 탐정 만화를 특히 좋아한다. 《용오》나 《마스터 키튼》이 대표적이다. 선호하지 않는 장르도 있다. '병맛 만화'다. 요컨대 《이나중 탁구부》는 내 책장에 존재하지 않는다. 후루야 미노루의 작품 중에서는 《이나중 탁구부》보다 《낮비》나 《심해어》가 훨씬 좋다. 무엇보다 '음악 만화'를 빼놓을 수 없다. 그중 나를 감동의 도가니에 푹 절였던 음악 만화 몇 편을 소개한다. 《피아노의 숲》이나 《노다메 칸타빌레》 등 너무 유명한 작품은 제외했음을 밝힌다.

히라모토 아키라 《나와 악마의 블루스》

제목부터 심상치 않다. 때는 1930년대. 인종차별이 극심했던 미국 남부를 배경으로 이야기가 펼쳐진다. 작품을 읽기 전에 알아두어야 할 기초 상식이 있다. 먼저 블루스라는 건 당시 흑인 노예들이 부른 구슬픈 멜로디 위주의 음악을 뜻한다는 것. 그리고 이 블루스가 발전해서 리듬 & 블루스가 되고, 리듬 & 블루스가 로큰롤로 이름을 바꿔 결국 세계를 제패한 것이 대중음악의 역사적 흐름이다. 즉 대중음악의 출발은 '흑인들이 노래하고 연주한 블루스'였다는 얘기다. 《나와 악마의 블루스》는 블루스 초기 역사에서 유일무이한 존재로 손꼽히는 로버트 존슨의 일대기를 그린 작품이다.

생전 로버트 존슨은 단 29곡의 블루스 음악만 남긴 채 1938년 27세라는 젊은 나이에 세상을 떠났다. 게다가 그 곡들이 세상에 공개된 것은 사후 30년도 지난 시점이었다. 그가 죽은 이유는 지금도 명확하게 밝혀지지 않았다. 여러 '설'이 존재하지만 사실로 확인된 것은 하나도 없다.

수수께끼와도 같은 그의 죽음만큼이나 흥미진진했던 건 그의 삶 자체였다. 얼마나 기타를 독보적으로 잘 쳤으면 '교차로에서 만난 악마에게 영혼을 팔아서 재능을 얻었다'라는 루머에 휩싸였겠나. 책 제목이 《나와 악마의 블루스》인 이유다.

긴장할 필요는 없다. 이 정도 지식만 갖고 감상하더라도 《나와 악마의 블루스》는 박진감으로 넘친다. 책 해설에 있는 것처럼 압도적인 스피드로 전개되는 '블루스 누아르 영화' 한 편을 본 듯한 느낌을 받을 수 있을 것이다. 흑인에 대한 비인간적 차별은 기본이요, 피와 뼈와 폭력이 난무하는 당대 미국 사회에서 주인공 RJ가 어떻게 살아남아 블루스를 들려줄지 부푼 기대감을 안고 책을 펼쳐도 좋다.

사무라 히로아키 《파도여 들어다오》

사무라 히로아키라는 이름을 혹시 아는가? 그렇다면 《무한의 주인》이라는 작품은? 글쎄. 누군가 자신을 만화광이라 소개하면서 정작 《무한의 주인》을 모른다면 그의

말을 크게 신뢰하지는 말라고 조언하고 싶다. 《무한의 주인》은
'예술적 잔인함'을 추구한 작품이다. 살점이 떨어져 나가고
팔과 다리가 절단당하는 가운데 보는 이들로 하여금 예술적
쾌감을 느끼게 하는 만화라고 할까. 결은 다르지만 박찬욱
감독의 영화를 볼 때와 유사하다고 생각하면 된다.

그런데 《파도여 들어다오》는 다르다. 이 작품의 주요한
정서는 '따스한 유머'다. 물론 《무한의 주인》에도 유머가
없는 건 아니다. 그러나 숨통을 틔워주는 정도일 뿐이다.
《파도여 들어다오》에서 사무라 히로아키는 작정하고 웃긴다.
독자는 주인공이 어설퍼서 웃고, 사고뭉치여서 웃고, 때로는
어처구니없게 대범해서 웃을 수 있다.

음악에 대한 만화는 아니다. 표지를 보면 알 수 있듯
라디오에 대한 만화다. 한데 음악과 라디오는 불가분의 관계
아니던가. 심지어 이 만화에는 한국 라디오에서는 절대 나오지
않을 곡이 라디오에서 흘러나오는 것으로 표현되어 있다. 리즈
페어Liz Phair의 〈White Chocolate Space Egg〉 같은 노래가
대표적이다.

이야기는 어떻게 보면 좀 황당하고 무계하다. 삿포로의
수프 카레집 직원이자 화끈한 성격을 지닌 코다 미나레가
술집에서 만난 낯선 남자와 술에 취해 얘기를 하게 됐는데,
알고 보니 이 괴짜 같은 남자가 라디오 PD였다는 게 주된
스토리다. 그는 '완전히 새로운 DJ를 발굴하고 싶다'는
욕망으로 코다 미나레를 DJ로 전격 데뷔시킨다.

결국 《파도여 들어다오》가 말하는 건 DJ의 매력이다. 라디오 스태프는 대체로 다음처럼 구성된다. DJ, 프로듀서, 작가. 프로듀서와 작가는 물론 중요하다. 그러나 DJ에게 매력이 부족하다면 프로듀서와 작가가 아무리 잘해도 소용이 없다.

적시하면 라디오는 레드 오션이 된 지 오래다. 속칭 '음악 좀 앞서 듣는다'고 자부하는 마니아 집단은 다 라디오를 떠났다. 1990년대까지만 해도 라디오를 통해 정보를 얻고 신곡을 체크했던 그들은 이제 훨씬 다채로운 매체를 통해 더욱 풍성한 정보를 '거의 실시간'으로 업데이트한다.

이렇게 주 단위, 하루 단위, 이제는 시간 단위로 급변하는 환경 속에서 라디오는 속수무책일 수밖에 없다. 따라서 2000년대 이후의 라디오는 속도 경쟁 사회에서 일종의 안티테제로 작용했다. 괜히 라디오 청취자들이 사연을 보내면서 '휴식', '위로', '(예전 음악이 최고라는 고정관념에 뿌리를 둔) 명곡' 등의 단어를 많이 사용하는 게 아니다.

대체 원인은 무엇이었을까. 시대가 너무 빨리 변했던 것일까. 라디오가 그 흐름에 맞추지 못한 걸까. 닭이 먼저인지 달걀이 먼저인지 논의하기엔 시간이 많이 흘러버렸다. 과거의 이유를 캐내는 데 집착하기보다 현재를 진단하고 이를 바탕으로 미래를 기획하고 경영하는 게 현명한 태도일 터다.

형세를 드라마틱하게 뒤집을 수 있는 치트키는 없다는 걸 라디오 종사자들도 알고 있다. 그렇다면 활로는 대체 어디에 존재하는 걸까. 결론부터 말하자면 앞으로 라디오에서 디스크자키의 존재감은 더욱 중요해질 것이다. 그래. 맞다. DJ다. 그 어떤 환경에서도 자기만의 매력을 발산할 수 있는 퍼스낼리티를 지닌 DJ 말이다. 이런 측면에서 난 행운아다. '개성' 하면 대한민국 최고라 할 DJ와 20년 가까이 일하고 있으니까 말이다.

"성장하는 자네의 드럼을 들으러 온다네"
: 《블루 자이언트》

돌이켜 보면 누구에게나 처음은 있다. 당신에게도, 나에게도 어설펐던 시절은 엄연히 존재하건만 인간은 대개 그 시절 따위 까맣게 망각한 채 "싹수가 노랗다"며 비웃거나 "재능이 보이질 않는다"며 손쉽게 비판한다. 예술에 관한 한 우리는 천재 신화에 과도하게 함몰되는 경향이 있다. 다시 강조하지만 누구에게나 처음은 있다. 따라서 그 처음을 향한 우리의 태도에 따라 그 처음을 통과하는 누군가의 가능성은 비로소 날갯짓할 수 있을 것이다. 나에게 《블루 자이언트》는 그런 작품이었다.

메인 캐릭터 세 명을 간략하게 설명한다. 주인공 다이는 색소폰 강박증 환자다. 그는 일반인은 꿈도 못 꿀 연습량을 통해 도도한 성격의 피아니스트 사와베마저 눈물짓게 한다. 사와베는 작곡과 피아노에 두루 능통한, 어느 정도 완성된 느낌을 주는 연주자다. 성격적으로 이 둘은 끊임없이 부딪히면서 밴드에서 시너지 효과를 낸다. 마지막으로 타마다가 있다. 타마다에 대해서는 설명할 게 별로 없다. 축구를 그만두고 이제 막 드럼을 시작한 완전 초짜인 까닭이다.

《블루 자이언트》원작 만화 중 1부를 처음 봤을 때 계속 눈길이 머무른 캐릭터는 주인공 다이가 아니라 타마다였다. 다른 두 (친구이자) 멤버의 수준에 어떻게든 맞추려고 애쓰던 어느 날, 관객 중 나이 지긋한 할아버지가 공연이 끝난 뒤 '쓰고 있던 모자를 벗고는' 그에게 와서 말한다. "자네… 좋아지고

있어. 난 자네의 드럼을, 성장하는 자네의 드럼을 들으러
온다네. 자네의 드럼은, 좋아지고 있어."

　으아. 타마다도 울고 나도 울었다. 만화로 봤을 때도
울었는데 애니메이션으로 보면서도 울었다. 둘 사이에 차이는
있다. 만화의 경우 재즈 클럽 내부에서 이 장면이 그려졌지만
애니메이션은 클럽 밖에서 펼쳐진다. 정서는 유사하다. 다른
두 멤버는 라이브가 끝나면 소수지만 열광적인 팬에게 사인을
요청받는다. 타마다는 주위에 아무도 없이 덩그러니 혼자 서
있다. 그런 그에게 할아버지가 스윽 다가와서는 그런 말을
건네는 것이다. 울컥하지 않을 수 없는 신이다.

　널리 알려져 있다시피 《블루 자이언트》는 "음악이
들리는 것 같은 만화"라는 찬사를 받았다. 그러나 음악이
들리는 것 같다는 수식과 진짜 들리는 것 사이에는 엄청난
격차가 있다. 먼저 다음 조건을 상기해야 한다. 무엇보다
주인공 세 명이 결성한 자스Jass가 이제 막 궤도에 오른
밴드라는 것이다. 그러니까, 이것은 이를테면 '매력적으로
삐걱거리는' 재즈다. 피아노 연주만큼은 원숙한 터치를
들려주지만 전체적으로 섬세한 질감보다 듣는 이를 압도하기
위한 양감에 초점을 맞추었다고 보면 된다.

　하긴 그렇다. 너무 뜨겁게 타오른 나머지 붉은빛을 넘어
푸르게 빛나는 별을 뜻하는 '블루 자이언트'를 상징하려면
이런 타입의 연주여야만 할 것이다. 기술적으로는 미완성이지만
재능이 눈앞에서 번쩍거리는 것 같은 연주라고 할까.

애니메이션 음악을 주도한 인물은 그래미상 수상에 빛나는 세계적인 연주자 우에하라 히로미Hiromi Uehara다. 예를 들어 그녀의 대표곡인 〈Spark〉와 이 애니메이션의 수록곡인 〈N.E.W.〉를 비교하면 같은 작곡가가 쓴 게 맞나 싶을 것이다. 그중에서도 〈N.E.W.〉의 시작부터 터져 나오는 색소폰 솔로는 소니 롤린스Sonny Rollins나 존 콜트레인을 연상시키는 근육질 브라스를 너무 프로답게 들리지 않는 선에서 절묘하게 포착한다.

한데 《블루 자이언트》는 앞의 뜻도 있지만 작가 이시즈카 신이치Shinichi Ishizuka가 재즈 색소폰의 왕이라 할 존 콜트레인의 두 걸작 《Blue Train》(1958)과 《Giant Steps》(1960)를 합쳐서 만든 조어이기도 하다. 이시즈카 신이치는 전작 《산》에서도 비슷한 유의 이야기를 보여줬다. 《산》의 주인공은 산에 완전히 미친, 그러면서도 한없이 낙천적인 사람이다. '산'이라는 소재를 《블루 자이언트》에서는 '색소폰'과 '재즈'로 바꾼 셈이다.

주제가라고 할 만한 곡은 자스의 첫 무대와 대미를 장식하는 곡 〈First Note〉다. 스포일러가 될 수 있기에 자세히 묘사하긴 어렵지만 이 마지막 무대에서의 연출력은 압도적이고 웅장하기까지 하다. 역동적이고 짜릿한 스릴까지 전달하는 색채의 소용돌이가 펼쳐지면서 관객에게 장관을 선사한다. 이 최후의 신에서 악기를 연주하는 그들의 몸은 그 자체로 하나의 텍스트다. 사와베의 지적 섬세함과 다이의 들끓는 열망, 타마다의 성장 욕구가 폭발하면서 자스는 꿈에 그리던 '소 블루So Blue'에서의 라이브를 성공적으로 끝마친다. 다들 알고 있겠지만 작품 속 소 블루의 모델은 당연히 실재하는 재즈 공연장 '블루 노트'다.

페스티벌 무대에 같이 서게 된 한 선배 뮤지션이 원작에서는 사와베에게, 애니메이션에서는 다이에게 묻는다. "어떤 재즈를 하나? 모드? 쿨? 밥? 프리?" 대답은 이렇다. "저희는 그냥 재즈를 합니다." 이것이 바로 작가가 주인공 밴드의 이름을 지극히 평범한 자스로 결정한 이유일 것이다. 원래 재즈는 자스라고 불렸다. 따라서 자스는 장르 구분 없이 재즈를, 그것도 '창작곡'으로 하겠다는 의지의 표상이 된다.

총 10권을 애니메이션으로 제작하다 보니 원작에서 생략된 부분이 여럿 있다. 가지치기를 잘하긴 했지만 딱 하나 아쉬운 부분이 있다. 소 블루 매니저가 사와베를 혹독하게 비판한 뒤 후회하는 장면'들'이다. 원작에서 그는 소 블루에 출연하는 이른바 거장 뮤지션들에게 지친 상태다. 답보 혹은 후퇴하는 그들의 음악에 억지로 엄지손가락을 치켜드는 자신에게 환멸마저 느낀다. 원작 만화에는 매 권마다 보너스 트랙이라는 타이틀로 인터뷰 신이 그려져 있다. 오랜 시간이 흐른 뒤 소 블루의 매니저가 말한다. "그건 사와베 군의 허물이 찌익 찌익 벗겨지는 소리가 들리는 것 같은, 새로운 그 친구를 본 것 같은 연주였죠. (…) 저는 그래서 지금도 당당하게 말할 수 있습니다. 젊은 재즈가 좋다고요."

이렇게 생각한다. 만약 갓 데뷔한 누군가가 있다면 그에게 필요한 건 냉엄한 비판보다는 따스한 격려일 것이다. 물론 세 멤버 중 사와베만큼은 아니다. 그는 이미 준프로의 경지에 오른 연주자니까. 그래서 소 블루의 매니저는 그에게만큼은 냉정한 태도를 보여준다.

비단 음악에만 국한된 얘기는 아닐 것이다. 여기, 이제 막 첫발을 뗀 사람이 있다. 그가 지닌 가능성의 날개를 더욱 크게 펼치도록 하는 건 다름 아닌 누군가의 온기 있는 한마디일 터다. 마지막으로 강조하고 싶다. 당신과 내가 그랬던 것처럼 누구에게나 처음은 있다. 서로를 향해 언어의 온도를 조금씩만 올리자.

음악을 섬세하고 정밀하게 보여주기

: 〈러브 앤 머시〉♬

때는 1960년대 중반. 흥겨운 파티가 한창인데, 파티는 뒷전인 어떤 남자가 밴드 멤버들을 향해 살짝 너드 같은 표정을 지으며 이야기한다. "마치 영화처럼 어디를 가도 음악이 들려." 밴드의 인기는 현재 절정을 향해 치닫는 중이다. 투어 스케줄이 워낙 빡빡한 탓에 녹음할 시간조차 없다. 멤버들은 장고 끝에 다음 같은 파격적인 선택을 내린다. 이 남자를 제외한 나머지 멤버가 투어를 소화하고, 남자만 홀로 남아 머릿속 음악을 구현하기 위해 스튜디오로 향한다.

이는 오래된 명제를 상기한다. 태초에 모든 음악은 '라이브'였다. 단독 공연이든, 장기 투어든, 음악은 '라이브일 수밖에' 없었다. 여기에 일대 혁명을 가져온 매체가 '레코드'다. 우리가 통상 '앨범', '음반'이라고 부르는 그것 말이다. '기록물'이라는 뜻에서 알 수 있듯, 레코드가 발명되면서 음악에서 거세된 성질이 하나 있다. 바로 휘발성이다. 음악이 당대와 후대를 위해 보존되기 시작한 것이다. 휘발성 외에 자취를 감춘 것이 하나 더 있다. 우연성이다. 나는 이 '휘발성'과 '우연성'을 인지하는 것이야말로 영화 〈러브 앤 머시〉를 이해하는 키워드라고 생각한다. 라이브에서 벌어질 수밖에 없는 우연성을 제거해 반영구적으로 보존하는 것이야말로 브라이언 윌슨을 포함한 1960년대 뮤지션이 목표로 삼은 지상 과제였다.

대중음악사에서 1960년대는 보통 '황금기'로 표현된다. 스튜디오에서 음악적인 실험이 폭발했고, 하루가 멀다 하고

♫ 역사적 사실을 배경으로 하는 영화이기에 어쩔 수 없이 스포일러가 많다. 그러나 비치 보이스와 브라이언 윌슨Brian Wilson을 잘 모른다면, 이 글이 영화를 보는 데 도움이 될 수 있다.

명반과 걸작이 나왔다. 영화 초반 이 명반 진영을 대표하는
레코드가 하나 있다. 그 유명한 비틀스의 《Rubber Soul》이다.
영화 속 브라이언 윌슨이 격찬하듯, 1965년 공개된 이 앨범은
'포크적이면서도 하나의 콘셉트 구조'를 지니고 있었다.
만점에 가까운 평론이 줄을 이었고, 전 세계(특히 미국)의 대중이
열광했다.

문제가 있었다. 비틀스를 필두로 롤링 스톤스The
Rolling Stones, 킹크스The Kinks, 후The Who 등 영국 출신
밴드들이 대서양 건너 미국 시장을 휩쓸어버리고 있었던
것이다. 당시 언론은 이 현상을 '브리티시 인베이전British
Invasion', 즉 '영국의 침공'이라고 표현했다. 상대적으로
초라해진 미국은 몽키스The Monkees 같은 급조된 밴드를
내세웠지만, 찻잔 속 태풍 신세를 면치 못했다. 결론적으로
미국의 자존심을 끝내 지킨 존재로는 다음 둘이 손꼽힌다.
모타운 레코드와 브라이언 윌슨의 비치 보이스다.

나는 지금까지 스튜디오라는 단어를 이 문장
포함해서 세 번 썼다. 스튜디오란 앨범이 탄생하는 공간이다.
1960년대에 스튜디오라는 공간의 중요성은 대중음악계에서
가히 절대적이다. 브라이언 윌슨 같은 뮤지션이 스튜디오에
처박혀 당대의 최신 기술을 적극적으로 활용해 걸작을
쏟아냈기 때문이다. 기실 우리 인생에 심대한 영향을 미치는
것은 '기술의 발전'이다. 1960년대가 꼭 그랬다. 스튜디오의
녹음 테크놀로지가 놀라울 정도로 업그레이드되면서 이전에는

표현되지 못했던 뮤지션의 아이디어가 실제로 구현되기 시작한 것이다. SF가 현실계로 안착한 셈이랄까. 첨언하면 모든 작가에게는 근원적 공간이 있다. 그 공간을 마치 내 몸처럼 장악하고 부릴 때 그 누군가는 작가가 된다. 브라이언 윌슨과 당대의 뮤지션에게 그 공간은 음악이 빚어지는 곳, 즉 스튜디오였다.

영화가 보여주듯 데뷔 초 비치 보이스는 서프 뮤직을 통해 주목받고 정상급 인기를 누렸다. 서프 뮤직은 미국 서부, 구체적으로는 캘리포니아에서 사랑받았던 록 음악의 한 형식이다. 당시 미국 젊은 층 사이에 흐르던 낙천/낙관주의를 음악으로 옮겨놓은 듯한 만듦새로 세계적인 히트를 기록했다. 영화는 〈Surfin' USA〉〈I Get Around〉 등 비치 보이스표 서프 뮤직을 들려주면서 스타트를 끊는다.

브라이언 윌슨은 밴드의 현재에 불만이 많았다. 죽을 때까지 서프 뮤직만 할 수 없다는 생각에 스튜디오로 향한 그의 목표는 명료했다. 비틀스의 《Rubber Soul》을 능가하는 '완벽한 작품'을 만드는 것이었다. 그런데 완벽한 작품이란 무엇일까. 적어도 1960년대의 완벽한 작품이란 우연성의 부재와 거의 동일한 의미였다. 브라이언 윌슨은 한 치의 어긋남 없는 음악적인 이데아를 꿈꿨다. 우연성이라는 바이러스를 작품作品이라는 깃발 아래에서 하나둘 지워나가려 했다. 그래서 창조된 앨범이 통상 비치 보이스의 마스터피스라고 평가받는 《Pet Sounds》(1966)다.

〈러브 앤 머시〉는 그가 이 음반을 현실화하기 위해 벌이는 분투를 제법 긴 시간을 들여 묘사한다. 이렇듯 음악적인 측면을 영상을 통해 '섬세하고 정밀하게 재현'한 것만으로도 〈러브 앤 머시〉는 탁월한 음악 영화라는 찬사를 받아야 마땅하다. 나도 영화를 통해 《Pet Sounds》를 만들 때 저런 식으로 작업했구나'라며 배울 수 있었다. 영화가 일궈낸 가장 큰 성취가 있다면 이것이다.

더불어 다른 멤버와의 갈등 구도에도 주목해야 한다. 가뜩이나 신경쇠약을 앓던 브라이언 윌슨은 밴드 내부의 불화로 더욱 심각한 상태에 빠져들었다. 투어에서 돌아온 멤버들의 주장은 다음 같았다. '지금까지 서프 뮤직으로 잘나갔는데, 이런 생고생을 왜 하냐.' 여기에 피니시 블로를 날리는 인물이 브라이언 윌슨의 아버지다. 그는 실제로도 브라이언 윌슨과 사이가 좋지 않았는데 갑자기 스튜디오로 찾아와서는 '새 밴드를 찾아냈다'며 자랑을 늘어놓는다. 그런데 이 밴드, 사실상 비치 보이스 짝퉁이다. 실제 역사에서도 선레이스The Sunrays라는 이 밴드는 짝퉁답게 별 활약도 못하고 사라졌다. 정작 영화에는 밴드 이름이 안 나온다.

브라이언 윌슨의 야심대로 《Pet Sounds》는 가히 완벽한 앨범이었다. 그러나 대중의 반응은 싸늘했다. 커리어 사상 처음으로 빌보드 차트 1위를 차지하는 데 실패하고, 영화에서는 "평론가와 뮤지션만 좋아하는 음반"이라는 식으로 설명된다. 실제로도 그랬다. 무려 다른 음악가도 아닌 비틀스의 폴 매카트니가 수록곡인 〈God Only Knows〉를 듣고 '내 인생 최고의 노래'라는 독후감을 남겼지만 그게 전부였다. 물론 이후 《Pet Sounds》 앨범 전체, 그리고 영화 〈러브 액추얼리〉의 엔딩을 장식하기도 한 〈God Only Knows〉는 진가를 인정받아 상업적으로 거대한 탑을 쌓는 데 성공한다. 세월의 검증을 끝마친 클래식이 된 것이다.

　　그러나 휘발성과 우연성이 거세된 숨 막히는 세계에서 브라이언 윌슨의 정신은 피폐해져만 갔다. 영화는 여기에서 브라이언 윌슨의 개인사를 음악사와 함께 절묘하게 교차하는 방식을 취한다. 존 큐색John Cusack이 연기하는 브라이언 윌슨의 개인사에서 중요한 인물은 총 두 명, 주치의였던 유진 랜디Eugene Landy 박사와 이후 결혼하는 멀린다 레드베터Melinda Ledbetter다. 영화 제목인 〈러브 앤 머시〉는 바로 이 둘과 브라이언 윌슨의 관계를 은유적으로 뜻하는 것이다. 어떤 관계였는지는 포털 사이트에 세 명의 이름을 쳐서 조금은 꿰고 영화를 감상하길 바란다. 채 10분도 안 걸릴 테니 부담 가질 필요는 없다.

　　《Pet Sounds》 이후 브라이언 윌슨의 인생은 순탄치 않았다. 활동이 없었던 건 아니지만 예전의 명성을 회복하기에는 조금씩 부족했다. 《Smile》 프로젝트를 포함한 앨범 계획도 하나둘 틀어지는 와중에 급기야 그를 뺀 나머지 멤버는 〈Kokomo〉를 발표하며 짧지만 황홀한 제2의 전성기를 누렸다. 즉 〈Kokomo〉에는 브라이언 윌슨이 참여하지 않았다.

　브라이언 윌슨은 결국 2004년이 되어서야 필생의 역작인 《Smile》 프로젝트를 완결해 세상에 내놓았다. 앨범 타이틀은 〈Brian Wilson Presents Smile〉. 1966년 말 기획했으니 무려 38년 만에 일궈낸 성취였다. 영화를 봤다면 〈Brian Wilson Presents Smile〉을 꼭 들어보길 권한다. 완벽주의라는 강박을 벗어던진, 한 인간으로서의 브라이언 윌슨이 거기에 머물러 있을 테니까.

　그랬다. 그것이 비록 '우연히' 찾아와 어쩌면 '휘발될 수 있는 것'일지라도, 그를 구원한 건 결국 음악이 아닌 사랑이었다.

부기

　영화에는 '밴'이라는 인물이 등장하는데, 정확한 이름은 반 다이크 파크스Van Dyke Parks. 브라이언 윌슨과 《Smile》 프로젝트를 함께한 작사가다. 1960년대 브라이언 윌슨 역을 맡은 폴 다노Paul Dano처럼 실제 인물과의 싱크로율이 놀라울 정도다.

영화음악을 경유한 우리의 인생

: 〈스코어〉

뮤지션 모비Moby의 말마따나 음악이란 '그저 조금 다르게 움직이는 공기'에 지나지 않는다. 즉 모든 음악은 공기를 구성하는 분자구조가 변형된 것에 불과하다. 예를 들어 누군가 기타를 연주한다고 치자. 당신이 듣는 소리는 이전까지 동일했던 공기의 분자구조가 기타 현 혹은 스피커에서 나오는 진동에 의해 바뀐 결과물이다. 한데 그 소리를 듣는 당신은 감탄사를 내뱉고, 환호성을 지르며, 때로는 눈물을 훔친다. 새삼 놀라운 일이 아닐 수 없다. 영화 음악 다큐멘터리 〈스코어〉는 이렇게 '조금 다른 구조의 공기 분자'일 뿐인 음악이 영화에서 어떻게 관객을 매혹하는지 보여준다.

'스코어'는 우리말로 하면 악보다. 음악 작품을 뜻하기도 한다. 아카데미 시상식을 예로 들면 음악과 관련된 부문이 두 개 있다. 하나는 '오리지널 스코어', 다른 하나는 '오리지널 송'이다. 차이는 '가사 유무'에 기인한다. 〈스코어〉는 둘 중 전자, 즉 (주로 오케스트라 연주 기반의) 영화 사운드트랙을 다룬다.

출연진부터 화려하다. 스티븐 스필버그의 음악 파트너였던 존 윌리엄스John Williams를 필두로 팀 버튼Tim Burton의 분신 대니 앨프먼Danny Elfman, 영화음악에 빅 밴드 감성을 불어넣은 007 시리즈 주제가의 주인공 존 배리John Barry, 여기에 더해 한스 치머Hans Zimmer와 엔니오 모리코네Ennio Morricone 등등. 영화음악사를 수놓은 거장이 등장해 자신만의 생각과 영업 비밀을 털어놓는다. 사정이

허락하면 꼭 보길 바란다. 이 작곡가들이 창조한 음악이
끊이지 않고 흘러나오는 것만으로도 대만족이다. 당신의 귀가
오랜만에 호사를 누릴 것이다.

　　그 어떤 분야든 정점에 올라선 사람에게는 철학적
통찰력이 서려 있다고 믿는다. 영화음악가도 마찬가지다.
그들이 얘기하는 건 결국 영화음악을 경유한 우리 인생이다.
경험이라는 이름의 옷을 입은 아포리즘이 잊을 만하면
나오는 덕에 나 역시 기억하고 받아쓰느라 정신이 없었다.
그중 하나를 소개한다. "오케스트라 리코딩을 할 때 수많은
연주자가 같은 음을 연주하지만 미세한 수치로 조금씩 다르죠.
이를 통해 얻을 수 있는 게 코러스 효과예요. 그런데 모든
연주가 완벽하게 똑같다면? 아마 음악은 끔찍했을 겁니다."

　　이게 바로 우리가 사는 세상의 꼴 아니던가. 음악을
세계로, 연주자를 우리 자신으로 치환하면 우리가 서로
다르고, 마땅히 다를 수밖에 없는 이유를 납득할 수 있다. 영화
〈사이코〉의 살인 장면에 삽입된 음악을 얘기하는 신도 기억할
만하다. 그 장면에서 음악을 뺀다면? 하나도 무섭지 않을
것이다. 반대로 찡찡거리기를 반복할 뿐인 음악만 듣는다면?
그냥 소음처럼 들릴 게 분명하다. '함께'가 당위가 되어야 하는
순간을 이보다 더 적확하게 설명할 순 없을 듯싶다.

　　이 탁월하고 재밌는 음악 다큐멘터리를 보면서
〈배철수의 음악캠프〉에 양방언 씨가 출연했을 때가
떠올랐다. 당시 배철수의 질문은 이랬다. "영감은 언제

가장 잘 떠오릅니까?" 거창한 대답을 기대하고 있는 와중에 양방언 씨는 정말이지 진실을 정확하게 포착하는 대답을 던졌다. "마감이 다가올 때죠." 오죽하면 영화에서 위대한 한스 치머도 "막바지에 제작자가 전화를 하는 건 영감을 주기 위해서라기보다 겁을 주는 것에 가깝죠"라고 말하겠나. 심지어 제작자 제리 브룩하이머Jerry Bruckheimer는 〈아마겟돈〉(1998) 작업 당시 영화음악가 트레버 래빈Trevor Rabin에게 '카운트다운 시계'를 선물했다고 한다. 항상 보이는 곳에 놓고 있으라고.

죽을힘조차 남아 있지 않은 사람들에게도
할렐루야의 순간이

: 제프 버클리 〈Hallelujah〉

2021년 크지는 않지만 작지도 않은 화제를 불러일으켰던 곡을 소개한다. 언젠가는 이 곡에 대해 쓰리라 염두에 두고 있었는데 드디어 실천에 옮긴다. 제프 버클리Jeff Buckley가 노래한 걸작 〈Hallelujah〉다.

당신과 마찬가지로 나에게도 인생 드라마 몇 편이 있다. 고등학교 시절 본 〈모래시계〉를 잊을 수 없고, 그보다 훨씬 전에 안방극장을 강타한 〈달빛 가족〉 또한 한 회도 빼놓지 않고 다 봤던 기억이 난다. 〈스잔〉으로 유명한 김승진이 출연한 드라마다. 2000년대 이후로만 한정하면 〈나의 아저씨〉와 〈미스터 션샤인〉이 내 마음속 투톱이다.

이들 드라마의 공통점이 하나 있다. 엄청나게 히트했다는 것이다. 따라서 내 인생 드라마 중 하나인 이 작품은 적어도 나에겐 위대한 예외가 된다. 바로 〈인간실격〉이다. 전도연, 류준열이 주연을 맡았음에도 크게 히트하지는 못했다. 만약 당신이 한껏 우울해지고 싶다면 이 드라마를 강력하게 추천한다. 정주행하면서 인간이라는 존재에 대해 각 잡고 깊이 사유해보는 시간을 가질 수 있을 것이다.

제프 버클리의 〈Hallelujah〉는 소수의 찬사를 받은 이 드라마를 관통하는 노래다. 솔직히 놀랐다. 이 곡이 한국 드라마에 나올 거라고는 상상해본 적이 없었기 때문이다. 나는 자신할 수 있는 게 많지 않은 사람이다. 40대 후반이 되도록 대단한 걸 이뤄본 적도 없고, 최고 수준 근처까지 가본 적은 더더욱 없다. 그럼에도 자신 있게 말할 수 있는 게 하나 있다. 이 세상에서 〈Hallelujah〉가 수록된 제프 버클리의 데뷔작 《Grace》를 나보다 많이 들은 사람이 그렇게 많지는 않을 거라는 점이다.

진짜다. 정말 많이 들었다. 오죽하면 예전에 발간한 내 책 《청춘을 달리다》에 '내가 죽기 전 이 음반의 또 다른 수록곡이자 타이틀인 〈Grace〉를 틀어달라'라고 적었겠나. 핵심은 다음과 같다. 나는 〈Hallelujah〉가 어떤 내용인지 조금은 알고 있다는 것이다. 단적으로 말해 〈Hallelujah〉는 인간의 필멸과 욕망에 관해 노래하는 참혹하게 아름다운 서정시다.

원작자는 제프 버클리가 아니다. 캐나다 출신 싱어송라이터이자 시인이었던 전설 레너드 코언Leonard Cohen이 곡을 썼다. 곡을 위한 영감의 수원지가 되어준 것은 성경 속 다윗 이야기다. 다들 어디선가 들어본 적 있을 것이다. 다윗이 부하 장수의 아내에게 반해 그 부하 장수를 일부러 사지로 보내 죽게 만든다는 식의 내용이다. 다음 가사처럼 〈Hallelujah〉는 실제 4도에서 5도로 진행되고, 단조로 하강하다가 장조로 전환되면서 상승한다.

"비밀스러운 화음을 들었지 / 다윗이 연주한 그 화음은 신을 기쁘게 했어 (…) 그 화음은 이런 식이야 / 4도에서 5도로 / 단조로 떨어졌다가 장조로 올라가지 / 혼란에 빠진 왕이 작곡한 그 노래 / 할렐루야 (…) 당신의 믿음은 강했지만

증거가 필요했지 / 그러던 당신은 그녀가 지붕에서 목욕하는
걸 봤고 / 그 아름다움과 달빛에 완전히 반해버렸어 /
그녀는 당신을 주방 의자에 묶더니 / 당신의 왕관을 부수고
머리카락을 잘라버렸어 / 그러고는 당신의 입술에서 탄성이
흘러나오게 했지 / 할렐루야라는 탄성을."

그렇다. 제프 버클리도 직접 밝힌 것처럼 곡에서의
'Hallelujah'는 '오르가슴의 할렐루야'다. 물론 여기에만
매몰돼 이 곡을 성적인 뉘앙스로만 파악해서는 안 될 것이다.
우리는 이 지점에서 레너드 코언이 곡을 쓴 의도를 경청할
필요가 있다. 그의 말을 들어본다.

할렐루야는 히브리어로 '신께 영광을'이라는 뜻이죠.
하지만 이 곡을 통해 나는 할렐루야에도 다양한 층위가
있다는 걸 일깨우고 싶었어요. 제 말은 흠결 없는
(성스러운) 할렐루야든 부서진 (세속의) 할렐루야든
동등한 가치를 지니고 있다는 거예요.♬

이게 바로 곡에서 주인공이 다음처럼 노래하는 이유다.
"그 노래는 차갑고 부서진 할렐루야지."

이 곡이 지닌 기이한 매력에 잠식된 건 비단 제프
버클리만은 아니었다. 이후 U2의 보노Bono, 루퍼스
웨인라이트Rufus Wainwright, 토리 켈리Tori Kelly,
펜타토닉스Pentatonix, 본 조비 등이 앞다투어 이 곡을

커버했다. 알렉산드라 버크Alexandra Burke 버전도 있다.
알렉산드라 버크는 이 커버로 영국 싱글 차트 1위에 올랐다.

본 조비와 보노의 버전은 추천하고 싶지 않다. 솔직히
둘 모두 '이름값'을 전혀 하지 못했다고 본다. 혹시 몰라서 하는
얘긴데 나는 본 조비와 U2를 매우 좋아한다. 그래도 아닌 건
아닌 거다.

결론이다. 드라마 〈인간실격〉에 이 곡을 넣은 건 신의
한 수다. 무엇보다 드라마가 지닌 비극적 정서에 더없이 잘
어울리는 선곡이라고 느꼈다. 이 드라마에 등장하는 인물은
제각각 다른 이유로 부서져 있다. 문학평론가 신형철이 쓴
글처럼 "살 힘도 없지만 죽을 힘도 없는 사람들"이다.♬♬
이 탁월한 드라마는 그리하여 이 부서진 사람들에게도
'할렐루야'의 순간이 있음을 일깨운다.

감독이나 배우를 행여 직접 만나면 "이 작품을 보게
해주셔서 감사합니다"라고 인사를 전하고 싶은 경우가 있다.
나에겐 〈인간실격〉이 그랬다. 아뿔싸. 전도연 씨가 〈배철수의
음악캠프〉에 출연했을 때 정신이 팔린 나머지 이 말을 못
전했다. 부디 누군가 내 마음을 발신해주기 바란다.

♬　2008년 BBC와의 인터뷰에서
　말한 내용이다.

♬♬　《정확한 사랑의 실험》(마음산책,
　2014)에서 인용했다.

행복한 슬픔을 노래하다

: 〈싱 스트리트〉♬

"심지어 부자라고 해도 현금이 없던 시절이었어요."
감독 존 카니John Carney의 언급처럼 1980년대 아일랜드는
실업자 천국이었다. 경제가 파탄 나면서 가정이 무너졌고,
가정이 무너지자 10대들은 미래를 향한 약속을 아일랜드 아닌
다른 곳에서 찾았다. 바로 런던이다. 영화 〈싱 스트리트〉는
아일랜드라는 절망 속에서 런던이라는 희망을 찾아 떠나는
아일랜드 10대의 이야기를 다룬다.

영화에서 잉글랜드를 상징하는 곡은 〈Rio〉다. 신스
팝/뉴웨이브 밴드 듀란 듀란이 1982년 히트시킨 이 곡은
가족이 함께 거실에서 TV를 볼 때 뮤직비디오로 나온다.
듀란 듀란은 1960년대 비틀스와 롤링 스톤스에 이은,
제2차 브리티시 인베이전의 첨병과도 같은 밴드였다.
영화에서도 미국에서 활동하느라 직접 출연하지 못하는
대신 뮤직비디오를 대체 방영하는 것으로 묘사된다. 이
뮤직비디오를 소개하는 프로그램을 기억해둘 필요가 있다.
영국에서 최고 뮤지션/밴드만 나올 수 있던 〈톱 오브 더
팝스Top of the Pops(영화에서는 '인기 팝송 시간'으로 번역)〉다.
우리가 아는 거의 모든 위대한 영국 출신 뮤지션이 이
프로그램을 거쳤다고 보면 된다.

인터뷰에 따르면 〈Rio〉는 브라질의 리우데자네이루Rio
de Janeiro(히우 지 자네이루)다. 듀란 듀란에게 리오는
"진정으로 낯설고, 이국적이며 지상의 즐거움이 넘치는,
결코 끝나지 않을 파티 같은 곳"이었다고 한다. 즉 〈Rio〉는

♬　다량의 스포일러가 포함되어
　　있다.

고통스러운 현실을 벗어나 성공을 갈망하는 심리를 상징한다. 아일랜드 10대에게 성공을 위한 공간은 듀란 듀란이 태어난 영국, 그중에서도 런던이었다.

영화는 주인공 코너가 방구석에서 어쿠스틱 기타를 치는 것으로 시작한다. 누가 봐도 엉망인 기타 실력으로 밴드 결성을 다짐하게 되는 이유는 단순해서 명쾌하다. 첫눈에 반한 여자 라피나에게 관심받고 싶어서다. 하긴, 위대한 기타리스트 에드워드 밴 헤일런이 그랬던가. "온종일 기타만 연습해서 잘 치게 되니까, 여자가 저절로 오더라고요."

주위에 조력자가 하나둘 모인다. 모두 중요한 멤버지만 핵심은 멀티플레이어로 설정된 에먼이다. 에먼을 연기한 배우 마크 맥케나는 실제 음악을 했던 아버지 덕에 온갖 악기를 연주할 수 있는 재능 덩어리다. 영화 속 첫 만남에서 에먼은 롤랜드 주노 신시사이저로 하롤트 팔터르마이어Harold Faltermeyer의 〈Axel F〉를 연주한다. 영화 〈비버리 힐스 캅〉의 주제가로 널리 알려진 그 곡이다. 싸이가 〈챔피언〉에서 샘플링한 노래이기도 하다.

자칭 '미래파'를 지향하는 소년들은 밴드 이름을 싱 스트리트로 최종 결정하고 연습에 몰두한다. 첫 카피곡은 당연히 〈Rio〉다. 코너는 이 연습곡을 녹음해서 형인 브랜든에게 들려준다. 애매한 표정을 짓던 브랜든은 곡이 끝난 뒤 문을 여닫으며 이렇게 말한다. "구린내 좀 빼야겠다." 그러면서 다음같이 덧붙인다. "섹스 피스톨스는 배워서 음악 했냐? 네가 뭔데? 스틸리 댄Steely Dan쯤 돼? 음악은 배우는 게 아냐." 자막에는 (아일랜드 발음으로) '스틸리 댄'이 생략되었으니 기억하고 감상하길 바란다. 음악을 배워서 하려면 테크닉이 스틸리 댄 정도는 되어야지, 그렇지 않으면 괜히 폼 잡지 말라는 뜻이다.

따져보면 그렇다. '미래파'를 추구하면서 고작 카피나 할 수는 없다. 그것은 마치 잘못된 도수의 안경을 쓰고 돌아다니는 꼴이다. 만약 1980년대 영국 음악의 영웅인 디페시 모드나 조이 디비전Joy Division급 밴드가 되려면 창작은 조건이 아닌 필수다. 이 깨달음과 함께 싱 스트리트는 다른 길을 걷는다. 코너와 에먼을 중심으로 작곡에 몰두하고, 뮤직비디오에 라피나가 참여하면서 조금씩 듣고 볼만한 노래와 영상을 갖춘다.

스승이 되어준 존재는 당연히 훌륭한 음악이다. 밴드는 조 잭슨Joe Jackson의 〈Steppin' Out〉, 영화 〈빌리 엘리어트〉에도 삽입된 잼The Jam의 〈Town Called Malice〉, 블레이즈The Blades의 〈Ghost of a Chance〉 등을 영감의 원천으로 삼아 제법 멋들어진 자작곡을 창조한다. 음악이 쌓여갈수록 위축되었던 과거는 사라지고, 코너는 패션을 통해 달라진 자신을 표출한다. 운명을 어느 정도 조절할 수 있게 되면, 자신감은 자연스럽게 상승하는 법이니까. 심지어 코너는 자신을 때렸던 배리를 로드 매니저로 기용하고, 앞뒤 꽉 막힌 벅스터 수사를 음악으로 디스하면서 파티에 모인

학생들로부터 커다란 환호를 받는다.

이외에도 영화는 여러 음악을 통해 관객에게 인상적인 순간을 전달하는 데 성공한다. 제네시스Genesis의 〈Paperlate〉와 이 곡을 작곡하고 노래한 필 콜린스는 코너의 형 브랜든에게 의문의 1패를 당하고, 영화 속 가장 중요한 정서적 키워드라 할 '행복한 슬픔'은 큐어The Cure의 명곡 〈In Between Days〉를 통해 표현되는 식이다. 그러나 〈싱 스트리트〉가 창작곡으로 승부를 건 것처럼 이 영화를 위해 만든 노래가 더욱 중요하다. 영화를 본 관객 중 대다수가 〈Drive It Like You Stole It〉에 애정을 드러냈지만 한 곡만 꼽으라면 나는 〈The Riddle of the Model〉을 선택하고 싶다. 1980년대 영국산産 뉴웨이브의 기이한 에너지를 품고 있는 이 곡은 그때 발표되었어도 꽤 주목받았을 것이다. 그만큼 완성도가 빼어나다. 콜드플레이를 떠올리게 하는 〈Up〉도 그에 못지않다.

아련하고 애틋한데 발랄하고 경쾌하다. 과거의 향수에 기대면서도 미래를 향한 약속을 잊지 않는다. 좋은 작품이 대개 이렇다. 방향성이 다른 정서를 솜씨 좋은 만듦새로 엮어내고, 그 만듦새 자체를 동력 삼아 저절로 굴러가게끔 할 줄 안다. 국가 경제가 파탄 나고, 가정이 무너지는 와중에도 음악을 통해 희망을 잃지 않는다는 메시지는 어쩌면 고루할 수 있다. 그러나 적어도 〈싱 스트리트〉에는 적용되지 않는다. 각성제와 같은 영화는 위대해질 수 있지만 우리에겐 때로 마취제 같은 예쁜 영화도 필요한 법이니까.

사소함에 대한 잠언으로 가득 차다

: 〈이터널 선샤인〉

슬픔은, 그러니까 진짜 슬픔은 모든 드라마가 끝난 뒤에야 찾아온다. 비극의 아드레날린이 몽땅 소진되고 난 뒤, 슬픔은 슬며시 찾아와 당신을 붙들고 놓아주지 않는다. '대체 왜 네가 마음에 들지 않는지' 이유를 최소 100가지는 대고 헤어진 후에야 슬픔은 당신의 공허한 틈 사이로 비집고 들어와 자리를 잡는다.

당신은 당신의 슬픔이 얼마나 슬픈지 헤아리면서 뜬눈으로 밤을 지새운다. 그 와중에 온갖 사소한 것이 떠올라 당신을 괴롭히고 고문한다. 그러고는 절감한다. 사랑이라는 것은 거창한 그 무엇이 아닌 지극히 사소한 것에 깃들어 있음을 깨닫는다.

그렇다. 사소함이다. 사랑하는 이가 떠난 후 당신을 가장 고통스럽게 하는 것은 대개 지극히 평범한 기억이다. 반복되는 일상이 당신과 내가 공동 연출했던 삶에 깊숙이 아로새겨져 있기 때문이다. 소설가 제임스 설터의 언어를 듣는다. "삶은 식사다. 삶은 날씨다. 삶은 소금이 엎질러진 푸른 바둑판무늬 식탁보 위에 차린 점심이며 담배 냄새다. 삶은 브리 치즈이자 노란 사과다. 삶은 자루가 나무로 된 나이프다."

영화 〈이터널 선샤인〉은 가히 사소함에 대한 잠언 같은 영화다. 주인공 조엘의 기억은 모조리 사소한 것이며, 이 사소한 것을 제거하는 작업이 곧 클레멘타인을 제거하는 작업으로 묘사된다.

존 브리온이 감독한 음악 역시 마찬가지다. 이 영화를 다시 보면서 깨달았다. '음악 듣기'가 어렵다는 것이다. 〈이터널 선샤인〉의 음악은 (하나의 예외를 제외하면) 결코 튀지 않는다. 영화음악에서 흔히 들을 수 있는 대형 오케스트라도 (몇몇 예외를 제외하면) 만날 수 없다. 뭐로 보나 영화음악의 전형에서 한참을 벗어난 음악이다. 심지어 어떤 음악은 사소한 소리를 채집해 병렬적으로 늘어놓은 것처럼 들리기도 하는데, 이게 묘하게 포근한 느낌을 준다.

이런 만듦새는 음악을 작곡한 존 브리온의 이력과 맞물린다. 존 브리온은 음악가인 동시에 프로듀서였다. 에이미 만Aimee Mann의 밴드에서 연주했고, 피오나 애플Fiona Apple의 음악을 프로듀스했다. 따라서 에이미 만과 피오나 애플의 공통점이 중요하다. 바로 메인스트림 산업에서 비주류를 자처하는 태도를 고수한다는 것이다.

존 브리온이 정확히 이런 케이스다. 그는 할리우드라는 시스템에서 활동하되 자기만의 영역을 양보하지 않는다. 이를테면 좀 별종이다. 그가 별종일 수 있는 이유는 의외로 간단하다. 남들과는 다른 양식의 음악을 추구하면서도 영화와 매우 잘 어울리는 음악을 창조하는 데 선수이기 때문이다. 〈이터널 선샤인〉 전에 그가 참여한 〈매그놀리아〉와 〈펀치 드렁크 러브〉의 음악을 들어보면 알 수 있다. 영화음악 하면 떠오르는 오케스트레이션? 1도 없다. 합창? 1도 없다. 선명하게 새겨진 멜로디? 1도 없다. 그런데 영화가 끝난 뒤

'영화와 더불어' 잊을 수 없는 여운을 남긴다.

존 브리온 〈Theme〉

마치 동요 같다. "또당또당"을 반복하는 심플한 피아노 연주와 "뚱뚱"거리는 베이스, 여기에 윙윙거리는 전자음을 합쳐 음악 하나를 뚝딱 완성했다. 대충 만든 건가 의심할 법한데 자세히 들어보면 존 브리온의 섬세한 손길이 슬며시 묻어 있다. 그는 영화의 뉘앙스를 해치지 않는 음악가다. 영상 언어로 구현하지 못한 부분만 채워줄 수 있는 지점에서 자신의 욕심을 딱 끊어버린다. 만약 그가 소설가였다면 관찰력은 예리하지만, 문체는 과시적이지 않은 타입이었을 것이다.

이 영화에는 흥미로운 특징이 있다. 타이틀 롤이 17분이 넘어서야 화면에 뜬다는 것. 그러면서 〈Everybody's Gotta Learn Sometime〉이 흐르고, 주제가인 〈Theme〉이 그 뒤를 잇는다. 〈Theme〉은 이후 수차례 반복되면서 영화의 주제와 요철처럼 맞물린다. 어떻게든 과거의 사랑을 되살려서 반복하려는 주인공을 상징하는 것이다.

존 브리온 〈Collecting Things〉 & 〈Phone Call〉

두 곡 모두 1분 조금 넘는다. 일단 소리를 들어야 한다. 흘려들어도 상관없다. 흘려듣나, 주의 깊게 듣나 짧은 구절을 엉성하게 반복하기는 매한가지인 까닭이다. 뭐랄까. 소리를 채집한 뒤 일부러 헐겁게 늘어놓은 결과물처럼 들린다. 한데 우리 일상이라는 게 그렇지 않나. 너와의 추억이 서린 사소한 것을 채집collecting하고, '전화'를 걸어 큰 의미 없는 얘기를 반복한다. 이렇게 존 브리온이 〈이터널 선샤인〉에서 완성한 음악은 영화만큼이나 우리의 일상을 꼭 빼닮았다. 미완성으로 끊임없이 리플레이되고 변주된다.

따라서 〈이터널 선샤인〉의 사운드트랙은 독립적으로 기능하지 않는다. 영화와 합쳐져야 비로소 완성되는 음악이다. 사운드트랙만 듣는 건 그래서 '비추'다. 영화를 끝까지 감상하지 않더라도 괜찮다. 음악이 흐르는 장면과 함께 곱씹는 걸 추천한다. 존 브리온 역시 인터뷰에서 이렇게 밝혔다. "나는 내 음악이 영화와 하모니를 이루기를 원해요." 영화가 끝난 뒤 모든 관객이 일제히 벡Beck의 목소리가 실린 〈Everybody's Gotta Learn Sometime〉만 이구동성으로 찾는 이유 역시 이와 같다. 대부분의 스코어를 만든 존 브리온이 철저히 자신의 존재감을 영화 뒤로 감췄기에 이 곡이 더욱 주목받을 수 있었던 것이다.

존 브리온 〈A Dream Upon Waking〉

괴기스럽다. 공포 영화 사운드트랙이라고 해도 믿을 정도다. 실제로도 그랬다. 미셸 공드리Michel Gondry 감독이 영화 시놉시스를 들고 투자자를 구할 때 이런 대답을 여러 번 들었다고 한다. "이건 공포나 스릴러 장르로 만들어야겠는데요?"

영화 속 꿈 장면이 최초 시놉시스의 방향성을 어느
정도 짐작하게 한다. 꿈속에서 등장인물의 얼굴이 시간의
흐름과 함께 무너진다. 윤곽이 뒤틀어지다 못해 공포 영화에나
나올 법한 형상으로 바뀐다. 하긴, 주인공 조엘에게 꿈은 곧
공포다. 정확하게는 상실에 대한 공포를 반영한다. 그는 꿈을
꾸는 와중에 눈을 뜬다. 감정이 거세된 것 같은 표정 역시
공포를 자아낸다. 그는 꿈에서 깨기를 간절히 원함에도 그
꿈에 속박되어버린 자의 운명에 짓눌려 있다. 'A Dream Upon
Waking(깨어 있는 상태로 꾸는 꿈)'이라는 제목 그대로다.

벡 〈Everybody's Gotta Learn Sometime〉

본래 코기스The Korgis의 노래다. 빌보드 싱글
차트 18위, 영국 싱글 차트에서는 2위에 올랐다. 당대의
히트곡이었던 셈이다. 코기스의 것이 산뜻하다면 벡의 커버는
축축하다. 온도와 습도 모두 현격하게 다르다.

가사는 복잡하지 않다. "마음을 바꾸고 주위를
둘러봐… 마치 햇살처럼 나는 너의 사랑이 필요해/우리는 모두
언젠가 배우지"가 거의 전부다. 〈Everybody's Gotta Learn
Sometime〉에서 벡은 혹독한 겨울에 축축이 쌓인 눈 위로
따스한 햇살 한 줄기를 내리쬐듯 노래한다.

우리는 모두 이별 뒤에 기적과도 같은 재회를 한 번쯤은
꿈꾼다. 나는 이별 속에서 성장했고, 고로 너를 좀 더 정확하게

사랑할 수 있을 거라 믿어 의심치 않는다. 이걸 사랑의
신화학이라 불러도 괜찮으리라. 하긴, 벡이 노래하지 않나.
"우리 모두는 언젠가 배운다"고.

역으로 생각해보면 어떨까. 우리가 맨몸으로 관통해야
했던 그 지옥, 다시 시작한다면 또 겪어야 할지 모른다는,
아니 그럴 게 분명하다는 진실 말이다. 과연, 당신이라는 세계
안에서 옴짝달싹 못했던 게 축복처럼 느껴졌는데 나도 모르는
새 족쇄가 돼버렸다. 낯익은 잔혹함이 다시 침입해 너와 나를
똑같은 고통의 늪에 빠뜨릴 게 훤히 보인다. 전부였던 사랑에
숙명이 하나 있다면 결국에는 그것이 전무로 전락할 거라는
점일 테니까. "지금은 당신의 모든 게 마음에 들어요." "지금은
그렇겠죠. 그런데 곧 거슬려 할 테고 나는 당신을 지루해할
거예요." "괜찮아요."

"괜찮아요." 이보다 마법 같은 언어를 나는 상상할
수 없다. 미셸 공드리 감독과 각본을 쓴 찰리 코프먼Charlie
Kaufman도 더 인상적인 마무리는 없을 거라고 확신했을
것이다. "괜찮아요"라는 한마디와 함께 〈Everybody's Gotta
Learn Sometime〉이 울려 퍼지는 순간, 영화는 어쩌면
관객에게 넌지시 말하고 있는 것인지도 모른다. "괜찮아요.
당신도 언젠가는 배울 거니까요."

살인자의 아름다운 노래라는 역설

: 〈러덜리스〉♬

〈러덜리스〉의 줄거리는 대략 다음 같다. 아들이 있고, 아버지가 있다. 자세히 제시되지는 않지만 부자 관계는 그리 나빠 보이지 않는다. 아버지는 어느 날 큰 계약을 따내고, 기쁨에 겨워 아들에게 학교 빼먹고 같이 축배를 들자고 전화한다. 그러나 아들은 술집에 나타나지 않는다. 혼자서 식사를 끝마칠 무렵 아들이 다니는 학교에서 총기 살인 사건이 발생한다. 아들을 끔찍이 사랑했던 아버지는 큰 슬픔에 빠져 회사를 그만두고, 보트에서 홀로 남은 인생을 살아간다. 영화의 본격적인 시작이다.

아들의 꿈은 뮤지션이었(던 것으로 보인)다. 직접 작곡한 노래를 기숙사 방에서 녹음해 여러 곡을 CD로 남겼다. 아버지는 유품이 된 그 CD 뭉치를 버릴 생각이었다. 그러나 그게 어디 뜻대로 되겠나. 결국 아버지는 아들의 노래를 대신 부르기로 결심한다. 그는 지역 라이브 바에 가서 아들의 노래를 관객에게 들려주는데, 예상치 못한 문제가 발생한다. 한 청년이 그만 그의 노래와 음악에 매혹당한 것이다.

청년은 아버지에게 같이 밴드를 하자고 제안한다. 그의 끈질긴 설득에 못 이겨 아버지는 이 제안을 수락한다. 두 명이었던 멤버가 총 네 명이 되고, 러덜리스라는 이름의 이 밴드는 라이브 바에서 꽤 큰 인기를 얻는다. 헤어 나올 수 없는 슬픔에 빠져 있던 아버지의 얼굴에 차츰 웃음이 번진다.

이후의 스토리는 충격적이다. 관객이 피해자라 여겼던 아들이 실은 가해자였고, 이 사실이 밝혀지면서 아버지 주변은

♬   영화를 본 후에 이 글을 읽을
    것을 권한다.

345

엉망으로 변해간다. 여기서 우리는 중요한 질문을 던져야 한다. 정말이지 오랫동안 우리를 고심케 했지만 여전히 정답은 구해지지 않는 그 질문, "과연 작가와 그의 작품은 분리되어 받아들여질 수 있는가?"

우리는 오랫동안 진정성이라는 개념을 신봉했다. 대중음악에서는 1960년대부터 본격적으로 주창된 이 개념의 핵심은 간단하다. "작가의 내면이 진실하다면 그것은 작품에 스며들기 마련"이라는 것이다. 즉 궁극적인 의미에서 작가와 작품을 동일시하는 시선이 당대의 평론을 지배했다. 비틀스를 필두로 수많은 뮤지션/밴드가 '진정성 있는 아티스트'로 대접받았고, 이를 통해 클래식에 버금가는 지위를 누렸다. 이 시절의 음악을 클래식 팝, 클래식 록이라고 하는 결정적인 이유다.

그러나 포스트모던이 도래하면서 상황은 변했다. 작품과 작가를 별개로 사고하는 방식이 유행처럼 번졌다. 산울림의 전설 김창완 씨는 자신의 작품과 관련된 인터뷰에서 "작품이 발표되면 그것은 나와는 더 이상 상관없는 것"이라는 말을 남겼다.♬ 한데 진실로 한번 되새김질해보자. 진정 우리는 이런 방식으로 '지속적인' 사고를 할 수 있는가.

모든 작품은 현실을 있는 그대로 반영하지 않는다. 문학평론가 신형철이 지적한 그대로 작품은 현실을 반영하는 것이 아니라 현실을 먹는다. 그리하여 작품은 늘 현실보다 더 과잉이거나 결핍이고 더 느리거나 빠르다. 현실 자체가

있는 것이 아니라 '현실과의 긴장'이 있는 것이다.♬♬ 심지어
실화라는 오해까지 받았던 이 영화가 극단적인 설정을 한
까닭이 여기에 있다. 감독은 관객에게 자신의 질문을 더욱
'강렬하게' 던져 긴장감을 촉발하고 싶었던 것이다.

대답하기란 쉽지 않다. 어쩌면 영원히 대답할
수 없을지도 모른다. 당신은 '살인자의 노래'를 오로지
미학적으로만 재단할 수 있는가. 게다가 살인자의 노래라는
것을 모른 채 그것이 진실로 아름답다고 느꼈다면, 살인자의
노래라는 것을 깨달은 뒤에는 어떤 자세를 취해야 하는가.
살인자에게도 예술적인 진정성이라는 것이 존재할 수 있다고
보는가. 만약 아니라면 드라마 〈한니발〉에 지속적으로
등장하는, 미학적 쾌감까지 느끼게 하는 카니발리즘은 대체
어떻게 설명할 것인가. 질문은 꼬리에 꼬리를 물고 이어진다.
역설을 위한 출구는 본래 없는 법이니까.

영화의 마지막에서 아버지는 자신의 정체와 노래의
주인공이 누구인지 고백한 뒤 아들이 남긴 〈Sing Along〉을
부른다. 놀란 관객 앞에서 그는 무덤덤하게 이 곡을 연주하고
노래한다. 가사의 내용처럼 아들과 아버지는 "자기 감옥에
갇혀 곱씹고만 있는" 인생을 살았다. 아들은 세상을 등지며 그
감옥에서 벗어났지만 아버지는 동굴 같은 보트 속으로 들어가
영화 제목처럼 '방향 잃은' 삶을 보냈다. 아마도 이 노래가
끝나면 아버지는 보트를 벗어나 세상과 마주 설 것이다.
변함없이 정처 없겠지만 그의 삶은 이 노래를 부르기 이전과

♬   1995년 잡지 〈서브SUB〉와 했던   ♬♬ 《몰락의 에티카》(문학동네,
    인터뷰 내용이다.   2008)에 나오는 내용이다.

이후로 나누어질 것이 분명하다.

요컨대 방향을 잃은 채로 흔들리면서 살아가는 것은 인간으로 태어난 우리의 숙명이다. 다만 중요한 것은 그럼에도 묵묵히 걸어갈 줄 아는 '자세'일 것이다. 세상은 이렇게 어쩔 수 없는 일로 가득하다. 이건 부끄럽거나 두려워할 일이 아니다. 다만 있는 그대로 바라보고, 받아들일 수 있는 자세가 중요하다고 생각한다. 나는 앞으로도 음악 앞에서 수시로 방향을 잃고 헤맬 것이다. 오류는 필연이다. 그런 오류까지 껴안고 걸어가는 것이 음악 비평가의 자세라고 믿는다. 이 깨달음과 함께 〈러덜리스〉는 내 인생 영화 목록에 추가되었다.

천부적 재능, 악마적 태도: 카녜이 웨스트

카녜이 웨스트는 스타다. 자신이 속한 힙합 신을 넘어 대중음악 전체에 엄청난 영향력을 발휘했다. 따라서 그는 빌보드가 규정한 것처럼 (대중음악 자체를 뜻하는) '팝' 스타가 된다. 그렇다. 스타는 장르로 구속할 수 없다. 시제까지 뛰어넘어 과거의 유산을 호출하고, 미래의 청사진을 제시한다. 카녜이 웨스트는 걸작이라 인정받는 음반도 여럿 발표했다. 상업적, 비평적 업적에 관한 한 그가 이룬 성취에 이견은 있을 수 없다.

그중 2010년 발매한 《My Beautiful Dark Twisted Fantasy》와 2016년의 《The Life Of Pablo》 등은 음악적으로 부족한 구석이 거의 없다. 전자가 수많은 장르를 탐욕스럽게 먹어 치운 팽창의 앨범이었다면 후자는 지독한 절제의 결과물이었다. 감탄을 부르는 음악적 재능. 듣는 순간 천부란 이런 게 아닐까 싶은 음악으로 빼곡했다.

데뷔하고 20년이 지난 지금, 카녜이 웨스트를 모르는 사람은 거의 없다. 그는 예술가가 겪을 수 있는 대부분의 이유로 매주(혹은 매일) 헤드라인을 장식했다. 또 그는 수십억 달러의 거래, 우정과 불화, 찬사와 비판의 중심에 있었다. 심지어 대통령 선거까지 나갔다. 최근 카녜이 웨스트가 다시 논란을 불러일으켰다. 나치를 찬양하고 홀로코스트를 부정한 것이다. 더 나아가 그는 대규모 성범죄 혐의로 재판을 앞둔 퍼프 대디를 옹호했다.

스콧 피츠제럴드는 최고 수준의 지능이란 상반된 생각을 동시에 마음에 두면서도 그 상태를 지속할 수 있는 능력에 관한 것이라는 명언을 남겼다.♫ 나의 지능은 최고 수준이 아니다. 다만, 가수와 그가 산파한 예술을 분리해서 사고하려고 애쓴다. 그러나 카녜이 웨스트 같은 극단주의자 앞에서 나의 노력은 종종 길을 잃는다. 핵심은 이렇다. "그런데도 당신은 그 대상을 껴안을 수 있을 것인가." 비단 음악계에만 해당하는 이슈는 아닐 것이다.

♫ 《무너져 내리다The Crack-Up》(이소노미아, 2020)에 나온다.

작곡자의 이름은 낯설어도
누구에게나 익숙한 그 멜로디

: 랄로 시프린 〈미션 임파서블〉 OST

어떤 영화는 장면으로 기억된다. 어떤 영화는 캐릭터로 대표된다. 음악으로 리플레이되는 영화도 있다. 이 세 가지를 모두 성취한 영화라면 그것은 시대를 초월한 걸작 또는 인류 역사에 길이 남을 프랜차이즈일 것이다. 긴장감을 극한까지 끌어올리는 아날로그 액션과 에단 헌트Ethan Hunt라는 매력적인 캐릭터, 단박에 기억되는 사운드트랙까지 〈미션 임파서블〉 시리즈는 장면, 캐릭터, 음악이 삼위일체를 이룬 블록버스터 프랜차이즈다.

영화를 위해 쓴 오리지널 스코어는 아니다. 드라마가 먼저였다. 한국어 제목으로는 〈제5전선〉이었는데 원제는 똑같다. 〈미션 임파서블〉이다. 드라마는 미국에서 1966년부터 1973년까지 방영되었다. 이상한 일이다. 나는 이 드라마를 보고, 오리지널 버전 주제가까지 들은 기억이 생생한데 1977년생이니 말이다. 자료를 찾아보니 한국에서는 KBS를 통해 뒤늦게 방영되었다고 한다.

작곡은 랄로 시프린Lalo Schifrin이 맡았다. 어쩌면 낯설 수 있는 이름이다. 드라마나 영화의 네임 밸류에 비하면 한국에서는 인지도가 많이 낮다. 물론 다음 같은 추측 정도는 할 수 있다. 음악은 후대에 전승되었지만 드라마는 거의 잊혔다. 대신 톰 크루즈Tom Cruise와 함께 영화 프랜차이즈로 부활해 대성공을 거뒀다.

영화화와 함께 변한 게 하나 있다. 1편에서는 U2의 두 멤버 애덤 클레이턴Adam Clayton과 래리 멀린 주니어Larry

Mullin Jr.가, 2편에서는 록 밴드 림프 비즈킷Limp Bizkit이 주제가를 성공적으로 커버하면서 원작자의 오라가 상당 부분 소실되었다는 것이다. 그래도 괜찮다. 다들 알겠지만 기본적인 멜로디 전개와 곡 만듦새에는 변함이 없는 까닭이다.

    랄로 시프린은 아르헨티나 태생의 피아니스트이자 작곡가다. 음악가 집안에서 태어나 거장 다니엘 바렌보임Daniel Barenboim의 아버지 엔리케 바렌보임Enrique Barenboim을 사사했다. 이후 20세에 파리 음악원에 들어간 그는 밤에는 재즈 클럽에서 연주하면서 우리가 이름 정도는 무조건 알고 있는 뮤지션과 파트너를 이뤘다. 바로 아스토르 피아졸라Ástor Piazzolla다. 이후 재즈는 그가 어떤 음악을 하건 그 바탕을 이룬다. 랄로 시프린 세계를 정의하는 핵심 키워드다.

    이후 아르헨티나로 귀국한 랄로 시프린은 당대 가장 인기 있는 음악가로 명성을 떨쳤다. 당시 그의 관심사는 더욱 재즈로 향했다. 16인조 재즈 오케스트라를 결성해 TV 버라이어티 쇼 무대를 평정한 랄로 시프린은 영화 〈아비정전〉의 〈Maria Elana〉로 널리 알려진 라틴 재즈 뮤지션 사비에르 쿠가트Xavier Cugat 악단에서 편곡자로 일하기도 했다.

    비슷한 시기 랄로 시프린은 모던 재즈의 상징이라 할 디지 길레스피Dizzy Gillespie에게 곡을 써서 줬다. 이후 곡에 감명받은 디지 길레스피는 그를 뉴욕으로 초대해 악단의 피아노를 맡겼다고 한다. 랄로 시프린은 1963년

LA로 이주했고, 1969년이 되어서는 미국 시민으로 귀화를
결정했다.

흥미로운 사실이 있다. 모두가 알고 있는 〈미션
임파서블〉의 그 테마가 우선순위가 아니었다는 점이다.
랄로 시프린이 주제가를 써왔지만 제작자 브루스 겔러Bruce
Geller는 이게 잘 어울리지 않는다고 여겼다. 대신 브루스
겔러가 고른 건 추격전 신을 위해 만든 음악이었다.
결과적으로 랄로 시프린은 브루스 겔러에게 큰 빚을 졌다고
봐야 한다. 추격전 음악이 메인으로 승격되면서 역사상 가장
유명하고 인지도 높은 TV 시리즈 테마 중 하나가 되었으니까
말이다. 과연 이 곡 하나만으로도 영화음악의 역사는 랄로
시프린을 위해 별도의 장을 따로 마련해야 마땅하다.

그가 이론을 갖춘 재즈 뮤지션이라는 건 〈Mission
Impossible〉만 들어봐도 충분히 알 수 있다. 우선 박자를
한번 세어보기 바란다. 5/4박자다. 한데 재즈에서 5박 하면
딱 떠오르는 곡이 하나 있다. 재즈를 아무리 안 들었어도
제목쯤은 알고 있을 그 곡, 데이브 브루벡 쿼텟Dave Brubeck
Quartet의 〈Take Five〉(1959)다. 실제로 〈Take Five〉가
엄청난 히트를 기록한 이후 5/4박자는 대유행을 했다. 랄로
시프린도 그중 하나였다.

5박자인 이유를 랄로 시프린은 이렇게 설명했다.
"다리가 다섯 개인 드라마의 여러 캐릭터를 위한 거예요."♫
반쯤은 농담이었지만 그만큼 긴박한 분위기를 연출하고

♫　1996년 영화 〈미션 임파서블〉
개봉 당시 기자회견에서 이렇게
답했다.

싶었다는 의도로 해석할 수 있다. 전체를 지배하는 음계인 "빰빰빰빰"의 경우 첩보 드라마답게 모스부호 "_ _ .."에서 따온 것인데 여기에서 '_'는 1.5박을, '.'은 1박을 차지한다. 다 더하면 5박이 된다. 랄로 시프린은 정확하게 계측하는 작곡가다. 그러면서도 탄력적이고, 음의 낭비가 없는 곡 쓰기를 통해 이 위대한 연주에 탁월한 기동성을 부여했다. 끊임없이 곡에 활력을 불어넣는 퍼커션 소리도 빼놓아서는 안 된다. 그가 재즈 중에서도 라틴 재즈의 계승자임을 확인할 수 있는 증거다.

　　꼭 강조하고 싶은 게 있다. 랄로 시프린의 유산이 오직 〈미션 임파서블〉 하나만은 아니라는 점이다. 이소룡 특유의 샤우팅에 재즈, 펑크funk, 클래식 오케스트레이션을 창조적으로 믹스해 찬사를 이끌어낸 〈용쟁호투Enter the Dragon〉 주제가는 가히 엔니오 모리코네와 비견될 만한 키치적 상상력으로 가득하다. 3편을 제외한 모든 작품에 참여한 〈더티 해리Dirty Harry〉 시리즈 역시 랄로 시프린을 상징하는 결과물 중 하나다.

　　그중에서도 〈Dirty Harry's Creed〉(1971)는 일렉트릭 베이스, 현악 앙상블, 타악기, 일렉트릭 피아노(펜더 로즈) 등을 다채롭게 활용해 서사적 긴장감을 극대화한, 랄로 시프린 세계의 또 다른 정점이다. 이 곡을 꼼꼼하게 감상하면 알 수 있을 것이다. 1990년대 후반 불었던 재즈 펑크Jazz Funk/ 애시드 재즈Acid Jazz 열풍이 어디에서 비롯된 것인지.

단순하고 반복적인 삶에 흐르는 '필링 굿'
: 〈퍼펙트 데이즈〉

세상이 아무리 시끄러워도 어딘가에 그윽하고 깊은 것이 있을 거라고 믿는 사람이라면 이 영화를 봐야 한다. 만약 카세트테이프에 대한 추억이 있다면 이 영화를 봐야 한다. 없어도 괜찮다. 누군가의 미소를 그저 바라보는 것만으로도 감동받을 수 있다는 걸 알고 있는 사람이라면 마땅히 이 영화를 봐야 한다. 야쿠쇼 고지Koji Yakusho 주연, 빔 벤더스Wim Wenders 감독의 영화 〈퍼펙트 데이즈〉다.

야쿠쇼 고지가 연기한 주인공 히라야마의 삶은 단순하고 반복적이다. 해가 지면 책을 잠깐 읽고, 일찍 잠에 든다. 아침에 일어나면 하루 동안 자신에게 필요한 것이 현관문 앞에 정확하게 놓여 있다. 이제 출근할 시간이다. 히라야마는 집 앞 자판기에서 커피 한 캔을 뽑는다. 차에 타고 시동을 건 뒤 카세트테이프 중 하나를 골라서 플레이한다. 여기에는 전자식 문도 없고, 그 흔한 아이스 아메리카노도 없다. 스포티파이는 더더욱 없다. 히라야마는 카세트테이프로 젊은 시절 애호했을 그 음악을 듣고 또 듣는다.

영화 속 첫 출근 장면에서 히라야마는 하늘을 바라보고 미소 짓는다. 태양이 떠오르고 있다. 카세트테이프를 통해 음악이 흐른다. 아니나 다를까. 애니멀스The Animals의 〈House of the Rising Sun〉(1964)이 나온다. 애니멀스가 창작한 노래는 아니다. 작자 미상의 흑인 민요다. 아버지에게 버림받은 아들의 이야기가 내용의 골자를 이룬다.

영화를 봐도 관객은 히라야마의 구체적인 과거에

대해 알 수 있는 게 거의 없다. 다만 몇 가지를 추측할 수 있을 뿐이다. 그는 꽤 부잣집 아들이었을 것이다. 한데 어떤 이유에서인지 집안, 정확하게는 아버지와 연을 끊은 상태다. 사랑하는 사람도 있었던 것으로 보이지만 딱 여기까지다. 영화는 '왜'를 적시하지 않는다. 다만 미루어 짐작하게 할 뿐이다.

그가 영화에서 듣는 모든 곡이 "좋았던 어떤 시절"을 떠올리게 한다. 흔히 말하는 노스탤지어다. 원래 노스탤지어는 부정적인 표현이었다. 이 용어는 17세기 후반 집에서 멀리 떨어진 곳에 주둔한 일부 스위스 병사들이 겪는 심각한 향수병을 설명하기 위해 스위스 출신 의사 요하네스 호퍼가 만든 것이다. 호퍼가 꼽은 증상은 낙담, 울음, 체중 감소, 자살 시도 등이었다.

이제 우리는 노스탤지어를 고통만이 아닌 즐거움 역시 수반하는 것으로 생각하는 경향이 있다. 과거에는 그리움이 치유의 대상이었다면 어느덧 그것은 탐닉의 대상이 되었다. 더욱이 지금의 노스탤지어는 장소보다 시간을 강조한다. 이런 변화는 적절한 것처럼 보인다. 17세기 이후 장소는 점점 더 비슷해지고 시간은 점점 더 달라졌기 때문이다. 따라서 노스탤지어는 시간에 풍화된 구식 기술과 문화에 대한 향수를 부른다.♬ 바로 영화 속 카세트테이프와 거기에 녹음되어 있는 오랜 명곡이다.

예를 들어 벨벳 언더그라운드The Velvet Underground의

♬ 《퍼스널 스테레오》
(리베카 터허스더브로 저, 배순탁
옮김, 복복서가, 2025)에서
인용했다.

〈Pale Blue Eyes〉는 이뤄지지 않은 사랑에 대한 노래다. 1969년 발표되었고, 우리에게는 무엇보다 〈접속〉 OST로 사랑받았다. 히라야마가 두 번째 출근길에 선택하는 카세트테이프는 1968년 공개된 오티스 레딩Otis Redding의 〈(Sittin' On) The Dock Of The Bay〉다. 오티스 레딩은 이 곡을 항구에 정박한 배에서 혼자 만들었다. 히라야마의 경우 도심 속 외딴 주택에서 홀로 생활한다. 이를테면 히라야마가 사는 공간은 그가 선택한 자발적 유배지인 셈이다. 영화에 나오는 이런저런 장소로 봤을 때 히라야마의 집은 아사쿠사 어디쯤일 것이다. 그가 자전거를 타고 건너는 다리, 단골 밥집 등이 모두 아사쿠사에 있다.

히라야마의 직업은 화장실 청소부다. 그는 매일같이 공공 화장실을 마치 도를 닦듯 깨끗하게 청소하고 마감한다. 그 와중에 사건이라고 부르기도 어려운 사건이 딱 두 번 벌어진다. 하나는 청소부 동료가 좋아하는 여성이 히라야마의 차에 함께 타서 패티 스미스Patti Smith의 걸작 《Horses》(1975)를 듣는 장면이다. 그들이 함께 듣는 곡은 〈Redondo Beach〉다. 여기서 〈Redondo Beach〉는 사랑이 이뤄지는 해변이다. 동시에 사회적 편견으로 그 사랑이 좌절되는 내용을 담고 있기도 하다.

이 외에도 〈퍼펙트 데이즈〉에는 팝 명곡이 카세트테이프를 통해 잊을 만하면 흘러나온다. 심지어 휴일에 집에서 쉴 때 흘러나오는 킹크스The Kinks의 〈Sunny

Afternoon〉(1966)의 경우, 테이프가 약간 늘어진 것처럼 들린다. 그리고 이 곡이 영화 제목 때문에라도 빠질 수 없다. 루 리드의 〈Perfect Day〉(1972)다.

〈트레인스포팅〉(1996) 덕에 친숙한 사람이 많을 것이다. 오해받은 측면도 있다. '마약'에 관련된 내용을 담고 있는 게 아니냐는 것이다. 루 리드는 이와 관련해 "말도 안 되는 소리"라며 부인한 바 있다. 어쩌면 영화의 주제를 압축하고 있다고도 볼 수 있을 그의 말을 들어본다. "내가 생각하는 완벽한 하루라는 건 뭐 거창한 게 아니에요. 사랑하는 사람과 상그리아 한잔 마시고 집으로 함께 가는 것. 단순하다는 바로 그 이유로 완벽할 수 있는 하루. 이게 내가 생각하는 완벽한 하루예요."

영화를 본다면 동감할 수 있을 것이다. 삶에서 어떤 열망이 사라진 자리에 맑고, 고요한 정적만 남았다. 히라야마는 인연이라는 수인을 오래전에 벗어던졌다. 격정으로 들끓는 사건 따위 이제는 그의 일상을 감히 침범할 수 없다. 빔 벤더스는 히라야마를 '일상적인 삶의 단순함을 통해 깊은 내면의 평화를 찾은, 세속의 수도승 같은 인물'이라고 설명했다. 히라야마는 삶이라는 경전을 자신의 일상으로 기록하는 인물이다.

영화는 니나 시몬Nina Simone의 〈Feeling Good〉 (1965)으로 마무리된다. 이 곡이 나올 즈음에야 비로소 나는 깨달았다. 영화를 보는 동안 히라야마가 최선을 다해 구축했을

저 단단한 일상이 부디 무너지지 않기를 간절히 바랐다는 점을
뒤늦게 알아챘다.

그럴 수 있기를. 그의 하루하루가 마치 아침을 맞이하는
그의 미소처럼 언제나 '필링 굿'이기를. 만약 당신에게
이 영화의 잔잔한 여운이 쉬이 지워지지 않는다면 이런
이유에서일 것이다.

몰라도 아무런 상관없는 참고 사항

여러 자료를 통해 알려진 것처럼 영화에 나오는
화장실은 실제 존재한다. 도쿄 올림픽을 앞두고 기획된
공중화장실 개선 프로젝트의 결과물로 '도쿄 토일렛
프로젝트'라고 불렸다. 그중 영화 속 흑인 여성을 당황하게
하는 화장실이 요요기 공원 인근에 있다. 어떻게 아냐고?
가봤다.

창작이 아닌 선곡만으로도
할 수 있는 이야기가 풍부한 영화

: 〈밀수〉

영화 〈밀수〉 사운드트랙이 화제다. 작품에 대한
호불호를 떠나 영화를 본 모두가 1970년대 한국 음악의
매력에 대해 증언하는 풍경이 증명한다. 처음 장기하가
영화음악을 맡았다는 뉴스를 접했을 때 나는 당연히 그가
선곡에도 관여했을 줄 알았다. 아니었다. 류승완 감독에게
대본을 받았을 때 다 끝난 상태였다고 한다. 즉 이 영화에서
들을 수 있는 1970년대 음악은 모두 류승완 감독의 선택이다.
그러니까, 음악 감독으로서 장기하의 임무는 분명했다. 자신이
창작한 스코어가 1970년대 음악에 자연스럽게 스며들게 하는
것이다.

널리 알려져 있다시피 장기하는 1970년대 음악광이다.
'한국 대중음악의 오래된 미래'라는 수식처럼 그의 음악은
1970년대와 1980년대에 뿌리를 둔다. 구체적으로는 신중현,
산울림, 송골매 등의 음악에 지대한 영향을 받았다. 따라서
류승완 감독이 장기하를 선택한 건 필연이었을 것이다.
1970년대 한국 음악을 제대로 이해하고, 이걸 현대적인
관점으로 재해석할 수 있는 뮤지션 하면 떠오르는 인물이기
때문이다.

적어도 나는 장기하가 빚어낸 사운드가 기왕의 선곡과
이질감 없이 어울린다고 느꼈다. 특히 범죄가 벌어지는
신마다 흐르던 펑크funk 연주가 끝내줬다. 만약 당신이
아이작 헤이스Isaac Hayes라는 흑인 뮤지션을 알고 있고, 그의
대표곡이자 영화 〈샤프트Shaft〉(1971)의 주제가인 〈Theme

From Shaft〉에 익숙하다면 이 곡이 레퍼런스가 되었음을
금세 알아차릴 수 있을 것이다. 이 곡으로 아이작 헤이스는
아카데미 시상식에서 오리지널 송 부문을 수상했다.

오프닝을 장식하는 최헌의 〈앵두〉(1977)는 두 주인공인
춘자와 진숙의 테마다. 사고 이후 물리적으로 떨어진 상황에
놓인 둘의 입을 통해 공히 흘러나오는 노래인 까닭이다.
그러니까 〈앵두〉는 두 주인공이 불화에도 정서적으로는
여전히 연결된 상태이고, 이내 화해할 것임을 예고하는 장치다.

신중현의 음악은 무려 세 곡이 쓰였다. 펄 시스터즈의
〈님아〉(1968), 김정미의 〈바람〉(1973), 김추자의 〈월남에서
돌아온 김상사〉(1969)다. 발표한 해에 주목해야 한다.
대표적으로 펄 시스터즈의 〈님아〉는 장르를 따지면
사이키델릭에 속한다. 그런데 1968년이다. 1960년대 중·후반
미국은 히피가 주도한 베트남전쟁 반대, 사랑과 평화 운동으로
들썩였다. 사이키델릭은 그 과정에서 시대의 사운드트랙이
되어준 음악이었다.

즉 신중현이라는 선구자는 이 사이키델릭 음악을
시차도 거의 없이 한국에, 그것도 자신의 고유한 창작으로
들여온 것이다. 1960년대 후반 한국 대중음악은 트로트
일색이었다. 반면 신중현은 미8군 무대에서 실력을
갈고닦으면서 바다 건너 미국에서 유행하는 음악을
실시간으로 접했다. 그가 한국 록의 대부가 될 수 있었던
결정적인 배경이다. 빼어난 재능이란 개인의 자질인 동시에

시대의 소산이기도 한 법이니까.

펄 시스터즈 외에 신중현의 또 다른 페르소나는 김추자였다. 김추자가 노래하고 부른 〈월남에서 돌아온 김상사〉는 1960년대 후반의 시대상을 정확하게 반영한다. 당시 베트남전에서 돌아온 군인은 복무 지원금을 받았다. 군인이 들어오면서 동시에 서양 문물도 인기를 얻었다. 지원금 덕에 경제적으로 조금 더 윤택했던 군인은 당시 선망의 대상이었다. 월남에서 돌아온 영화 속 '권' 상사도 마찬가지다. 관객은 마치 1960년대 후반의 사람들이 그랬던 것처럼 조인성이라는 배우의 매력을 도저히 거부할 수 없다.

영화에서 보여준 김추자의 독보적인 존재감은 '무인도'를 통해 정점을 찍는다. 실제로도 그랬다. 이 곡이 실린 앨범 커버는 당시로서는 도저히 상상할 수 없던 파격을 보여줬다. 성적 황홀경을 묘사한 듯한 김추자의 사진 속 표정은 발매 당시 엄청난 화제를 모으면서 1975년 가요계 정화 운동이 벌어지기 전까지 미친 듯이 팔려나갔다.

김추자는 그런 가수였다. 일례로 그녀는 무대장치 하나하나를 '직접' 감독해야 직성이 풀리는 가수였다. (대부분 남성이었을) 타인의 시선 따위 조금도 신경 쓰지 않았다. 다시 한번 강조하고 싶다. 1960년대 후반과 1970년대였다. 김추자는 철저하게 준비하기 위해 분장실을 반드시 따로 썼다. 그러고서는 격정적이면서도 성적인 뉘앙스가 농후한 퍼포먼스와 사자후 같은 가창력으로 관객을 압도했다. 그녀는 통속적인 내용의 가요에서도 비범함을 길어 올리는 가수였다. 무대에서는 특유의 도도한 표정을 잃지 않았다. 여성 가수로서 김추자의 이렇듯 당당한 태도는 영화 속 두 주인공의 서사와 맞닿아 있는 것처럼 보이기도 한다. 류승완 감독이 이것까지 고려했는지는 알 수 없지만 말이다.

마지막으로 〈내 마음에 주단을 깔고〉(1978)를 언급하지 않을 수 없다. 이 곡이 영화에 쓰였다는 소식을 처음 접했을 때 기대를 품으면서도 어떤 장면에 삽입되었을지 도저히 예측할 수 없었다. 하긴 그렇다. 산울림은 존재 자체가 예측 불가였다. 우리는 보통 음악을 들을 때 관성적으로 계보에 기대는 경향이 있다. 계보는 일종의 권력형 피라미드 구조다. 아래에서 위로 올라갈수록 음악 역사에서 더 중요한 존재로 간주한다.

그러나 산울림의 음악은 계보에 속하지 않는다는 인상이 강했다. 대체 누구에게 영향받았는지 가려낼 수 없었다. 그들은 바깥으로부터 계보의 틈새를 찢고 들어온 위대한 예외였다. 그야말로 '갑툭튀', 영어로 하면 아웃 오브 노웨어out of nowhere. 그러고는 이후 등장한 수많은 뮤지션/ 밴드에 거대한 우산이 되어주었다. 그들이 위대할 수밖에 없는 이유다.

앞서 언급한 것처럼 이 곡이 쓰인 장면 역시 그랬다. 우리는 어떤 음악이 영화에 사용되었다는 이야기를 들었을 때 마찬가지로 과거의 경험적 계보를 통해 예측한다. 설마, 템포를 고려했을 때 이 곡이 액션 시퀀스에 쓰일 줄은 몰랐다. 감독과 음악 감독에 따르면 이 곡을 넣으려 했지만 문제가 있었다. 시퀀스 길이에 비해 곡이 짧았던 것이다. 그렇다면 대체 어떻게 길이를 맞췄는지는 비밀이라고 한다.

무엇보다 음악평론가 입장에서 〈밀수〉가 반가운 이유는 이랬다. 언제쯤 한국 영화에서도 창작 스코어가 아닌 선곡만으로도 할 수 있는 얘기가 풍성한 영화가 나올까 싶었는데 〈밀수〉가 이걸 해낸 것이다. 뭐, 꼰대처럼 '현재의 K-팝도 1970년대의 이런 훌륭한 음악이 있어서 나올 수 있었던 거다'라는 식으로 주장하고 싶지는 않다. 기실 K-팝은 한국 대중음악의 역사에서 탈맥락화, 탈장르화, 탈로컬화되었기에 도리어 탄생할 수 있었던 탈국적 음악이라고 봐야 한다.

다만, 이른바 대중음악의 전성기라고 하는 1960~1970년대에 미국과 영국에만 위대한 음악이 있었던 게 아니다. 한국에도 그런 음악은 차고도 넘쳤다. 다시 한번 확신한다. 신중현, 산울림, 김추자, 김정미, 펄 시스터즈, 김트리오 정도라면 물 건너에 비해 전혀 꿀릴 게 없다.

아직도 삶을, 사랑을 잘 모르네

: 〈러브 액츄얼리〉

연말이 되면 거의 반강제적으로 봐야 하는 영화 몇 편이 있다. 〈러브 액츄얼리〉(2003)가 그중 하나다. 이 영화, 그동안 너무 많이 언급되었다. 줄거리를 요약한 영상도 유튜브에 널려 있다. 그러나 핵심이 되는 음악 중심으로 논한 경우는 거의 없었다. 이 글을 쓰는 가장 큰 이유다.

〈러브 액츄얼리〉는 우리나라에서 2003년 처음 개봉한 후 무려 7회나 재개봉한 로맨틱 코미디의 고전이다. 이 영화를 '고전'이라 부르는 게 영 어색할 수 있지만 어느덧 2020년대 중반이라는 걸 기억하자. 영화적 평가도 높고, 20년 넘게 사랑받고, 등장 이후 어떤 흐름(옴니버스 구성)을 흥하게 했다면 고전 맞다. 아브릴 라빈Avril Lavigne이 '올드 팝' 취급받는 것과 비슷한 이치다. 참고로 에이브릴 라빈 아니다. 아브릴 라빈이다. 프랑스어에 뿌리를 둔 이름이라서 그렇다. 본인도 소개할 때 아브릴 라빈이라고 한다.

가장 먼저 언급해야 할 장면과 음악은 아무래도 '공항 신'이다. 나는 지금도 이 신을 보면 울컥하면서 눈물 흘리는데 〈방구석 1열〉 녹화 준비하면서 처음 알았다. 이 신, 정말 대놓고 그냥 찍은 거다. 일단 카메라로 찍은 뒤 카메라에 걸린 일반인에게 제작진이 달려가서 촬영 동의서를 받았다고 전해진다. 이를 통해 오랫동안 헤어졌다가 마침내 만나 격하게 포옹하는 모습을 생생하게 담을 수 있었다.

영화에서 공항 신은 총 두 차례, 오프닝과 엔딩에 등장한다. 둘 중 하나를 선택하라면 후자를 꼽을 수밖에 없다.

비치 보이스의 《Pet Sounds》(1966)에 수록된 명곡 〈God Only Knows〉가 흐르기 때문이다. 가사에서 화자는 "당신이 없는 삶은 신만이 헤아릴 수 있다"고 노래한다. 그중에서도 독특한 노랫말은 시작과 함께 등장한다. "당신을 항상 사랑하지는 않을 수도 있어요 I may not always love you." 그렇다면 이 문장은 물리적으로 서로 떨어진 상태를 뜻하는 거라고 해석할 수 있을 것이다. 곡이 좀 더 진행되면 화자는 이렇게 고백한다. "별이 떠 있는 한 당신과 함께할 거예요." 공항에서 사랑하는 누군가를 애타게 기다리다가 만난 사람의 감정이 이럴 것이다.

이 곡은 특히 당대 동료 뮤지션, 그중에서도 비틀스의 폴 매카트니와 프로듀서 조지 마틴 George Martin에게 큰 영향을 미쳤다. 1966년 가을 비틀스와 폴 매카트니는 오랜만에 안식년을 가졌다. 이 기간에 폴 매카트니는 곡이 실린 음반 《Pet Sounds》를 더욱 깊이 감상했다고 한다. 그는 자신이 가장 좋아하는 곡인 〈God Only Knows〉를 들으면서 자주 눈물을 흘렸다. 어떤 인터뷰에서 폴 매카트니는 이렇게 찬사를 보냈다. "큰 감동을 받았어요. 교육을 위해 아이들에게 한 장씩 사줬죠. 세기의 고전이에요." 조지 마틴의 경우 "팝 음악의 살아 있는 천재로 한 사람을 꼽으라면 비치 보이스의 브라이언 윌슨"이라는 말로 존경을 표했다.

〈All I Want For Christmas Is You〉나 〈All You Need Is Love〉, 〈God Only Knows〉가 관객에게 기쁨, 사랑, 감동 같은 감정을 선물했다면 관객을 가장 분노케 한 에피소드는

캐나다 출신 싱어송라이터 조니 미첼과 관련 있다. 사장인 남편이 부인에게 크리스마스 선물로 CD 한 장 달랑 사주는 그 장면이다. 일단 분노는 잠시 식히고, 그 장면에 흐르는 조니 미첼의 〈Both Sides Now〉에 주목해보자. 〈Both Sides Now〉는 조니 미첼이 비행기에서 솔 벨로Saul Bellow의 《비의 왕 헨더슨Henderson the Rain King》(1959)을 읽다가 '구름'을 바라보며 쓴 노래다. 영화에서는 1969년 발표한 원곡을 2000년에 직접 커버한 버전으로 나온다.

단언컨대 팝 역사상 가장 시적인 노랫말을 담은 곡이다. 해석을 밑에 붙인다. 번역은 직접 했다. 꼭 한번 읽고 곱씹어봐야 할 가사다.

"흘러내리는 천사의 머리카락 / 천상의 아이스크림 성채 / 사방에 존재하는 깃털의 협곡 / 나에겐 구름이 그렇게 보였지

하지만 지금 구름이 해를 가리고는 / 비와 눈을 뿌려대고 있지 / 구름이 내 앞길을 막지 않았다면 / 정말 많은 걸 했을 텐데

이제 나는 구름을 양쪽에서 바라보네 / 위쪽에서 아래쪽에서 / 여전히 내가 기억하는 건 구름의 환영 / 실체가 무엇인지는 알지 못하지

6월에 뜬 달과 대관람차 / 모든 동화가 현실이 될 때 / 당신이 느끼는 어지럼증 / 난 사랑을 그런 식으로 바라봤지

하지만 이제 사랑은 또 다른 쇼가 됐지 / 모두의

비웃음을 뒤로하고 당신은 퇴장하네 / 그게 싫다면 그들이
알지 못하게 해야 해 / 정체를 드러내서는 안 돼

　　　이제 나는 사랑을 양쪽에서 바라보네 / 사랑이란
주고받는 것 / 하지만 내가 기억하는 사랑은 환영이야 / 사랑이
뭔지 도무지 알 수 없네 / 눈물과 두려움, '널 사랑해' 크게 외칠
때의 벅찬 가슴 / 꿈, 계획, 서커스의 관중 / 나는 삶을 그런
식으로 바라봤지 / 하지만 옛 친구들은 이상하게 행동하네 /
고개를 저으며 내가 변했다고 말하지 / 뭔가를 얻으면 뭔가를
잃는 법 / 삶이라는 게 그렇지

　　　이제 나는 삶을 양쪽에서 바라보네 / 승리와 패배 /
하지만 여전히 내가 기억하는 건 삶이라는 환영 / 아직도 삶을
잘 모르겠네

　　　이제 나는 삶을 양쪽에서 바라보네 / 오르막이 있으면
내리막이 있지 / 하지만 여전히 내가 기억하는 건 삶이라는
환영 / 아직도 삶을 잘 모르겠네."

　　　어떤가. 이것은 차라리 한 편의 시다. 커튼 뒤에
가려진 삶의 진실을 조금이라도 엿본 자만이 쓸 수 있는 그
무엇이다. 삶이라는 게 이렇다. 조니 미첼이 노래한 것처럼 그
자체로 역설이다. 모순 덩어리다. 엉망진창이다. 조니 미첼의
목소리에서는 청아하면서도 지적인 도도함이 느껴진다.
그리하여 감정 과잉이나 뻔한 통속, 청승 따위와는 거리를
둔다.

　　　이렇게 정리할 수 있을 것이다. 조니 미첼의 〈Both

Sides Now〉와 함께한 에마 톰프슨Emma Thompson의 눈물이
없었다면 〈러브 액츄얼리〉는 좀 시시한 작품이 됐을 것이다.
마지막 공항 신에서의 감동이 훨씬 덜했을 게 분명하다.
사랑은 언제나 슬픔을 이고 오는 법이니까.

덧붙인다. 영화의 배경은 영국 크리스마스 연휴
기간이다. 이걸 영국에서는 '박싱 데이Boxing Day'라고 부른다.
권투를 한다는 게 아니라 '박스'에 크리스마스 선물을 담아서
준다는 뜻이다. 이 영화가 개봉한 2003년 전까지 국내나
해외나 크리스마스 선물로 뭘 제일 많이 줬을까. 맞다. 영화에
나오는 것처럼 음반을 선물한 사람, 비단 나만은 아닐 것이다.
그래서 영국 싱글 차트에서 박싱 데이에 속하는 '크리스마스
주간 차트 1위'는 거의 틀림없이 그해 가장 많이 팔린 싱글이
된다.

이걸 역사상 두 번이나 해낸 유일무이한 싱글이
있다. 퀸의 〈Bohemian Rhapsody〉다. 발매된 해인 1975년
크리스마스 주간에 영국 싱글 차트 1위를 차지했고, 이후
프레디 머큐리가 1991년 11월 24일 세상을 떠나고 얼마
지나지 않은 크리스마스 주간에 또 1위를 기록했다.

⑦

흐름을 바꾼
역사 속
음악
이야기

금주법 시행했더니
스윙의 황제 탄생했네

빅 밴드 재즈라는 표현, 어디선가 들어봤을 것이다.
빅 밴드 재즈는 1910년대부터 1940년대 초 미국에서
처음 유행한 음악이다. 특정 스타일을 뜻하지는 않는다.
'빅 밴드'라는 명칭처럼 오케스트라에 버금가는 인원으로
구성되어 있기에 이런 태그가 붙었다고 보면 된다. 한국어로는
'악단'이라고 썼는데 스윙swing감을 지닌 곡을 주로
연주한다는 이유로 스윙 재즈라고도 불린다.

오케스트라와 마찬가지로 빅 밴드에는 지휘자가
있었다. 대표적 인물 두 명만 언급하자면 글렌 밀러Glenn
Miller와 베니 굿먼Benny Goodman이다. 전자의 대표곡으로는
〈In The Mood〉〈Moonlight Serenade〉가 꼽히고, 후자의
경우 그 유명한 〈Sing Sing Sing〉이 지금도 사랑받는다. 얼굴
역할을 맡은 가수도 있었다. 프랭크 시내트라Frank Sinatra,
페기 리Peggy Lee 등이 빅 밴드로 출발해 이후 세계적인 솔로로
거듭났다.

이제부터 본론이다. 지금이 연말이라고 가정하자.
당신은 아마 연말 내내 이어진 고된 술자리 행군에 지쳤을
것이다. 지치다 못해 쓰러진 몇몇은 새해맞이 금주를
결심하지만 이내 실패하고 만다는 게 함정이긴 하다. 어쨌든
놀랍게도 개인이 아닌 국가가 금주를 선포한 시절이 있었다.

빅 밴드가 대유행하던 1919년 미국이다.

미국이 금주법을 시행하면서 내세운 슬로건은 '술로
인한 폭력 예방'이었다. 이민자에 대한 차별적 시선 역시
배경에 자리했다. 주류업 종사자 대부분이 이민자였던
까닭이다. 물론 금주법 시행 중에도 술을 구할 수 없는 건
아니었다. 당시 술은 의료용으로 처방됐다. 통계에 따르면 약
처방을 통해 약사들이 벌어들인 수익이 무려 4,000만 달러에
이르렀다. 우리는 이로부터 무조건적 금지는 음성화만 초래할
뿐 실제적인 효과는 미미하다는 교훈을 얻을 수 있다.

음성화된 것은 하나 더 있다. 바로 술 자체였다. 인간은
금지된 것을 욕망한다는 속담을 들이밀지 않더라도 사람들이
강제한다고 해서 술을 끊지는 않을 것임을 우리는 잘 알고
있다. 금주법 시행 후 술 관련 사업을 마피아가 독점하면서
그들이 운영하는 비밀 클럽 사이에 뇌물을 통한 커넥션이
형성됐다. 폭력을 줄이기 위해 제정된 금주법이 거대한 폭력
조직인 마피아의 성장을 지원해준 꼴이 된 셈이다.

당시 마피아는 밀주를 마실 수 있는 비밀 클럽을
운영하면서 엄청난 돈을 벌어들였다. 이 비밀 클럽에서
밀주를 마시면서 빅 밴드의 라이브를 듣는 게 당대 가장 힙한
문화였다. 이런 속성을 말해주듯 비밀 클럽은 스피크이지
바speakeasy bar라고도 불렸다. 불법이므로 되도록 조용히
대화하라는 뜻이다. 제1차 세계대전 이후 대공황 전까지
빅 밴드는 비밀 클럽의 호황에 힘입어 엄청난 인기를

누렸다. 역사는 이 시기를 '포효하는 1920년대The Roaring 1920's'라고 기록한다.

결과적으로 금주법 시대에 금주는커녕 음주 소비가 400퍼센트 늘어났고, 범죄율은 25퍼센트 상승했다. 한 국가의 정책 방향성이 얼마나 중요한지 다시금 일깨워주는 대목이다. 즉 금주법이 가져온 긍정적인 결과는 오직 하나, 대중음악의 성장 외에는 없었던 것이다.

과연 아무리 곱씹어도 금주는 무리다. 국가 차원에서도 실패했는데 이게 가능할 리 없다. 그러니까 새해에는 우리 절주하도록 하자. 이게 최선이다.

여전히 꽤 핫한
LP의 역사

2023년 우리가 보통 'LP Long Playing'라고 부르는 바이닐vinyl 판매량이 또다시 증가했다. 가장 큰 시장인 미국의 경우 2023년 상반기에만 판매량이 전년 대비 20퍼센트 이상 증가했다. 영국 시장도 크게 성장했다. 11퍼센트 넘게 올랐다고 한다. 한국에서도 바이닐은 여전히 꽤 핫한 아이템이다.

좀 더 상세히 말하면 바이닐이 곧 LP가 아니다. 그 역도 성립하지 않는다. 쉽게 말하면 바이닐이 전체집합이고, LP는 그중 가장 큰 부분집합이다. LP를 처음 발명한 회사는 컬럼비아 레코드다. 당시 사장이었던 테드 월러스타인Ted Wallerstein은 음반 시장이 다시 활기를 찾고 있다는 확신 아래 비밀 프로젝트로 감추고 있던 LP를 시장에 내놓기 위해 박차를 가했다.

확실히 그랬다. 전후 미국은 성장하고 있었다. 당대 최고의 오락인 음악 산업의 통계만 봐도 미국이 본격적으로 기지개를 켜고 있다는 점은 분명했다. 1946~1947년 미국의 음반 판매량은 2억 7,500만 장에서 4억 장으로 급격히 증가했다. 새 시대가 열리려 하는 차에 새로운 포맷은 선택이 아닌 필수였다.

LP 이전 가장 인기 있는 매체는 분당 78회전하는

SP Standard Playing였다. 그런데 SP에는 치명적인 단점이 있었다. 한쪽 면의 재생 시간이 5분이 채 안 되는 탓에 긴 곡을 수록하기 어렵다는 것이었다. 음질도 나빴다. 테드 월러스타인이 치밀하게 준비한 LP는 달랐다. 분당 33과 3분의 1회전에 한 면에만 최소 30분은 녹음할 수 있었다. 월러스타인은 PVC를 사용해 음질도 대폭 개선했다. 그는 LP가 차세대 매체의 선두 자리를 꿰찰 거라고 확신했다.

1948년 4월 테드 월러스타인은 시연을 위해 턴테이블 두 개를 준비했다. 기존의 SP를 위한 것과 컬럼비아가 만든 프로토타입 LP를 틀기 위한 턴테이블이었다. 당시 시연에 함께한 엔지니어는 두 번째 턴테이블에 바늘을 놓았을 때 게스트들이 받은 충격을 이렇게 증언했다. "우리가 예상한 대로 짜릿했죠. 그런 광경은 처음 봤어요. 다들 얼빠진 표정이었죠." 같은 해 LP는 선별된 기자 40명 앞에서 공개적으로 선보였다. 시각적 효과를 위해 컬럼비아 레코드 측에서는 SP로 탑을 만들었고, 동일한 양의 음악을 담은 LP 더미를 그 옆에 나란히 쌓았다. SP는 아슬아슬하게 휘청거린 반면 LP 탑은 높이가 낮아 흔들리지 않았다. 더 긴 재생 시간을 수록할 수 있는 매체였기 때문이다.

컬럼비아 레코드가 LP로 각광받자 1949년 2월 RCA 빅터는 한 면에 8분가량을 담을 수 있는 45rpm 7인치 레코드로 반격에 나섰다. RCA는 이를 'EP Extended Playing'라고 이름 붙였다. 기실 1950년대 대중음악에서 패권을 먼저 차지한 것은 LP가 아닌 EP였다. 앨범이 아닌 '싱글' 시대여서다. LP는 주로 클래식과 재즈 쪽에서 먼저 환영받았다. LP가 대중음악계에서 인기 있는 매체로 확실히 자리 잡은 건 1960년대 중반이 되어서였다. 비틀스를 필두로 '앨범'이 대세가 되기 시작한 것이다. 어쨌든 이렇게 두 가지 새로운 레코드 포맷이 탄생하면서 음반 산업은 1960년대부터 화양연화를 누렸다.

LP는 현재에도 여전히 식지 않는 사랑을 받고 있다. 흥미로운 통계가 있다. 지난해 미국 LP 구매자 중 절반 정도가 정작 턴테이블은 갖고 있지 않았다고 한다. "듣지도 않을 거 왜 사느냐"라고 비판할 이유는 전혀 없다. 대중음악이 팬덤 중심으로 바뀌면서 LP가 일종의 굿즈처럼 받아들여지는 시대가 된 까닭이다.

'I hate'로 시작된,
앨범 시대의 종말

LP가 대중음악계의 중심을 차지한 건
1960년대부터였다. 비틀스를 선두로 하나의 작품으로서
'앨범'이 인정받았기 때문이다. 자연스레 한 가지 더
중요해진 요소가 있다. 바로 앨범 커버다. 비틀스는 팝
아티스트 피터 블레이크Peter Blake와 함께 《Sgt. Pepper's
Lonely Hearts Club Band》(1967) LP 커버를 전대미문의
아이디어로 디자인했다. 역사적 유명인과 밴드 멤버의 얼굴을
모자이크처럼 박아 넣은 것이다. 커버 아래쪽에는 꽃을 넣어
앨범의 콘셉트가 1960년대 히피의 사랑과 평화, 플라워
파워임을 보여줬다. 즉 다음처럼 정리할 수 있다. 첫째, LP의
시대가 열리면서 커버 사이즈 자체가 커졌다. 둘째, 이것이
음악을 넘어 디자인에도 영향을 미쳤다.

이런 흐름의 시작이 비틀스였다면 그 완성은 핑크
플로이드와 힙노시스Hipgnosis였다. 힙노시스는 힙hip과
직관을 뜻하는 그리스어 그노시스gnosis의 합성어다.
힙노시스는 디자인 그룹으로 핑크 플로이드 외에 수많은
뮤지션과 밴드의 커버 아트를 맡아 역사적인 걸작을 남겼다.
레드 제플린, 폴 매카트니, 앨런 파슨스 프로젝트 등 리스트를
대자면 한도 끝도 없다. 마찬가지로 힙노시스가 커버 디자인을
맡았던 피터 가브리엘의 말을 듣는다.

록은 지배적 힘을 지니고 있었고, 앨범은 왕이었다. 대담하고 멋진 이미지를 통해, 충격적인 창의력을 통해, 힙노시스는 세계에서 가장 영향력 있는 커버 디자인 회사가 되었다.♫

힙노시스의 전성기를 끝장낸 건 펑크와 MTV, 그리고 CD였다. 펑크가 보기에 힙노시스와 거대 록 밴드의 협업은 당대 영국의 처참한 현실을 외면한 부르주아적 행태였다. 대표적으로 이후 펑크 밴드 섹스 피스톨스를 결성하는 존 라이던John Lydon은 원래 핑크 플로이드의 팬이었다. 그런데 어느 날 쓰레기 더미로 가득한 공영주택 단지에서 깨달음을 얻었다.

"핑크 플로이드는 관심도 없는 듯했다. 그저 멀리서 사람들이 각종 자본주의 제품에 넋을 뺏긴 채 삶을 허비하는 것을 지적하는 걸로 만족하는 듯했다."♫♫ 그는 곧장 방으로 달려가 핑크 플로이드라고 새겨진 티셔츠 글자 앞에 'I hate'라는 말을 써넣었다.

이것이 바로 기왕의 클래식 록 왕조를 끝장낸 모던 록의 시작이었다. 음반사 역시 더 이상 커버에 돈을 쓰지 않았다. 그보다는 MTV를 위한 뮤직비디오 제작을 중요시했다. 그리고 마침내 1982년 CD가 등장했다. 힙노시스의 종말이자 앨범 시대의 종말, 그리고 무엇보다 앨범 커버 시대의 종말이었다.

이렇게 펑크는 1970년대 기업화된 엘리트 록, 더

♫ 다큐멘터리 〈힙노시스: LP 커버의 전설〉에 나온다.

♫♫ 《모던 팝 스토리》(밥 스탠리 저, 배순탁·엄성수 옮김, 북라이프, 2016)에 나온다.

나아가 당대 권력에 대한 반동으로 출발했다. 이후 수많은 밴드가 등장해 펑크를 음악적인 질료로 빌려 성공을 맛봤다. 멀게는 그린 데이의 〈Basket Case〉를 꼽을 수 있고, 최근 사례로는 로제와 브루노 마스의 〈APT.〉가 대표적이다. 시간의 흐름 속에 시대적 반란을 꿈꾸는 운동이 아닌 장르적 차용을 위한 도구로 바뀐 셈이다. 자연스러운 변화다. 어차피 모든 혁명에는 끝이 있고, 종국에는 일상의 영역에 스며드는 법이니까.

'비주류' 디스코는
어떻게 세계를 제패했나

디스코라는 장르가 있다. 흑인이 만든 장르다.
역사적으로 가장 강력한 반대에 부딪힌 장르라고 할 수 있다.
기어코 그 벽을 허물고 세계를 제패한 장르이기도 하다.
요약하면 팝 음악사를 통틀어 디스코만큼 드라마틱한 운명을
겪은 장르는 없다.

태초에 블루스가 있었다. 미국 남부 미시시피의
흑인 노예가 아프리카 선조의 음악을 목화 따면서 불렀던
게 블루스의 시작이다. 상황이 변한 건 1900년대부터였다.
병충해로 목화 산업이 타격을 입고, 제1차 세계대전이
발발하면서 미국 북부에서 군수산업의 노동 수요가 높아진
것이다. 그 결과 1910~1930년 흑인 약 200만 명이 북부를
향해 떠났다. 역사는 이를 '흑인 대이동'이라고 기록한다.

자연스레 남부 한정이던 블루스가 북부, 그중 시카고를
중심으로 자리 잡았다. 단, 시카고의 블루스는 기존 블루스와
달랐다. 지금도 그렇지만 시카고는 당시 남부와는 비교조차 할
수 없는 대도시였다. 음악은 당대를 닮게 마련이다. 대도시의
빠른 생활 방식에 맞춰 블루스도 자연스럽게 변화를 거듭했다.

미국 남부 흑인이 애용한 악기는 어쿠스틱 기타였다.
그러나 대도시의 소음 속에서 어쿠스틱 기타는 힘을 발휘하지
못했다. 전기기타를 칠 수밖에 없었던 이유다. 그들은

전기기타를 통해 도시의 더 빠르고 강력한 '리듬'을 표현했다. 블루스에서 '일렉트릭 블루스' 혹은 '리듬 & 블루스'로의 진화다. 지역 이름으로 따서 시카고 블루스라고도 부른다. 리듬 & 블루스는 1960년대 들어 흑인 민권운동과 만나 '솔'이라는 이름으로 바뀌었다. 디스코는 이 솔 다음에 탄생한 흑인음악 장르다.

무엇보다 디스코는 1960년대부터 대중음악에서 패권을 장악한 록과 대척점에 있었다. 일단 소비층부터 달랐다. 록이 백인 남성 중산층을 위한 것이었다면 디스코는 인종으로는 흑인과 히스패닉, 젠더로는 성소수자, 경제적으로는 중산층 이하가 사랑한 음악이었다. 더불어 디스코는 록이 중시한 리얼 연주에 별 가치를 두지 않았다. 디스코는 굳이 연주하지 않아도 신시사이저를 이용해 음악을 창조할 수 있다는 걸 증명한 최초의 장르였다.

이제 다 됐다. 1970년대 들어 디스코의 인기가 높아지자 록 팬들의 반감 역시 들끓었다. 그들에게 디스코는 '진짜' 음악이 아니었다. 신시사이저를 통해 뽑아낸 소리로 가공된 가짜 음악이었다. 하나 더 있다. 그들의 관점에서 록은 정신을 고양하는 음악이었다. 반면 디스코는 육체의 쾌락을 부끄러워하지 않는 음악이었다. 중산층 백인 남성들은 디스코를 경멸했다. 좀 더 과감하게 분석한다면 백인 남성 중산층의 허위의식을 발가벗긴 까닭이라고 말할 수 있다. 그렇지 않나. 인간은 자신이 은밀히 욕망하는 대상을 거리낌

없이 욕망하는 타자와 마주하면 도덕적 굴레로 인해 결코
찬사를 보내지 않는다. 질투하고 멸시하는 쪽을 택한다.

　　거칠게 분류하면 그것은 사회 여러 지점에서 주류와
비주류의 음악적 갈등이었다. 오죽하면 1970년대 후반
디스코 음반을 수만 장 쌓아놓고 시카고 화이트삭스 구장에서
폭약으로 터뜨린 '디스코 파괴의 밤' 행사를 했겠나. 물론 이
행사의 주최자는 유명 '록' 전문 DJ였고, 모인 사람의 대부분은
'이성애자 백인 남성 중산층'이었다.

　　현재의 음악 풍경을 보면 디스코를 하지 않는 가수는
거의 없다. 위켄드The Weeknd도 디스코를 하고, 두아 리파Dua
Lipa도 디스코를 한다. 이렇게나 굴곡진 경험을 한 장르는
이전에도 없었고, 이후에도 없을 것이다. 강한 장르가 살아남는
게 아니다. 살아남는 장르가 강한 거다.

좋은 곡은
어떻게든 알려진다?

1950년대 로큰롤의 기세를 단번에 꺾어버린 사건이
있다. 이른바 페이올라payola다. 요약하면 페이올라는 DJ에게
뇌물을 주고 선곡을 청탁하는 관행이다. 레이 찰스의 전기
영화 〈레이〉(2005)나 1940년대 시카고의 음악 풍경을 다룬
작품 〈캐딜락 레코드〉(2008) 등을 보면 이에 대해 알 수 있는
장면이 나온다.

암암리에 행해지던 페이올라가 법의 철퇴를 맞은
건 1959년이다. 이 때문에 '로큰롤'이라는 용어를 처음
만들어냈다고 전해지는 DJ 앨런 프리드Alan Freed도
은퇴했다. 그렇다면 질문이 따라올 수밖에 없다. 1959년
이후 페이올라가 진짜 근절됐는지 여부다. 결론부터 말하면
전혀 그렇지 않다. 여기, 당신이 놀랄 두 사례를 소개한다.
《Cowboys & Indies》(2015)라는 책을 참고했다. 한국어판
제목은 《레코드 맨》(배순탁 옮김)이다.

핑크 플로이드 노래가 나오지 않은 이유

1979년 말 미국. CBS의 임원 딕 애셔의 임무는 낭비성
지출을 줄이는 것이었다. 일을 하던 그는 금세 눈에 띄는
구멍을 발견했다. 지역 라디오와 곡을 중개하는 독립 홍보
네트워크에 지불하는 금액이 싱글 한 장당 최대 10만 달러에

달한다는 점이었다. 그는 이 불투명한 시스템이 전국 단위 네트워크라는 점도 밝혀냈다. 거대한 페이올라를 의심한 애셔는 송장을 합산한 결과 CBS가 이 네트워크에 매년 1,000만 달러를 지급하고 있다는 계산에 다다랐다.

비슷한 시기인 1980년 2월 핑크 플로이드는 LA에서 총 다섯 차례의 공연을 준비 중이었다. 당시는 미국과 LA는 핑크 플로이드에 열광하던 때였다. 딕 애셔는 싱글 〈Another Brick in the Wall〉을 알아서 틀어줄 것으로 예상하고 LA 지역 라디오 홍보에 대한 지불을 보류했다. 하지만 신기하게도 누적 청취자 수가 300만 명에 달하는 LA 4대 방송국에서는 곡을 한 번도 틀지 않았다. 매니저가 불만을 제기하자 필요 금액이 홍보 네트워크에 지불되었고, 그제야 라디오에서 곡이 플레이되었다. 결국 〈Another Brick in the Wall〉은 빌보드 싱글 차트 1위에 올랐다.

마이클 잭슨 노래에 들어간 '마케팅' 비용

마이클 잭슨의 《Thriller》 마케팅을 위해 CBS는 앞에서 언급한 홍보 네트워크를 적극 활용했다. 이 네트워크의 핵심 인물인 조 이스그로 Joe Isgro와 그의 동료들은 모든 수단을 동원해 지역 단위로 홍보를 펼쳤다. 액수는 곡당 10만 달러였다. 1990년 조 이스그로는 페이올라 관련 범죄 57건으로 기소되었다. 이후 불법 도박, 돈세탁 등으로도 기소된 그는 2014년 보석금 25만 달러를 내고 풀려났다.

비단 핑크 플로이드와 마이클 잭슨만이 아니었다. 당시 주류 뮤지션과 밴드의 홍보에 페이올라는 거의 필수처럼 따라붙었다. 가끔 이런 주장을 하는 사람을 본다. 과거와 달리 팬덤에 의해 '끌어올려지는' 지금의 차트는 큰 의미 없다는 논리다.

물론 나도 과도한 소비를 반강제로 장려하는 K-팝 문화에 공감하지는 않는다. 그럼에도 과거를 과도하게 미화해서는 안 된다고 본다. 하나 더 있다. '좋은 곡은 언젠가는 알려진다'라는 믿음은 잘못된 신화라는 것이다. 대중음악 시스템은 상상 이상으로 복잡하다. 페이올라를 제외하더라도 대중에게 가닿기까지 수많은 단계를 거쳐야 한다. 이 단계를 거치지 못한 채 사라진 '좋은 곡'이 세상에는 너무나 많다.

마찬가지로 우리는 차트를 객관적 지표로 간주하는 경향이 있다. 그렇지 않다. 이 책 초반에 강조(47쪽)한 것처럼 차트는 객관과 거리가 멀다. 자생적이라고 여기는 음악가의 성적조차 앞의 예처럼 철저한 계획의 산물임을 기억해야 한다. 반면 평론가의 관점은 객관적일 수 없다. 매일 최소 10만 곡이 발매되는 시대다. 취향이 갈수록 세분화하는 속에 평론이 겨냥해야 할 최선의 목표는 분명하다. '자신의 관점을 잘 설득하는 것'이다.

대표적으로 1970년대 후반 빌보드 차트 디렉터 빌 워들로Bill Wardlow가 음반사에서 받은 뇌물은 우리의 상상을 초월한다. "워들로에게 돈을 찔러주면 1위 곡으로

보답했어요." 음반사 간부의 실제 증언이다. 페이올라를 주도한
프로모터 연합은 특히 1980년대에 큰 영향력을 발휘했다.
비용은 곡당 1만 달러였고, 마이클 잭슨 같은 메가 스타는
10만 달러까지 썼다. 중소 규모 인디 레이블은 감당할 수 없는
액수였다.

　　　인디 관계자는 이렇게 증언했다. "프로모터 연합과
접촉할 수 없었어요. 라디오에서는 노래가 안 나왔고요."
이것이 바로 1980년대에 화려한 주류 팝이 전성기를 맞이할
수 있었던 이유 중 하나다. 홍보비가 필요 없는 대학 방송국을
중심으로 나중 1990년대 그런지가 될 풀뿌리 음악 운동이
일어난 이유이기도 하다. 이런 배경이 있었기에 너바나의
《Nevermind》가 마이클 잭슨의 《Dangerous》를 밀어내고
빌보드 앨범 차트 1위에 오른 1992년 1월 11일이 대중음악
역사의 중대한 전환점으로 평가받는 것이다.

　　　한국의 경우를 봐도 사재기 논란이 있었던 게 불과 몇
년 전이다. 심지어 2020년에는 두아 리파, 에드 시런 등과
관련해 페이올라가 의심된다는 기사도 나왔다.

　　　다시 한번 강조하고 싶다. 차트가 객관적이라는 건
환상이다. 허상이다. 착각이다. 차트의 역사는 생각 이상으로
'만들어진 역사'다.

AI의 예술 행위는
흑마술인가 백마술인가

하루 최소 10만 곡이 쏟아지는 시대다. 어느덧 음악
만들기가 쉬워진 덕분이다. 극단적으로 말하면 당신도 할
수 있다. 노트북을 비롯한 장비 몇 개 사고, 프로그램을 깔면
끝이다. '장비빨' 확실히 세우면서 '홈 리코딩 음악가'가 될 수
있다. 이론적으로는 그렇다.

2000년대 이전만 해도 녹음을 하려면 상당한 비용을
내야 했다. 스튜디오 임차 자체가 돈이었다. 풍경이 변한
이유의 9할은 인터넷이다. 더 정확하게 말하면 기술의
발전이다. 바야흐로 AI가 작곡하는 시대다. 인간은 인간을
과대평가하는 경향이 있다. 블라인드 테스트를 하면 인간이
만든 음악인지 AI 창작인지 구별할 수 없다. 이미 그런 시대가
됐다.

유튜브에 'AI Music'이라고 치면 수많은 음악을 찾을
수 있다. 여러 스타 음악가 역시 AI 기반으로 곡을 발표한다.
나는 유발 하라리가 아니다. AI의 영향에 대해 확언할 수는
없다. 다만 이런 생각 정도는 갖고 있다. 어쩌면 우리에게
필요한 태도는 코페르니쿠스적인 전환 이상이 아닐까 싶은
것이다. 그렇다. 기술의 발전에 대해 우리가 말할 수 있는 게 단
하나 있다면 이것이다. 기술의 발전은 언제나 우리의 예상을
아득히 뛰어넘는다.

아마도 분명히 미래 세대는 AI의 예술 행위를 자연스럽게 받아들일 것이다. 그것으로부터 감동받는 자신을 조금도 이상하게 여기지 않을 것이다. 기왕에 과잉이었던 음악은 흘러넘칠 것이다. 이것이 바로 '들을 음악이 없다'고 단언해서는 안 되는 이유다. 홈 리코딩이 보편화되면서 현대 대중음악의 사운드가 비슷해진 건 어느 정도 맞다. 그러나 이걸 제외하더라도 매일 쏟아져 나오는 10만 곡 중 보석 같은 음악이 없을 수 없다.

SF 대가 아서 C. 클라크Arthur C. Clarke의 잠언을 듣는다. "충분히 발달한 기술은 마법과 구분할 수 없다." 옳다. AI는 죄가 없다. 그것이 흑마법이 될지 백마법이 될지는 어디까지나 인간에게 달린 문제다.

취향은 ⑧ 어떻게 습관이 되고, 삶을 바꿀까

이것은 음악평론이 아니다

얄팍하지만
사랑스러운 나

음악은 나에게 취미이자 직업이다. 다른 취미가 없는
것은 아니다. 일단 나는 이른바 코믹스라 불리는 일본 만화의
팬이다. 앞에서도 말했듯 집에 대략 5,000권이 넘는 만화책을
보유하고 있다. 나는 속칭 겜돌이이기도 하다. 패미컴을
시작으로 슈퍼 패미컴, 메가 드라이브, 플레이 스테이션
1, 2, 3, 4로 이어지는 '골든 로드'를 주변의 눈총에도
굳건하게 걸어왔다.

마지막으로 축구를 대단히 좋아한다. 조금 전까지도
나는 축구 관련 기사를 보면서 한국 축구의 앞날을 심각하게
걱정했다. 비단 국가대표 팀만이 아니다. 축구 팬답게 매년
최소 3회 이상 K-리그 클래식 경기를 '직관'한다. 이런저런
인연을 통해 알게 된 몇몇 축구 해설가와 만나 축구에 대해
떠들고 가끔 축구 게임인 〈위닝 일레븐〉도 플레이했다.
그중에서도 김동완, 서형욱, 이주헌 등과 친하다.
물론 〈위닝 일레븐〉 최고수는 바로 나다.

간단하게 말해, 나는 얄팍한 인간이다. 음악을 제외하면
그 어떤 것도 깊게 파지 못하고 넓게 벌리는 걸 선호하는
편이다. 한데 나는 이런 내가 참 좋다. "나는 깊게 파기 위해
넓게 파기 시작했다." 스피노자의 명언을 믿는다. "가장 심오한
정신은 또한 가장 경박한 정신이어야 한다." 니체의 말은

언제나 만세다.

　　게임으로만 한정해서 단순하게 설명한다. 2013년 나는
《The Last of Us》(2013)라는 위대한 게임을 플레이하면서
"음악이 범상치 않은데?"라고 느꼈다. 이후 엔딩 크레디트를
보면서 게임의 음악을 구스타보 산타올라야Gustavo
Santaolalla가 맡았다는 걸 알았다. 영화 〈바벨〉(2006)과
〈브로크백 마운틴〉(2005)으로 아카데미 음악상을 두 번이나
석권한 분이다. 만약 내가 게임을 하지 않았다면 높은 확률로
이 사실을 몰랐을 것이다. 이로부터 영감을 얻어 영화 전문
잡지에 글을 기고하고 원고료를 받을 수도 없었을 것이다.

　　〈배트맨 아캄 나이트〉(2015)라는 게임도 언급하고
싶다. 이 작품의 오프닝 시퀀스에는 전설적인 가수 프랭크
시내트라의 곡 〈I've Got You Under My Skin〉이 삽입되었다.
유튜브에서도 볼 수 있다. 한데 이 곡은 다름 아닌 배트맨과
조커의 관계를 재미있게 표현한 것이다. 그러니까 '나는
당신에게 홀딱 반했어요'라는 의미를 지닌 이 곡으로 영화
〈다크 나이트〉(2008)에서 조커가 배트맨을 향해 했던 명대사
'You Complete Me(너는 나를 완성해줘)'를 대체하는 셈이다.

　　나는 축구 경기를 보면서 흘러나오는 모든
음악에 즉각적으로 반응한다. 그때마다 "대체 이 곡이 왜
쓰였지?"라는 추리와 더불어 더 나은 선택지가 없을지
고민한다. 누구에게는 이런 과정이 별 쓸모없어 보일 것이다.
그러나 이런 즐거움이 없다면 나에게 주어진 인생이라는

게임이 얼마나 심심했을까 싶다. 요컨대 이런 '쓸모없음의 쓸모 있음'이 적어도 나에게는 아주 소중하다.

　　잡설이 길었다. 다만 이것만은 강조하고 싶다. 진정한 의미에서의 영감은 서로 다른 분야가 어떤 우연한 순간에 포개지면서 찾아온다는 것이다. 물론 서로 다른 영역이기에 '편하지 않다'라는 느낌은 때로 필연이다. 그래도 괜찮다. 이럴 땐 편하지 않다는 것은 새로운 영감이 떠오를 만한 문턱에 도달했음을 의미한다는 무라카미 하루키의 명언이 힘을 줄 수 있다.♪

　　사람 사이도 그렇다. 나와는 너무 달라 처음에는 불편하게 여겨졌던 사람을 어떤 이유에서든 지속적으로 만나면 그 사람에게 어떤 배움이나 깨달음을 얻는 경우, 다들 한 번쯤은 있을 것이다. 예능 프로그램에서 차승원 씨가 유해진 씨를 평가하면서 "나랑 근본적으로 너무 다른 사람인데, 그래서 도리어 배우는 게 많다"고 말한 것처럼 말이다. 그러므로 명심해야 한다. 도처에 스승이 있다.

　　때때로 체험은 체험 그 자체로 충분하지 않다. 그리고 이 원原체험은 다른 영역이 주는 자극과 만나야 비로소 스파크를 만들어낼 수 있다. 이를테면 머릿속에서 지적/미학적 폭죽이 터지는 것이다. 앞으로도 나는 음악 외에 여러 것을 '함께' 살피면서 나아갈 것이다.

♪　《색채가 없는 다자키 쓰쿠루와
　그가 순례를 떠난 해》(양억관
　옮김, 민음사, 2013)에 나온다.

장인의
조건

"슥, 스스스슥, 슥, 슥." 대략 이런 느낌이지 않을까
싶다. 직접 가보지는 못했지만, 영화에서 스시를 만드는 지로
할아버지의 동작에는 단 하나의 허튼 낭비도 없어 보였다.
일본 스시의 전설답게 자면서도 스시 만드는 꿈을 꾼다는 이
할아버지는 스시 하나에 자기 인생을 바쳤고, 결국 세계에서
손꼽히는 스시 장인이 됐다.

지로 할아버지를 주인공으로 다룬 다큐멘터리 〈스시
장인: 지로의 꿈〉을 보면서 어떤 책이 자연스럽게 떠올랐다.
리처드 세넷 교수가 쓴 《장인: 현대문명이 잃어버린 생각하는
손》이다.

리처드 세넷에 따르면, 장인은 "무언가에 확고하게
몰입하는 특수한 '인간의 조건'을 우리에게 보여주는"
사람이다. 이들이 공들여 하는 일은 생활과 직결되어 있지만,
그렇다고 일을 수단으로서만 바라보지 않는다는 공통적
태도를 견지한다. 이 점이 중요하다. 지로 할아버지처럼 장인은
매일 자신의 손으로 같은 일을 반복하는 것 그 자체에서 기쁨을
느끼는 특수한 사람이다. 그러니까 생각한 뒤에 손을 대는 것이
아니라 '손으로 생각하는 사람들.' 우리는 그들을 장인이라고
부른다.

음악으로 말하면 가장 먼저 떠오르는 이미지는

기타리스트다. 대중음악계에는 정말 셀 수 없이 많은 기타 영웅이 존재한다. 그중 내가 사랑하는 이름을 호명해본다. 기타리스트 함춘호다. 학창 시절 카세트테이프나 CD를 사면 습관적으로 참여 연주자가 적힌 크레디트를 봤다. 그리고 놀랐다. "뭐야, 이거. 반 이상은 기타리스트가 함춘호네. 이 사람 누구지?"

1980년대 시인과 촌장의 멤버로 인기를 얻은 함춘호는 1990년대 수많은 가요 앨범을 관통하면서 국내에서 독보적인 장인급 연주자로 명성을 쌓았다. 물론 처음에는 그렇지 않았을 것이다. 당신과 내가 기타를 처음 잡은 순간과 함춘호라는 미래의 장인이 기타를 처음 잡은 순간은 대동소이했을 것이다. 그러나 격차는 시간이 흐를수록 몇 제곱 단위로 벌어졌다. 이 격차에 대해 생각한다. 정확하게는 격차가 발생한 원인이 무엇인지 곱씹는다.

리처드 세넷이 강조한 것처럼 열쇠 말은 반복일 것이다. 그러나 반복만으로는 부족하다. '반복을 통해 과연 무엇이 형성되는가'라는 질문을 던져야 한다. 장인에게는 모두 자신만의 독특한 '감각'이라는 게 있다. 이걸 기타 쪽에서는 '손맛'이라고 부르는데, 예를 들어 함춘호의 기타를 여러 번 듣다 보면 그가 기타를 친 곡이라는 정보를 듣지 않고도 "이거 함춘호 기타 같은데?"라고 짐작할 수 있다. 팝에서는 산타나Santana나 에릭 클랩턴이 이런 케이스다. 그러니까 연주에 자신만의 감각을 경유한 지문을 찍을 수 있는 사람,

이런 기타리스트를 우리는 보통 장인이라고 칭한다.

많은 사람이 이 감각을 천부적인 것이라고 착각한다. 그러나 감각을 만드는 건 도리어 반복된 훈련, 즉 후천적 노력이다. 처음엔 이렇게 해볼까 했던 것을 반복적으로 훈련하면, 특정 상황이 됐을 때 감각은 본능적으로 터져 나온다. 생각은 창의적으로 하되 반복, 또 반복하는 것. 그리하여 어떤 순간 자기만의 감각 세계를 형성하고, 이 감각을 일시적이 아닌 항시적인 것으로 연장하는 것. 분야를 막론하고 장인의 탄생 과정은 대개 이런 식일 것이다.

즉 장인에게 자신이 하는 일은 '좋아서 하는 것 그 이상'이다. 간략하게 표현하면 취향 이전에 습관이다. 습관이란 무엇인가. 변함없는 습관은 우리의 매일을 이끌어주는 주요한 동력이다. 취향은 때로 좌절하고 무너져도 습관은 쉽사리 사라지지 않는다. 은은하면서도 완강하게 삶의 이곳저곳에 배어 있는 까닭이다. 이 경우 취향을 '무엇을 한다do'로, 습관을 '무엇을 산다live'로 치환해도 좋겠다.

그렇다. 장인에게 일은 곧 그 일 자체를 사는 것이다. 속된 말로 물아일체의 경지에 빠져드는 것이다. 그 경지에 이르기까지 나에게는 아직도 보고, 듣고, 써야 할 것이 너무 많다. 과연, 장인의 길은 멀고도 험하다.

가능한 차선이 아닌
불가능한 최선

　　나를 절망에 빠뜨린 작가가 몇 있다. 최초 수필가로서의 김훈이 왔고, 문학평론가 신형철이 뒤를 이었다. 나는 아직도 《자전거 여행》과 《몰락의 에티카》를 처음 접한 순간을 잊지 못한다. 이외에 내 인생을 송두리째 뒤흔든 작가는 부지기수다. 존 쿠체, 리처드 도킨스, 도리스 레싱, 칼 세이건 등 리스트를 대자면 한도 끝도 없다. 그만큼 내 필력이 가난하다는 증거이리라.

　　가장 많이 탐독한 분야는 아무래도 음악평론이다. 빼어난 평론과 음악 역사에 대한 글을 많이 읽어야 더 잘 쓸 가능성을 조금이라도 키울 수 있기 때문이다. 따라서 음악평론 중 잊히지 않을 충격을 준 문장, 당연히 있다. 비평가 앤서니 드 커티스Anthony De Curtis가 커트 코베인이 사망한 후 너바나의 명곡 〈Smells Like Teen Spirit〉에 바친 헌사다. 끝내주는 역설의 연쇄로 건져 올린 위대한 글이라고 생각한다. 최근 누군가 나에게 "결정적 영향을 미친 음악평론이 뭐냐"는 질문을 던졌는데 곧장 이 글이 떠올랐다. 워낙 역사적인 노래이므로 상세한 내용을 소개해도 괜찮겠다 싶어 쓴다. 일단 문장을 적고 부기한다.

　　정치를 언급하지 않는 정치적인 노래, 가사를 이해할 수

없는 찬가, 상업성을 비판하는 커다란 상업적 히트곡,
소외에 대한 집단적 외침. 이 곡은 새로운 시대와 불만에
가득 찬 새로운 무리의 젊은이들을 위한 〈(I Can't Get
No) Satisfaction〉이었다. 그것은 만족 불능에 대한
엄청난 만족의 선언이자 거대한 '뻐큐'였다.♫

이 곡으로 커트 코베인은 X-세대의 대변자로 떠올랐다.
무엇보다 미국 X-세대는 냉소적이고 현실에 만족하지
않는다는 특징을 지녔다. 당시 미국에서 급증한 부모 세대의
이혼율과 1980년대 신자유주의를 거치면서 전례 없이
심각해진 빈부 격차가 결정타였다. 따라서 그들은 기성세대에
버림받았다는 느낌을 공유했다. 앤서니 드 커티스가 "소외에
대한 집단적 외침" "거대한 뻐큐"라고 쓴 이유다.

또 〈Smells Like Teen Spirit〉은 해석 불가능한
파편적 단어의 나열로 X-세대의 정신에 파인 상흔을 드러냈다.
그러면서도 모두가 따라 부르는 찬가가 됐다. 그리하여 정치에
대한 언급 없이도 한 세대의 정치를 상징하는 송가가 됐다.
〈(I Can't Get No) Satisfaction〉은 1965년 빌보드 1위에 오른
롤링 스톤스의 대표곡이다. 해석하면 "나는 '진짜' 만족할 수
없어"가 된다. 이런 배경이 있었기에 "만족 불능에 대한 엄청난
만족의 선언"이라는 표현이 나온 것이다.

이런 배경을 익히 알고 있던 독자도 있겠지만 그렇지
않은 독자도 있을 것이다. 내가 항상 주장하는 게 있다. 음악을

♫ 커트 코베인 사망 후 음악
전문지 〈롤링 스톤〉에 기고한
글의 일부다.

그냥 들어도 좋지만 공부하면 더 흥미롭게 들을 수 있다는 거다. 하나 더 있다. 언급한 모든 문장가의 글을 읽을 때마다 나는 절망에 빠진다. 내가 아무리 노력해도 그 경지에 결코 닿을 수 없을 거라는 걸 절감한다. 그럼에도 나는 가능한 차선이 아닌 불가능한 최선을 꿈꾼다. 스스로에 대한 절망을 타인을 향한 분노로 표출하는 것만큼 헛된 짓은 이 세상에 없다. 차라리 나는 그것을 나를 위한 원동력으로 어떻게든 전환하려고 애쓰고 발버둥 친다. 내가 가진 몇 안 되는 한 줌의 재능이다.

재능
혹은 노력

천재는 동경과 질투의 대상이다. 우리는 천재가
되기를 갈망하면서도 그럴 수 없다는 사실에 절망하고,
때로 질시한다. 살리에리 이야기가 대표적이다. 살리에리가
모차르트에게 열등감을 느낀 것으로 알고 있는 사람이 많을
것이다. 그런 증거는 어디에도 없다. 그럴 이유 또한 없었다.
후대에 덧씌워진 역사적 오류다. 적시하면 살리에리는 꽤
준수한 작곡가이자 훌륭한 음악 교육자였다. 진실도 존재한다.
모차르트가 부정할 수 없는 천재였다는 것이다.

바로 이런 이유로 천재는 효과적인 면죄부가 되어준다.
어차피 천재로 태어나지 않은 이상 달성할 수 있는 성취에는
한계가 있다면서 미리 벽을 치는 식이다. 그러나 모차르트는
지독한 연습광이었다. 그는 엄청난 양의 훈련을 거의 하루도
빠짐없이 되풀이했다. 즉 반복하고 누적했다. 재능이냐,
노력이냐는 오래된 논쟁거리다. 정작 사람들은 지루한 반복을
이겨내는 태도야말로 재능이라는 사실을 종종 잊는다.

이렇게 생각한다. 나는 천재가 아니다. 그렇다면 방법은
하나뿐이다. 반복하고 누적하는 것이다. 그 와중에 영감은
비로소 떠오를 것이다. 소설가 필립 로스의 잠언을 듣는다.
"아마추어가 영감을 찾아 헤맬 때 프로는 그냥 일한다." ♬ 과연
그렇다. 모차르트 같은 타고난 천재성만이 에덴으로 가는

♬ 소설 《에브리맨》(필립 로스 저,
정영목 옮김, 문학동네, 2009)에
나오는 문장이다.

유일한 사다리는 아니다. 뭔가를 하는 과정에서 그 뭔가에 대한
영감은 찾아올 수 있다.

　　과학 저술가 스티브 존스Steve Johnes도 비슷한 주장을
했다. 그에 따르면 우리에게는 '느린 예감'이라는 것이 있다.
즉 영감은 하늘에서 갑자기 떨어지는 것이 아니다.
그것은 시간이 지나며 서서히 무르익고, 실현하려면 큰 노력을
요구한다. 피카소의 말과 어쩌면 일맥상통한다. 이 그림 하나를
그리기 위해 실로 오랜 세월이 필요했다는 것.

　　우리의 새해 결심이 대부분 무너지는 원인 역시 이와
같다. 추측건대 야심 차게 영어 회화 학원을 끊었는데 얼마
못 간 독자가 수두룩할 것이다. 안 된다. 어떻게든 버티고
반복해야 한다. 그 반복이 누적되어 차이를 만들어낼 것이다.
영감을 선물할 것이다. 을사년 새해다. 올해는 좀 달라야 한다.
우리는 마땅히 반복하고 누적해야 한다. 영감이시여, 부디 저를
찾아오소서.

글쓰기에 대한
글쓰기

책을 꽤 읽는 편이다. 당연하다. 글 쓰는 사람이 책을 읽지 않는다는 건 일종의 직무 유기다. 아니, 직무 유기를 떠나 성립 자체가 불가능한 명제라고 봐야 한다. 인풋이 있어야 아웃풋도 있다. 세세토록 변하지 않을 인생의 진리가 하나 있다면 이것이다. 뭐, 요행이나 꼼수가 통할 때가 없지 않다. 하지만 기껏해야 단발성, 들통나는 건 시간문제일 뿐이다.

글을 잘 쓰려면 어떻게 해야 하느냐는 질문을 간혹 받는다. 답하기 어려운 문제다. 일단 내가 많이 부족하다는 걸 아는 까닭이다. 진심이다. 그럼에도 지난 15년간 음악 혹은 나 자신에 대한 글을 쓰면서 깨달은 바가 없지 않다. 오늘은 이에 관해 적어보려고 한다. 요컨대 글쓰기에 대한 글쓰기다.

무엇보다 중요한 조건이 있다. 일단 많이 써야 한다. 예를 한번 들어볼까. 일생 책만 읽은 사람이 있다고 가정해보자. 우주를 통틀어 독서량으로는 압도적 1위일 게 확실한 사람이 있다고 상상해보자. 그러나 만약 글 써본 적이 드물다면 결단코 잘 쓸 수 없다. 천재가 아닌 이상 처음부터 명문을 쏟아내는 마법은 영화에나 있을 법한 일이다. 현실계에는 적용되지 않는다.

그렇다. 누적의 힘이란 참으로 강력하다. 어벤져스로 따지면 거의 타노스급이라고 봐야 한다. 다시 한번 강조하고 싶다. 많이 써본 사람을 이길 도리는 없다. 즉 미래에 작가가 될 가능성을 높이려면 글쓰기를 루틴화해야 한다. 글쓰기와 사랑에 빠져야 한다. 나는 아니다. 여전히 글 쓰는 게 좀 고통스럽다. 글 변비가 심한 편이다. 글이 잘 나오지 않을 때는 조금 서글프기까지 하다. 잠겨버린 수도꼭지 신세다. 하지만 어쩌겠나. 쓰고 또 쓰는 수밖에 없다. 재능이 부족하면 노력이라도 해야 하는 법이다.

이제 다음 단계로 넘어갈 차례다. 글쓰기를 어느 정도 생활화했다면 문장에 집중해야 한다. 구체적으로 말하면 짧게 쓰려고 노력해야 한다. 흔히 말하는 '단문'이다. 우리는 흔히 '글이 참 맛있다'라고 표현한다. 한데 그런 글을 복기해보면 거의 대부분이 훈련된 단문으로 이뤄져 있음을 알 수 있다. 단문은 글의 전압을 주우욱 하고 올리면서 독자의 집중력을 잃지 않게 한다.

그렇다고 장문이 무소용한 것은 아니다. 장문도 가끔 섞어줘야 글에 자연스러운 호흡을 부여할 수 있다. 나의 경우 단문 두 개에 장문 한 개 정도를 표준으로 삼는다. 물론 상황에 따라 다르고, 취향에 따라 다소 갈릴 수는 있지만 어쨌든 장문 여러 개가 연속되면 '장문의 대가'가 아닌 이상 글의 전압이 푸우욱 하고 바닥을 친다.

마지막이다. 가장 어려운 지점이기도 하다. 어미 처리에 신경 써야 한다. 예를 들어 바로 전 문장의 어미가 '했다'로 끝나면 그다음 문장의 어미를 '했다'로 마무리해서는 안 된다.

그러면 앞서 강조한 글의 전압이 뚝 하고 떨어진다. 예외가 없지 않다. 뭔가를 단문의 연속으로 쭉쭉 강조하고 싶을 때다. 이 글에서는 앞 단락의 "…루틴화해야 한다. 글쓰기와 사랑에 빠져야 한다"를 샘플로 들 수 있다. 퇴고는 사실상 이 어미를 철저하게 점검하는 행위라는 걸 명심하자.

한데 쇼펜하우어의 다음 명언을 따르지 못한다면 앞의 조건을 아무리 충족해도 무의미하다는 걸 기억해야 한다. "좋은 문체의 첫 번째, 그리고 사실상 유일한 조건은 할 말이 있어야 한다는 것이다."♬ 그래서 골라봤다. 자기만의 문체로 쓴 훌륭한 음악 관련 서적들이다.

이경준 《딥 퍼플》&《블러, 오아시스》

음악평론가이자 번역가로 왕성하게 활동하는 이경준 씨의 저서 두 권이다. 대중음악 번역 관련해서 이경준 씨는 업계 최고 번역가로 인정받는다. 난 아무리 높아봤자 2등이다. 학창 시절에도 부반장 체질이었다. 이경준 씨가 번역한 책으로는 《조니 미첼: 삶을 노래하다》《Wish You Were Here: 핑크 플로이드의 빛과 그림자》《스미스 테이프》 등이 있다.

언급한 번역서와 함께 이경준 씨가 직접 쓴 《딥 퍼플》 《블러, 오아시스》《킹 크림슨: 소리에서 침묵으로》를 강력 추천한다. 가장 돋보이는 점은 이경준 씨의 꼼꼼한 리서치다. 여러 번역서를 출간한 작가답게 그가 제공하는 정보는 인터넷 조금만 검색하면 알 수 있는 수준을 아득하게 뛰어넘는다.

♬ 《쇼펜하우어 문장론》(아르투르 쇼펜하우어 저, 김욱 옮김, 지훈, 2019)에 나온다.

원서를 미친 듯이 파고든 자만이 해낼 수 있는 어떤 경지다. 속된 말로 '디깅력'이 미쳤다.

여기에 소설을 연상시키는 특유의 문체가 어우러지면서 글에 생생한 활기를 불어넣는다. 요컨대 글 읽는 맛이 상당한 책이다. 글에도 접착력이 있다면 이것은 강력 본드 수준이다. 당신이 딥 퍼플이나 블러, 오아시스, 킹 크림슨 팬이라면 절대 놓치지 말기를 권한다.

이주엽 《이 한 줄의 가사》

완성도가 탁월한 책이다. 이경준 씨처럼 이주엽 씨도 글을 정말 잘 쓴다. 그중에서도 미문을 다루는 능력이 탁월하다. 문장 호흡은 말할 것도 없다. 기자 출신답게 그는 장문과 단문을 효율적으로 섞어 쓸 줄 아는 글쟁이다. 그의 문장은 사려 깊은 만큼이나 정확하다. 까치 같은 능력으로 단어를 까다롭게 고르고 선택한다.

제목 그대로 한국 대중음악의 노랫말을 예찬하는 책이다. 들국화와 시인과 촌장 같은 추억의 이름이 있는가 하면 후반부에 가서는 혁오, 싸이, 아이유 등이 쓴 가사도 만날 수 있다. 팝도 있다. 밥 딜런의 〈Mr. Tambourine Man〉과 퀸의 〈We Are The Champions〉가 수미쌍관 형식으로 서두와 말미를 장식한다.

우리가 음악을 듣는다는 건 곧 '소리'를 듣는다는 의미다. 이 명확한 진리를 모르는 사람은 없을 것이다.

그럼에도 노랫말의 중요성을 잊어서는 안 된다. 이를테면 노랫말은 듣는 이의 곡에 대한 동기화에 영향을 주는 최종심급이다. 단순하게 설명하면 사운드는 히트곡을 일궈내고, 노랫말은 명곡의 운명을 결정짓는다. (연주 음악이라는 소수의 예외가 있기는 하지만) 대중음악이 명곡이 되려면 오랜 시간 수많은 사람에게 불려야 하는 까닭이다. 그 노랫말을 이 책만큼 인상적인 언어로 풀어낸 경우를 만나지 못했다.

장르에
당신을 가두지 마세요

〈배철수의 음악캠프〉에서 일하면서, 유독 다음 같은 질문을 자주 받았다. "이 곡의 장르는 대체 무엇인가요?" 전화라도 걸어 대답해주고 싶지만 여건상 그럴 수는 없는 일이다. 결론부터 말하면 장르에 대한 미련은 버리면 버릴수록 좋다. 장르에 집착하는 건 침대에 맞춰 다리 자르는 격이 될 수도 있다.

장르는 도구다. 즉 음악을 듣기 위함이 아니라 음악을 조금이라도 더 편하게 설명하기 위해 발명해낸 결과라는 뜻이다. 물론 나도 장르에 목매달던 시절이 있었다. 고등학교 때는 하드 록과 헤비메탈의 차이에 대해 친구들과 열띤 토론을 벌였다. 대학 시절에는 조금이라도 장르를 명확하게 포착하고 싶어 로이 셔커의 《대중 음악 사전》, 딕 헵디지의 《하위문화》, 사이먼 프리스의 《사운드의 힘》, 한국의 음악평론가들이 공저한 《얼트 문화와 록 음악》 같은 책을 마르고 닳도록 읽고 또 읽었다.

수많은 책을 보고 음악을 들으면서 나는 진심으로 '장르 마스터'가 되기를 기도했다. 헤비메탈로는 부족해 데스 메탈, 둠 메탈, 블랙 메탈 등을 세부적으로 파고들어갔다. 로큰롤의 역사를 뿌리부터 점검하면서 팝과 록이 과연 어떻게 합쳐지고 구분되는지 파악하려 했다. 하늘이 감동이라도 했던 것일까.

잭 블랙Jack Black이 영화 〈스쿨 오브 록〉에서 그랬던 것처럼,
마침내 대강의 지도가 머릿속에 그려졌다. 그런데 문제는
여전히 남았다. 장르 간 경계선이 도무지 명확하게 그어지질
않는 것이었다.

　　　이즈음부터였다. 장르로부터 차츰 해방되면서 나는
도리어 음악을 폭넓게 듣기 시작했다. 단순하지만 깊이 있는
초기 블루스 레코드, 현란한 스케일과 연주를 자랑하는
모던 재즈, 클래식을 적극적으로 끌어들인 이탈리아 아트 록
밴드의 앨범을 편견 없이 감상했다. 온몸을 귀로 만들고 싶은
시절이었다. 이런 과정을 통해 내가 도구에 대한 집착을 버리고
조금은 더 본질에 다가갈 수 있었다고 말하면 과장일까.

　　　하긴 인간은 그 어느 쪽으로도 분류할 수 없는 것마저
옳은 것과 그른 것으로 나눠야만 직성이 풀리는 존재다.
그러나 수많은 철학자가 공통으로 강조한 게 있다. "모든
분류는 억압적"이라는 것이다. 곱씹어보면 그렇다. 분류라는
행위 자체에 권력의 시선은 이미 존재한다. 장르 나누기도
마찬가지다. 그래서는 안 된다. 장르에 속박될 이유가 없다.
그것으로부터 탈주해야 한다. 편견은 눈 녹듯 사라지고, 환희가
당신을 찾아올 것이다.

열심히 살아줘서 참 고맙다,
배순탁!

돈이 없었다. 철도 없었다. 집은 망했고, 앞날은
희뿌연데도 정신 못 차리는 날이 계속됐다. 노력하지 않은 건
아니다. 취직도 했건만 별무소용이었다. 월급의 양이 늘어가는
빚과 이자를 감당하지 못했다.

그즈음 현재 음악평론가 및 번역가로 활동하는 친한
동생의 집에 놀러 간 적이 있다. 나는 내 인생의 가장 참혹했던
시절 이 친구의 방 서재에서 삶의 좌표가 되어줄 작가와
첫 만남을 가졌다. 작가의 이름은 김훈, 책 제목은 《자전거
여행》이었다.

《자전거 여행》을 다 읽고 난 다음 나는 김훈이 쓴 책을
싹 다 찾아서 읽고 또 읽었다. 그가 쓴 수필을 읽었고, 《칼의
노래》를 비롯한 모든 소설을 읽었다. 그가 박래부 기자와 함께
작업한 《문학기행》을 읽은 뒤에는 사진가 허용무 씨가 참여한
책 《원형의 섬 진도》를 읽었다. 그렇다. 나는 김훈이라는 세계
자체를 먹으려 했다. 내 인생 최초의 글 폭식이었다.

그가 연필로 꾹꾹 눌러쓴 문장 몇 개가 지금도 내
몸을 둥둥 떠다닌다. 먼저 《남한산성》 서문 중 다음 문장을
언급해야 마땅하다. "나는 아무 편도 아니다. 다만 고통받는
자들의 편이다." 카뮈는 책은 도끼가 되어야 한다고 말했다.
얼어붙은 땅을 쩍 하고 갈라버려야 한다고 주장했다. 그렇다면

그 문장은 나에게 도끼 정도가 아니었다. 가히 토르의 몰니르요, 스톰 브레이커였다. 그 문장이 뿜어내는 '쾅' 소리와 함께 내 정신은 산산조각 났다. 충격과 희열로 온몸이 부르르 떨렸다.

글 쓰는 사람이라면 별이 되어준 문장이 하나씩은 있을 것이다. 나에게는 그 문장이 곧 횃불이었다. 나는 지금도 인간의 개별성을 깊이 이해하고, 연민하는 작가를 사랑한다. 같은 이유로 글을 무기로 우리를 갈라치기 하는 글쟁이를 대체로 혐오한다.

내 집 사정이 영향을 미쳤다고 추측해볼 수 있다. 깜깜했다. 아빠와 단둘이 지하에서 살았는데, 볕이라고는 1도 들지 않는 그곳에서 수년을 버텼다. 유년 시절에는 정반대였다. 나는 어렸고, 세상은 장난감과도 같았다. 잘 먹고, 잘 살았다. 상황이 변한 건 대학 시절부터였다. 최소 10번 이상의 이사가 이어졌다. 횟수가 거듭될수록 당연히 다운그레이드, 먹고살기가 팍팍해졌다.

다시, 김훈이다. 그의 또 다른 인터뷰를 적는다. "나는 문학이 인간을 구원하고, 문학이 인간의 영혼을 인도한다고 하는, 이런 개소리를 하는 놈은 다 죽어야 된다고 생각합니다. 문학이 무슨 지순하고 지고한 가치가 있어 가지고 인간의 의식주 생활보다 높은 곳에 있어서 현실을 관리하고 지도한다는 소리를 믿을 수가 없어요. 나는 문학이란 걸 하찮은 거라고 생각하는 거예요."♪

그가 옳다. 한데 문학만은 아니다. 음악, 영화, 미술, 게임

♪ 2002년 〈월간조선〉과 했던
    인터뷰 내용이다.

다 마찬가지다. 엄격히 말해 문화 예술이라는 건 의식주가
해결되고서야 손에 쥘 수 있는 보너스다. 불만이 없지는 않다.
당신도 그렇지 않나. 물질에 대한 한국 사회의 끝 모를 탐욕,
지긋지긋할 때 있지 않나. 그럼에도 김훈이 강조했듯 그 어떤
예술이든 실재하는 삶보다 위중할 수 없다. 결단코 그럴 수 없다.

그러나 동시에 나는 기억하고 있다. 위로가 필요했던 그
시절 만난 그 노래를 잊지 않고 있다. 바로 그 곡, 앤터니 & 더
존슨스Antony & the Johnsons의 〈Hope There's Someone〉을
들으면서 나는 침대 위에 누워 대성통곡했다. 그것은 격함을
넘어선, 뼈에 사무치는 듯한 울음이었다. 한데 기묘했다. 어느
순간 눈물이 딱 멈추더니 고개가 스윽 하고 위로 들렸다. 창문
너머에서 달빛이 희미하게 일렁이고 있던 새벽이었다.

일종의 정화 의식이었다. 구원이었다. "설마 이보다
더한 바닥이 있겠어." 나는 희망을 희망해보기로 했다.
허리띠를 졸라맸다. 잔고를 최대한 아끼면서 늦더라도
철저하게 미래를 준비했다. 영어를 기초부터 다시 쌓고
대중음악 역사를 통째로 외우듯 공부했다. 그러던 와중 생에
단 한 번뿐인 기회가 찾아왔다. 그걸 온 힘을 다해 붙잡았다.
지금의 나를 있게 만든 그 순간이었다.

결론이다. 나는 문화와 예술이 돈과 지갑만큼
중요하다고 생각하지 않는다. 만약 돈을 우습게 보는 자가
있다면 나는 그를 우습게 본다. '먹고사니즘'은 그 무엇보다
중요하다. 우리는 세속적 조건을 달성해야 비로소 탈세속적

목표를 설정하고 실천할 수 있다. 다시 말해, 최소한의 화폐 없이는 자존심도 내세우기 어렵다는 것이다. 그러나 인생을 살다 보면 돈으로는 결코 충족될 수 없는 영역이 있다는 걸 저절로 알게 된다. 경험에 의하면 이 빈 공간을 채울 수 있는 요소는 딱 두 개다. '사람'과 '예술'. 나는 이 둘을 "'진짜 내가 될 수 있는 시간'을 선물해주는 것들"이라고 부른다.

돈이 곧 이념이 되어서는 안 될 것이다. 내 삶의 컨트롤 키를 뺏겨서도 안 될 것이다. 나는 다만 돈이 얼마나 귀한지 깊이 이해하는 사람이 되길 바란다. 내가 번 돈을 나를 위해 소비하면서도 주변을 위해 기쁜 마음으로 쓸 수 있는 사람이기를 원한다. 이를 통해 '진짜 내가 될 수 있는 시간'을 마음껏 누릴 수 있기를 소망한다.

내 통장이 있으나 마나 했던 시절, 나를 위해 기꺼이 자신의 지갑을 털어준 사람들을 기억하고 있다. 이제 내가 그들에게 보답할 차례다. 은혜 갚는 까치가 되어 무수히 받았던 '좋아요'를 돌려줄 때가 왔다. 음악을 포함한 예술이 없었다면, 그리고 그들이 없었다면 나의 고통은 막막한 절망의 늪에서 허우적대다 소외되었을 것이다. 이게 다 돈이 없지는 않고, 철이 안 들지는 않은 덕분이다. 지난 세월이 내게 선물해준 지혜다.

조심스럽게 고백하자면 이미 꽤 갚았다. 현재 스코어 나쁘지 않은 인생이었구나 싶은 증거다. 장하다. 배순탁, 열심히 살아줘서 참 고맙다.

우리가 음악을 듣는
이유

수많은 음악 관련 실험이 있다. 그중 내가 가장 좋아하는 예는 서문에도 쓴 이것이다. 몇몇 과학자가 하나의 상황에 두 가지 조건을 설정하고 반응을 기록했다. 동일한 상황은 누군가 도움이 필요하다는 것. 다른 조건은 음악이 흐르는 경우와 흐르지 않은 경우였다. 반복 실험을 거친 결과는 이렇다. 음악이 흐르는 상황에서 인간은 타인에게 더욱 친절해진다.

지난주 콜드플레이의 공연이 열렸다. 사랑과 평화와 화합의 메시지가 아름다운 멜로디와 연주에 실려 공연장 전체를 수놓았다. 수만 관객이 〈Viva la Vida〉〈Yellow〉 〈Fix You〉 등을 합창하는 풍경은 과연 장관이었다. 그렇게 콜드플레이의 라이브는 이 실험을 완벽하게 증명하는 공간처럼 보였다. 나도 누구에게는 이런 유의 감상이 순진하게 들릴 수 있음을 모르지 않는다. 그러나 그들의 공연을 보면서 이런 생각을 했다. '이런 음악을 향유하는 사람이 타인에게 혐오의 메시지를 쏟아낼 수 있을까.' 집으로 가는 길에 스마트폰을 켰다. 건대 앞 거리에서 벌어진 혐중 시위에 대한 뉴스가 눈에 들어왔다.

나는 우리가 문학과 철학과 음악과 영화를 읽고 보고 듣고 공부하는 이유가 하나 있다면 이것이라고 생각한다.

세계를 오직 이분법으로만 재단하는 절대적이고 폭력적인
사고방식에서 탈출하는 것. 더 나아가 이념을 떠나 인간의
개별성을 이해하는 것.

　　누군가는 앞 실험이 틀렸다고 주장할 수도 있을 것이다.
어떤 경우에든 예외는 존재하는 법이니까. 그럼에도 '악마화된
적'을 상정하지 않고는 의미를 찾을 수 없는 삶이라는 건 그
자체로 비극일 뿐이다. 소설가 필립 로스의 문장으로 책을
마친다. "정체성의 딱지는 사람이 실제로 삶을 겪는 방식과
아무 관계가 없다." ♬

♬ 《휴먼 스테인The Human
Stain》(필립 로스 저, 박범수
옮김, 문학동네, 2009)에 나오는
말이다.

음악이 삶의 전부는 아닙니다만

1판 1쇄 인쇄 2025. 11. 4.
1판 1쇄 발행 2025. 11. 21.

지은이 배순탁

발행인 박강휘
편집 이혜민 디자인 박주희 마케팅 이유리 홍보 이한솔, 이아연
발행처 김영사
등록 1979년 5월 17일(제406-2003-036호)
주소 경기도 파주시 문발로 197(문발동) 우편번호 10881
전화 마케팅부 031)955-3100, 편집부 031)955-3200 | 팩스 031)955-3111

KOMCA 승인 필

값은 뒤표지에 있습니다.
ISBN 979-11-7332-405-5 03670

홈페이지 www.gimmyoung.com   블로그 blog.naver.com/gybook
인스타그램 instagram.com/gimmyoung 이메일 bestbook@gimmyoung.com

좋은 독자가 좋은 책을 만듭니다.
김영사는 독자 여러분의 의견에 항상 귀 기울이고 있습니다.

퀸, 마이클 잭슨, 브루노 마스까지
넥스트, 레드벨벳, 이찬혁까지
100여 개 노래와 명반에 담긴
사람, 인생, 세상을 플레이하다

-

내면의 자물쇠를 해체하는 음악적 마법
라디오헤드 《In Rainbows》

모든 재료를 쏟아부어 완성한 탁월한 맛
넥스트 《The Return of N.EX.T Part 2: World》

고리타분한 전통에서 채굴한 빛나는 광석
잔나비 《사운드 오브 뮤직 pt.1》

분류를 거부한 자기 파괴적 예술가
밥 딜런 그리고 〈컴플리트 언노운〉

무한한 해석과 함께 영원히 늙지 않는 노래
퀸 〈Bohemian Rhapsody〉

보편과 개성, 두 마리 토끼를 모두 품는 앨범
레드벨벳 《Perfect Velvet》